Wie Gier uns retten kann

Sascha Genders

Wie Gier uns retten kann

Nachhaltigkeit, Unternehmertum und das Streben nach Gewinn

Sascha Genders
Würzburg, Bayern, Deutschland

ISBN 978-3-662-63091-4   ISBN 978-3-662-63092-1 (eBook)
https://doi.org/10.1007/978-3-662-63092-1

Die Deutsche Nationalbibliothek verzeichnet diese Publikation in der Deutschen Nationalbibliografie; detaillierte bibliografische Daten sind im Internet über http://dnb.d-nb.de abrufbar.

© Der/die Herausgeber bzw. der/die Autor(en), exklusiv lizenziert durch Springer-Verlag GmbH, DE, ein Teil von Springer Nature 2021
Das Werk einschließlich aller seiner Teile ist urheberrechtlich geschützt. Jede Verwertung, die nicht ausdrücklich vom Urheberrechtsgesetz zugelassen ist, bedarf der vorherigen Zustimmung der Verlage. Das gilt insbesondere für Vervielfältigungen, Bearbeitungen, Übersetzungen, Mikroverfilmungen und die Einspeicherung und Verarbeitung in elektronischen Systemen.
Die Wiedergabe von allgemein beschreibenden Bezeichnungen, Marken, Unternehmensnamen etc. in diesem Werk bedeutet nicht, dass diese frei durch jedermann benutzt werden dürfen. Die Berechtigung zur Benutzung unterliegt, auch ohne gesonderten Hinweis hierzu, den Regeln des Markenrechts. Die Rechte des jeweiligen Zeicheninhabers sind zu beachten.
Der Verlag, die Autoren und die Herausgeber gehen davon aus, dass die Angaben und Informationen in diesem Werk zum Zeitpunkt der Veröffentlichung vollständig und korrekt sind. Weder der Verlag, noch die Autoren oder die Herausgeber übernehmen, ausdrücklich oder implizit, Gewähr für den Inhalt des Werkes, etwaige Fehler oder Äußerungen. Der Verlag bleibt im Hinblick auf geografische Zuordnungen und Gebietsbezeichnungen in veröffentlichten Karten und Institutionsadressen neutral.

Planung/Lektorat: Mareike Teichmann
Springer ist ein Imprint der eingetragenen Gesellschaft Springer-Verlag GmbH, DE und ist ein Teil von Springer Nature.
Die Anschrift der Gesellschaft ist: Heidelberger Platz 3, 14197 Berlin, Germany

Für meine Frau.

Vorwort

Alles ist anders und nichts bleibt so wie es ist. Für einige von Ihnen mag dieser Satz erschreckend klingen. Und in der Tat, schaut man auf die Welt von heute, so scheint vieles aus den Fugen geraten zu sein. Nicht zuletzt die Corona-Pandemie hat unseren Alltag wie wir ihn kannten auf den Kopf gestellt. Aber es gibt viele weitere Themen (man kann auch von Angstmachern sprechen), die uns zurecht verunsichern, wenngleich sie im Unterschied zur Pandemie unser Leben gerade hier in Deutschland nicht derart existenziell zu beeinträchtigen scheinen. Denken Sie an Dinge wie den Klimawandel, Armut und globale Ungleichverteilung von Wohlstand. Denken Sie an politische Strömungen in zahlreichen Ländern, an das Hinterfragen von demokratischen Strukturen, auch hierzulande. Oder denken Sie an technologische Veränderungen wie das Aufkommen von Künstlicher Intelligenz als Beispiel für viele Neuerungen und die hierin suggerierte Bedrohung für unsere Arbeitswelt. In Summe sieben Megatrends – von Klimawandel, über Innovationen bis zum Zeitgeist – führen, wie Sie sehen werden, dazu, dass unsere Gesellschaft sich bereits verändert hat. Und dieser Prozess wird sich weiter beschleunigen – mit Vorteilen für viele, womöglich – und dies ist die Angst – mit noch mehr Nachteilen für noch mehr.

Ja, die Corona-Pandemie hat uns von Beginn an direkt betroffen. So existenziell sie für uns war, so existenziell ist aber zum Beispiel der Klimawandel für viele Menschen auf der Erde auch heute schon. Wenngleich – ich hoffe, Sie geben mir Recht – die Anstrengungen in Sachen Klimaschutz (um bei diesem Beispiel zu bleiben, auch wenn dies explizit kein Buch über Klimaschutz werden soll) national bis global weniger dynamisch, weniger koordiniert, weniger ehrgeizig wirken, als die der Pandemie der Jahre 2020 und 2021 – der direkten Betroffenheit und dem unmittelbaren Erleben der Situation geschuldet. Ja, Aktivistinnen wie Greta Thunberg haben die Relevanz mit Wucht auf die öffentliche Agenda gehoben. Ja, die Europäische Union verfolgt mit ihrem Green Deal das explizite Ziel, Europa zum klimaneutralen Kontinent zu machen. Aber reichen diese Bemühungen? Selbst wenn unsere Generation die Folgen des Klimawandels vielleicht noch vergleichsweise gut bewältigen kann – zumindest insofern wir nicht in Regionen wohnen, die von Überschwemmungen betroffen, von Dürreperioden geplagt sind –, kann die nächste Generation die Herausforderung meistern? Diese Unsicherheit gilt sicherlich für die Klimathematik, aber auch für viele weitere Themen, wie die bereits erwähnten Megatrends zeigen werden.

Und dabei haben uns das Jahr 2020 sowie das Jahr 2021 doch eines gelehrt: es geht! Bei aller Mühe, bei allen Kompromissen und Anstrengungen, die Gesellschaft hat mit all ihren Akteuren, von Menschen, Unternehmen, Forschung, Wissenschaft, Institutionen und Organisationen, auf ein Ziel hingearbeitet: die Lösung der Herausforderung Pandemie. Lassen Sie mich daher wieder auf die Angstmacher zu sprechen kommen, die unsere Welt prägen und die unser Leben (auch und gerade hier in Deutschland) vielleicht nicht heute oder morgen, aber spätestens übermorgen massiv berühren, die dann zu existenziellen Fragen werden.

Meine Bitte ist – und dieses Buch soll einen Beitrag in der Diskussion auf dem Weg dorthin leisten: Lassen Sie uns die Herausforderungen als Chancen verstehen und vergessen wir doch alle Angstmacher! Anstelle zu warten bis uns die Themen einholen und wir spätestens dann reagieren müssen, insofern dann noch die Zeit verbleibt, lassen Sie uns die heute vorherrschenden Megatrends anschauen und – wie bei der Corona-Pandemie – gemeinsam nach Lösungen suchen! Ja, diese Themen sind seit Jahren Gegenstand von politischen Diskussionen, die Medien greifen sie auf, es werden Schritte und Maßnahmen unternommen, um unsere Gesellschaft auf die mit diesen Dingen einhergehenden Auswirkungen vorzubereiten. Aber die Zeit drängt – heute mehr als gestern.

Warum nun dieses Buch und dieser Titel „Wie Gier uns retten kann"? Viele Menschen machen sich sehr viele gute Gedanken und haben Ideen, wo, wie und in welcher Art und Weise wir ansetzen müssen, welche Chancen wir haben und wie wir sie ergreifen können. Ich habe viele dieser Ideen kennengelernt, habe mich intensiv mit ihnen auseinandergesetzt und insbesondere in der Praxis von Politik und Wirtschaft erlebt. Ich empfehle daher einen vielleicht nicht im Mainstream verankerten Ansatz. Ich glaube, dass wenn wir die Herausforderungen unserer Zeit lösen wollen, wenn wir die Dinge, die uns heute vielleicht Angst machen und die uns morgen existenziell bedrohen, anpacken müssen, haben wir nur einen praktikablen und realistischen Ansatz: die Gier der Menschen. In unserem Egoismus kann die Antwort auf viele Fragen liegen. Warum und wie, das erkläre ich Ihnen gerne!

Was erwartet Sie auf den nächsten Seiten?

Im Kern dieses Buches geht es um Nachhaltigkeit und Verantwortung der bzw. in der Wirtschaft. Dieses Buch ist hierbei keine explizite Auseinandersetzung mit den Folgen des Klimawandels und dem Beitrag der Wirtschaft hierzu, was einige von Ihnen beim Stichwort Nachhaltigkeit vielleicht denken. Ich möchte auch trotz der inhaltlichen Befassung mit Ökonomie, Wirtschaft und Unternehmen keine Kritik über das bestehende Wirtschaftssystem schreiben. Die Auseinandersetzung mit Vor- und Nachteilen von Kapitalismus oder die Diskussion von Marktwirtschaft und Staatswirtschaft überlasse ich gerne anderen Autoren. Warum ich dies nicht tue, das erkläre ich Ihnen später. Bitte erwarten Sie nicht, wie in diesem Buchgenre üblich, eine Art „Kochbuch" für die vollständige Zubereitung eines alternativen Wirtschaftsmodells. Auch hierzu verweise ich gerne auf entsprechende Literatur. Ich möchte vielmehr über Gier sprechen – über den Antrieb von Menschen und Unternehmen, erfolgreich zu sein und wie dieser Impuls dazu beitragen kann, die Herausforderungen, die sich aufgrund der Megatrends für uns alle ergeben, teilweise zu lösen. Ich möchte zeigen, wie die Wirtschaft helfen kann und muss, durch die Wahrnehmung ihrer unternehmerischen Verantwortung. Ich glaube, dass meine Gedanken einen wichtigen Beitrag in der Diskussion hin zu einer besseren Welt leisten können, weil sie den Kern auf das Wesentliche lenken.

In Kap. 1 erläutere ich Ihnen zunächst, was ich unter Gier verstehe. Kap. 2 greift die angesprochenen Megatrends auf und erläutert im Detail deren Folgen. Anschließend lenke ich den Blick in Kap. 3 auf die Wirtschaft und möchte das Konzept von Corporate Social Responsibility (CSR) und Nachhaltigkeit erläutern und Sie argumentativ überzeugen, dass wir die zuvor aufgezeigten Herausforderungen der Megatrends nur gemeinsam mit der Wirtschaft lösen können – in der Realität könnte man oftmals eine andere Sichtweise vermuten. Daran anknüpfend zeige ich Ihnen in Kap. 4 auf, welche allgemeinen Wirkungsmechanismen existieren, damit Unternehmen sich mit CSR & Nachhaltigkeit befassen. Kap. 5 wiederum erklärt, warum die Wahrnehmung unternehmerischer Verantwortung nicht nur für Unternehmen positiv ist, sondern wieso die Gesellschaft insgesamt hiervon profitiert. Im nachfolgenden Kap. 6 gehe ich auf den vermeintlichen Widerspruch zwischen erfolgreichem Wirtschaften und Nachhaltigkeit ein, bevor ich mich in Kap. 7 mit den aus meiner Sicht medial und auch im öffentlichen Diskurs vorherrschenden Themen der Wachstums- und Systemkritik auseinandersetze, die angebracht werden, wenn es darum geht, die Welt nachhaltiger zu machen. Nach meiner Ansicht hilft uns diese Diskussion – bei aller Notwendigkeit – nicht weiter. Anschließend widme ich mich in Kap. 8 der finalen Frage, vorausgesetzt Sie folgen meiner Argumentation bis zu dieser Stelle des Buches, was es konkret braucht, um die Gier zu wecken.

Am Ende des Buches stimmen Sie mir hoffentlich zu: Wir müssen unsere Welt besser machen – und zwar schnell. Es passiert vieles Gutes, aber wenn wir ehrlich sind, ist Luft nach oben. Vieles dauert zu lange, vieles erfolgt nicht intensiv genug. Ich plädiere für einen Ansatz, der an das Innerste in uns allen appelliert: an unsere Gier. Wenn wir diese in der Wirtschaft wecken können, so kann und wird diese aus eigenem Interesse heraus wesentlich dazu beitragen, dass wir die Potenziale, die es gibt, auch nutzen. Also packen wir es an!

Bei der Lektüre wünsche ich Ihnen viel Vergnügen!

Sascha Genders

Inhaltsverzeichnis

1 Von Gier und der Übernahme von Verantwortung   1
    1.1   Was ist Gier?   4
    1.2   Hypothese: Gier ist gut!   7
    Literatur   11

2 Die Welt im Wandel – warum müssen wir handeln?   13
    2.1   Megatrend Demografie   16
    2.2   Megatrend Klima   18
    2.3   Megatrend Ressourcen   19
    2.4   Megatrend Regionalisierung   21
    2.5   Megatrend Innovation   22
    2.6   Megatrend Vernetzung   25
    2.7   Megatrend Zeitgeist   26
    Literatur   28

3 Verantwortung in der Wirtschaft – von was reden wir eigentlich?   31
    3.1   Nachhaltigkeit im historischen Kontext   34
    3.2   Nachhaltigkeit und CSR   36
        3.2.1   Begrifflichkeiten Nachhaltigkeit und CSR   37
        3.2.2   Definitionsversuch Nachhaltigkeit und CSR   38
    3.3   Strategie und Kerngeschäft   41
        3.3.1   Nachhaltigkeit und CSR als Strategie   41
        3.3.2   Nachhaltigkeit und CSR im Kerngeschäft   43
    Literatur   46

Inhaltsverzeichnis

4	Unternehmen im Alltag – was motiviert zur Nachhaltigkeit?	49
4.1	Unternehmen und Märkte	50
4.2	Wirkungskanäle der Nachhaltigkeit	52
4.3	Wirkungskanal Ordnungspolitik	56
4.3.1	Bürokratie und Bürokratismus	57
4.3.2	Relevanz der Ordnungspolitik	58
4.3.3	Ordnungspolitik in der Praxis	62
4.3.3.1	Internationale Perspektive	63
4.3.3.2	Europäische Perspektive	68
4.3.3.3	Nationale Perspektive	71
4.3.3.4	Berichterstattung	74
4.3.4	Wirkungskanal Ordnungspolitik: Schlussfolgerung	77
4.4	Wirkungskanal Markt	79
4.4.1	Konsumgütermarkt	82
4.4.2	Zuliefermarkt	86
4.4.3	Kapitalmarkt	89
4.4.4	Arbeitsmarkt	92
4.4.5	Bildungsmarkt	95
4.4.6	Wirkungskanal Markt: Schlussfolgerungen	98
Literatur		98

5	Gelebte Nachhaltigkeit – warum eigentlich?	107
5.1	Verantwortung aus ökonomisch-ethischer Sicht	107
5.2	Gesellschaftlicher Mehrwert	109
Literatur		114

6	Gewinne oder „Gutes" – aus Unternehmenssicht (k)ein Widerspruch (?)	115
6.1	Betriebswirtschaftliche Relevanz von Nachhaltigkeit	116
6.2	Entscheidungsdilemmata in der Praxis	118
6.2.1	Geld und Moral	118
6.2.2	Nachhaltigkeit und Unternehmenserfolg	123
6.2.3	Harmonie statt Konflikte	129
Literatur		130

7	Wachstums- und Systemkritik – kein Königsweg!	131
7.1	Wirtschaftswachstum	133
7.2	Messung von Wirtschaftswachstum	137
7.3	Stellenwert von Markt oder Staat	138

7.4	Kritik an Wachstum und Wirtschaftssystem		140
7.5	Beispiele für Lösungskonzepte		145
	7.5.1 Green New Deal(s)		146
	7.5.2 Gemeinwohlökonomie		147
7.6	Kritische Würdigung		149
	7.6.1 Komplexität		150
	7.6.2 Unsicherheit		150
	7.6.3 Akzeptanz		151
	7.6.4 Realisierbarkeit		154
7.7	Schlussfolgerung		155
Literatur			160

8 Die Gier entfachen!   163

8.1	Was ist?		165
8.2	Was sollte sein?		169
	8.2.1 Wissen und Mindset		170
		8.2.1.1 Überwindung des Trade-off zwischen Nachhaltigkeit und Unternehmenserfolg	170
		8.2.1.2 Schaffung von Potenzialen in den Köpfen	173
	8.2.2 Nachhaltiges Unternehmertum		174
		8.2.2.1 Begeisterung für Eigenverantwortung und (nachhaltiges) Unternehmertum	175
		8.2.2.2 Ausgewogenes Verhältnis von Ordnungspolitik und Markt	177
		8.2.2.3 Freiräume für Innovationen	178
8.3	Wie geht es weiter?		183
Literatur			184

Über den Autor

Dr. Sascha Genders, LL.M. Eur., Jahrgang 1979, ist bundesweit renommierter Experte für Corporate Social Responsibility (CSR), Nachhaltigkeit und Unternehmertum. Er ist Herausgeber der Standardwerke „CSR und Institutionen – Etablierung unternehmerischer Verantwortung in Wirtschaft, Politik und Gesellschaft" sowie „CSR und Hidden Champions – Mit Unternehmensverantwortung zum Weltmarktführer" in der CSR-Management-Reihe bei Springer Gabler. Er publiziert regelmäßig in Fachmedien. Der promovierte Volkswirt und Magister des Europäischen Rechts hat einen Abschluss als CSR Manager (IHK) und blickt auf eine Vita als Speaker und Dozent an verschiedenen Hochschulen im Bereich der Unternehmensverantwortung zurück. Sein Expertenwissen geht hierbei weit über CSR, Nachhaltigkeit und Unternehmertum hinaus und reicht von Existenzgründung, Unternehmensnachfolge & Start-Up, über Industriepolitik bis hin zu Regionalentwicklung sowie allgemeiner Wirtschaftspolitik und Volkswirtschaft. Dr. Genders hat in Würzburg am Lehrstuhl des ehemaligen Wirtschaftsweisen Professor Dr. Peter Bofinger promoviert. Er ist stellvertretender Hauptgeschäftsführer der Industrie- und Handelskammer (IHK) Würzburg-Schweinfurt.

Abbildungsverzeichnis

Abb. 3.1	Handlungsfelder CSR und Nachhaltigkeit	39
Abb. 3.2	Reifegrad Modell	44
Abb. 4.1	Wirkungskanäle von CSR und Nachhaltigkeit	55
Abb. 5.1	Unternehmerischer und gesellschaftlicher Mehrwert	111
Abb. 5.2	Konzept des Shared Value	113
Abb. 6.1	Entscheidungsmatrix Geld und Moral	121
Abb. 8.1	Wirkungszusammenhang Gier und Megatrends	165

Tabellenverzeichnis

Tab. 2.1	Die sieben Megatrends	14
Tab. 3.1	CSR-Handlungsfelder	40
Tab. 6.1	Fallkonstellationen Kostenwirkung auf Unternehmenserfolg	123
Tab. 6.2	Fallkonstellationen Erlöswirkung auf Unternehmenserfolg	124
Tab. 6.3	Fallkonstellationen Erlös-/Kostenwirkung auf Unternehmenserfolg	125
Tab. 6.4	Bewertungsmatrix CSR-Handlungsfelder (Beispiele)	126
Tab. 8.1	Empfehlungen zur Weckung der Gier	184

1
Von Gier und der Übernahme von Verantwortung

Der 4. November 2020 war kein guter Tag. Warum? Ganz einfach: Die Vereinigten Staaten von Amerika sind an diesem Tag aus dem internationalen Klimaschutzabkommen von Paris ausgestiegen. Dieses Klimaschutzabkommen aus dem Jahr 2015 galt einst als Durchbruch in Sachen Rettung unserer Erde, spätestens nach dessen Inkrafttreten im Jahr 2016. Das Abkommen definierte bei der Unterzeichnung das gemeinsame Ziel von 197 Staaten, die Erwärmung der Erde im Vergleich zum vorindustriellen Zeitalter auf „deutlich unter" zwei Grad zu begrenzen, möglichst auf 1,5 Grad. Nebst genereller Reduzierung der Treibhausgasemissionen – wir sprechen in der Regel von CO_2 bzw. Kohlenstoffdioxid – sollten weiterhin Schritte zur Anpassung an den Klimawandel forciert werden und Finanzmittelflüsse in Einklang mit diesen Zielen gebracht werden (Bundesministerium für Wirtschaft und Energie 2020). Durch das Maßnahmenpaket und insbesondere durch die Begrenzung des Anstiegs der Erderwärmung mithilfe eines nahezu vollständigen Verzichts der Weltgemeinschaft auf die Verbrennung fossiler Brennstoffe bis zur Jahrhundertmitte würde die Wahrscheinlichkeit steigen, die schon heute absehbaren und in Zukunft noch gravierenderen Folgen für das Weltklima wenigstens halbwegs abmildern zu können. Auch wenn mahnende Stimmen nicht nur die Erreichung des 1,5 Grad-Ziels infrage stellten bzw. stellen (World Meteorological Organization et al. 2020), sondern zugleich darauf hinweisen, dass das Ziel kaum reichen werde, um die Negativfolgen für den Globus nachhaltig zu entkräften.

Anfang November des Jahres 2020 folgte der Austritt der USA aus dem Klimaschutzabkommen. Dieser wurde als besonders fatal für die Weltgemeinschaft angesehen, passte aber jedoch in das Bild des vom damaligen Präsidenten Donald Trump proklamierten und gelebten Politikstils des „America first". Zugleich fügte sich der Schritt in die allgemeine Umweltpolitik des Landes. Aber warum schädigte dieser Schritt der USA das Abkommen so massiv? Negativ aus globaler Sicht war der Austritt einerseits deswegen, weil die USA nach der Volksrepublik China der zweitgrößte Emittent von klimaschädlichem CO_2 in Bezug auf das absolute Volumen sind. Beim Pro-Kopf-Emissionsvolumen von CO_2 liegen sie sogar auf dem Spitzenplatz (Pötter 2019, S. 5). Ohne Mitwirkung der USA sind die globalen Emissionswerte also kaum in notwendigem Umfang zu reduzieren. Andererseits bestand durch den Austritt die Gefahr einer Signalwirkung und das Risiko von Nachahmern erhöhte sich, sodass das Fundament der Vereinbarungen weiter zu bröckeln drohte und ein vollständiger Zusammenbruch im Raum stand. Und man muss nur nach Brasilien schauen, um zu erkennen, welche Folgen ein derart schlechtes Vorbild wie das der USA haben kann.

Alles in allem schuf der Austritt der USA aus dem Pariser Klimaschutzabkommen eine sehr schlechte Perspektive für die Welt in Anbetracht der sich unweigerlich schnell beschleunigenden Klimaerwärmung von schmelzenden Eisbergen und ansteigendem Meeresspiegel. Ganz zu schweigen vom Artensterben oder – gerade in Zeiten der Corona-Pandemie ein Thema – dem durch den Klimawandel veränderten Zusammenleben von Menschen und Tieren und dem damit einhergehenden Risiko des wechselseitigen Überspringens von Krankheiten.

Was das Klimaschutzabkommen anbelangt, kam es erfreulicherweise anders – nicht zuletzt aufgrund der Präsidentschaftswahlen in den Vereinigten Staaten Ende des Jahres 2020. Der am 20. Januar 2021 ernannte 46. Präsident der USA, Joe Biden, hatte bereits am Tag nach der Verkündigung der Wahlergebnisse versprochen, dass sein Land dem Klimaschutzabkommen wieder beitreten wolle. Und schon vor Jahreswechsel ließ er verkünden, dass die Klimakrise analog der Corona-Pandemie einen nationalen Notstand darstelle, den es zu bewältigen gelte (Tagesschau 2020). Was dies in der Praxis bedeutet, bleibt abzuwarten! Festzuhalten bleibt aber, dass bis dahin in Sachen Klimapolitik der USA unter der Ägide des ehemaligen Präsidenten Donald Trump nicht nur der Grundsatz „America first" die Politik prägte. Als nicht propagierter, aber diagnostizierbarer Leitsatz der Handlungen hätte man sicherlich auch sagen können: „We assume no responsibility!". Wir übernehmen keine Verantwortung!

Logischerweise ist der Klimaschutz eine der wesentlichen Herausforderungen unserer Zeit. Bereits heute verändert er das Leben vieler Milliarden Menschen, wir haben hierzulande bislang „lediglich" Glück. Aber Deutschland ist beim Klimaschutz – bei aller denkbaren Kritik an den einzelnen Maßnahmen – sicherlich einer der europäischen und globalen Vorreiter in Sachen Handlungsbereitschaft gegen den von Menschen gemachten Klimawandel und für die Priorisierung entsprechender Schritte gegen eben diesen Klimawandel. Deutschland übernimmt ohne Zweifel Verantwortung – um den vermeintlichen Leitsatz von oben kurz aufzugreifen. Dennoch sind wir aber international nur einer von vielen Akteuren, die es braucht, um nachhaltige Veränderungen mit Blick auf die CO_2-Emissionen und somit auf die Erderwärmung mit den entsprechenden Folgen zu bewirken. Wie schwierig nationale Alleingänge und wie vermeintlich vergebens diese sein können, erkennen Sie, wenn Sie einerseits den im Jahr 2019 beschlossenen deutschen Kohleausstieg sehen, der vorsieht, bis zum Jahr 2038 die Kohleverbrennung hierzulande zu beenden, und wenn im Umkehrschluss alleine in China und Indien rund 150 neue Kraftwerke im Bau sind (Pötter 2019, S. 4). Ich komme auf dieses Thema der nationalen Klimapolitik an späterer Stelle nochmals zu sprechen. Jedoch zeigt sich, dass gerade beim Megatrend Klima, der uns alle betrifft, entscheidend ist, dass sich Mehrheiten finden, die gemeinschaftlich Verantwortung übernehmen. Beim Klimaschutz wird sogar existenziell deutlich, wie wichtig es ist, dass wir heute gemeinschaftlich Verantwortung für unsere nachfolgenden Generationen übernehmen.

Dies soll kein Buch über den Klimaschutz werden, auch wenn ich immer wieder auf ihn zu sprechen komme. Ich möchte in diesem Buch gerne die Thematik Verantwortung aufgreifen und fragen, welche Rolle sie in und aus Sicht der Wirtschaft spielen kann und muss. Nach meinem Verständnis kann die Wirtschaft durch Verantwortungsübernahme dazu beitragen, die großen Herausforderungen unserer Zeit zu lösen. Sie kann dies nicht alleine. Aber es geht bei Weitem auch nicht ohne sie. Dies kann den Megatrend Klima betreffen, aber auch in vielen anderen Aspekten wichtig sein. Daher verwundert es auch nicht, dass in der öffentlichen Diskussion immer wieder über Verantwortung in der Wirtschaft gesprochen wird – meist mit dem wertenden Einschlag, die Wirtschaft müsse mehr Verantwortung übernehmen. Oder es wird gefragt, wie man die Wirtschaft dazu bringen könne, ihrer Verantwortung gerecht zu werden. Beachten Sie bitte auch, was diese Aussage im Umkehrschluss bedeutet: Nämlich, dass die Wirtschaft bislang keine oder zu wenig Verantwortung übernehme bzw. ihr nicht gerecht werde. Letztlich mündet diese Sichtweise in Handlungsbedarfen mit Blick auf den Adressat Wirtschaft und in vielerlei Einschätzungen und Unterthemen, wie die vergleichsweise junge Diskussion um die Initiatoren der Stiftung Verantwortungseigentum, die sich mit Eigentumsrechten der Unternehmen beschäftigt (Stiftung Verantwortungseigentum e. V. 2020). Was meiner Einschätzung nach vergleichsweise seltener diskutiert wird, ist die Frage des Motivs zur Verantwortungsübernahme. Ebenso wird die Frage der Chancen der Verantwortungsübernahme für Unternehmen und die Gesellschaft kaum oder vergleichsweise wenig in Politik und Öffentlichkeit diskutiert. Wie schaffen wir es also, zur konsequenten Übernahme von Verantwortung im Sinne nachhaltigen Handelns zu begeistern?

1.1 Was ist Gier?

Lassen Sie mich auf den Titel des Ihnen vorliegenden Buches „Wie Gier uns retten kann" zu sprechen kommen. Was ins Auge sticht – und Sie eventuell auch dazu veranlasst hat, dieses Buch in die Hand zu nehmen – ist das Wort Gier, oder nicht?

Sprechen wir deshalb über die Gier. Sollte ich Sie nicht völlig falsch einschätzen, ist das Wort Gier bei Ihnen vermutlich eindeutig negativ konnotiert. Sie verbinden nichts Gutes mit dem Wort, Sie denken eher an Schlechtes im Zusammenhang mit dem Begriff. Liege ich richtig? Das Wort Gier ist eng mit dem Wort Geiz verwandt – das lateinische avaritia für die beiden Begriffe Geiz und Habgier bestätigt dies. Geiz ist nichts Gutes. Und bei Gier handelt es sich um eine der sieben Todsünden. Ergo assoziieren wir negative Dinge mit dem Begriff. Das bloße Verlangen und Streben nach Besitztümern und das Anhäufen von Reichtümern der bloßen Sache des Besitzens wegen, unabhängig von dessen Nutzen oder Verwendungszweck, wird in unserer Gesellschaft moralisch nicht für gut befunden und wird mit dem Begriff Gier in Zusammenhang gebracht. Und obwohl die kommerzielle Werbung in den letzten Jahren durchaus mit dem Prinzip Geiz spielt (Sie wissen, welche Werbung ich meine), ändert dies nichts an der generellen Wertigkeit der dem Wort nach artverwandten Charaktereigenschaft Gier. Skrupellosigkeit, rücksichtsloses Verhalten, Völlerei, Machtstreben – die negativ konnotierten Stichworte, die als Synonyme für Gier gelten, ließen sich unbegrenzt fortsetzen. Gier an sich scheint schlecht.

Trotz allem Negativen, ich verwende bewusst das Wort Gier. Ich möchte den Begriff Gier im Sinne des Buches gerne positiv verwenden! Lassen Sie mich zunächst sehr allgemein erklären, wieso man Gier nicht nur negativ sehen muss bzw. wann meiner Meinung nach die negative Konnotation hinfällig sein kann[1]. Dies möchte ich Ihnen einleitend gerne zeigen. Gier ist nicht per se negativ.

Zunächst müssen wir uns fragen „Was ist Gier eigentlich?". Ich verstehe Gier allgemein als das Streben nach Mehr. Man möchte mehr von etwas haben. Hierbei widerspreche ich einerseits klar jedweder Form von nutzlosem Materialismus der reinen Sache wegen. Gier kann und sollte meiner Ansicht nach andererseits aber auch positive Assoziationen wecken, nämlich dann, wenn Gier nicht nur als das sinnfreie Verlangen nach Reichtum verstanden wird, sondern wenn Gier im Sinne von etwas (mehr) tun, machen, umsetzen, anpacken und realisieren definiert wird, oder? Neue Dinge in die Wege leiten, etwas erreichen wollen, Ehrgeiz entwickeln, motiviert sein, all dies kann doch auch mit Gier einhergehen. „Mehr" an sich muss zunächst nicht schlecht sein. Oder?

Eine andere Frage ist diejenige nach der Folge von Gier. Wozu führt Gier? Meine Sichtweise ist, dass ein Verlangen nach Mehr, also Gier, uns dazu veranlasst, egoistisch zu denken und zu handeln. Man will mehr für sich. Gier führt in der Konsequenz zu egoistischen Handlungen. Auch wenn jeder von uns ein soziales Wesen ist, und jedem von uns wichtig ist, was andere von einem selbst denken, wie man wertgeschätzt wird, oder welchen Beitrag man für eine Gemeinschaft leistet, jeder ist im letzten Sinne egoistisch. Jeder Mensch ist in bestimmtem Maße ich-bezogen. Ist das per se schlecht? Bevor Sie mich nun verurteilen, warten Sie bitte das Ende meiner Argumentation ab. Aber zurück: Wenn Gier also zu egoistischem Handeln führt und uns dazu bringt, mehr von etwas haben zu wollen, dann läuft dies auf die negative Sichtweise von Gier hinaus, wie ich sie zuvor angesprochen habe? Ja, richtig!

Ich möchte mich nun der Art und Weise des Handelns zuwenden, um zu argumentieren, dass Sie den Begriff Gier nicht negativ sehen müssen. Ist denn nicht die Art der Handlung selbst bzw. die Frage „Wie handeln wir?" entscheidend, um einzuschätzen, ob egoistisches Handeln positiv oder negativ ist? Hierzu wiederum meine klare Aussage: Skrupelloses Verhalten, das Hinwegsetzen über Recht und Ordnung, all dies lehne ich strikt

---

[1] Ich bitte um Verständnis, dass ich „lediglich" studierter Ökonom bin und keine fundierten Kenntnisse in Philosophie besitze. Ich hoffe, meine Ausführungen stoßen bei Fachkundigeren als mir nicht auf allzu blankes Entsetzen und drücke die Daumen, dass ich in meiner Argumentation bestenfalls wenigstens nur halbwegs danebenliege. Andernfalls kann ich dies auch nicht ändern.

ab. Unethisches und amoralisches Verhalten sind nicht akzeptabel. Aber sind nicht auch die Nutzung von Ideenreichtum, eine Mehranstrengung durch Ehrgeiz oder besonderer Leistungswille ein Weg, mehr von etwas zu bekommen? Ich meine ja. Sind nicht auch Ehrbarkeit, Verlässlichkeit, Ehrlichkeit Eigenschaften von Handelnden? Und sind dies negative Charakterzüge? Ich meine nicht.

Wenn Sie mir soweit folgen, dann komme ich zu einer letzten Überlegung. Wenn Gier uns veranlasst, durch egoistisches Handeln (in vertretbarer Art und Weise) mehr von etwas für uns haben zu wollen, stellt sich für mich auch die wesentliche Frage, welche Ziele verfolgt werden, warum wir mehr wollen und was wir wollen. Der Begriff Gier ist sicherlich dann positiver in der Wertung, wenn egoistisches Handeln erfolgt, um immaterielle Ziele zu erreichen. Richtig? Das Ziel des egoistischen Handels bzw. der beabsichtigte Nutzen (man kann auch Lebensglück sagen) hängt nicht nur von materiellem Besitz, sondern ohne Zweifel von einer ganzen Reihe weiterer Dinge ab, die sich aus der eigenen Persönlichkeitsstruktur, Erziehung, Bildung, sozialem Umfeld und so weiter und so fort ergeben. Gesundheit, Glück, Zufriedenheit, Liebe, Glaube, Sicherheit, all dies sind Ziele, die mit egoistischen Handlungen erreicht werden sollen und die sich letztlich aus dem eigenen Tun heraus ergeben. Egoistisches Handeln erfolgt also auch, um nebst materiellen Zielen auch eine ganze Reihe von immateriellen Zielen zu erreichen. Finden Sie noch immer, dass Gier negativ konnotiert sein muss?

Lassen Sie mich nun nebst den immateriellen Zielen auf die materiellen Ziele in Form von Wohlstand, Vermögen, Besitztümern eingehen, das was man in der Regel primär mit dem Begriff der Gier verbindet. Die Ziele der egoistischen Handlung liegen durchaus auch in der Erlangung materieller Gegenstände, beispielsweise auch mit Blick auf die eigene Vermögensbildung. Je nach Person und Charakteristika sind diese Ziele bedeutsamer oder weniger bedeutsam. Aber bitte beachten Sie, ich gehe nicht auf den Verwendungszweck der Vermögensbildung ein. Sicherlich macht es doch in der gesellschaftlichen Wertung einen Unterschied, ob Sie Ihr Vermögen für die Versorgung Ihrer Familie oder als Spende für Bedürftige verwenden, oder es schlicht verprassen. Oder? Ist Gier nicht dann positiver, wenn es darum geht, Wohlstand für eine Familie zu erwirtschaften?

Sie sehen, Gier muss nicht negativ sein. Wenn Sie egoistisches Handeln als Folge von Gier mit materiellen und immateriellen Zielen verstehen, wenn Gier eben auch darin besteht, nicht nur Ihr Vermögen, sondern auch Ihre immateriellen Ziele zu verwirklichen, dann schwindet doch Ihre negative Wertung des Begriffes Gier, oder? Und in dieser Logik stimmen Sie mir sicherlich zu, dass jeder von uns alles andere ist, nur kein Altruist. Inwiefern die Aussage zutrifft, dass wir keine Altruisten im materiellen Sinne sind, das überlasse ich gerne wiederum Ihrer Einschätzung! Ich meine also nicht nur, dass Gier nicht schlecht sein muss (das wäre die negative Sichtweise), nein: Gier kann man auch positiv verstehen!

> **Merke!**
> Gier ist nicht per se negativ! In Abhängigkeit von Art der Handlung und gesellschaftlicher Akzeptanz, Folgen der Handlung sowie Zielsetzung kann Gier positiv konnotiert sein.

1.2 Hypothese: Gier ist gut!

Ich möchte Ihre Gedanken auf das Streben nach Mehr im Sinne materieller Ziele legen. Ich behaupte, dass auch Gier im Sinne des Strebens nach materiellen Zielen positiv sein kann! Diese Behauptung möchte ich gerne zum Kern des Buches machen, wenn wir über Gier reden und ich wiederhole sie gerne nochmals: Ich bin der Ansicht, dass auch das Streben nach materiellen Zielen positiv sein kann. Diesen Gedanken behalten Sie bitte auf den folgenden Seiten im Hinterkopf.

Gehen Sie zur Arbeit und verzichten hierfür auf eine Bezahlung, nur weil es Ihnen Freude macht, mit den Kollegen zusammen zu sein? Oder „gieren" Sie nicht danach, regelmäßig eine Entlohnung zu bekommen, um sich etwas zu gönnen? Macht es nicht Sinn, sich etwas Vermögen anzusparen, um zum Beispiel sich selbst und seiner Familie ein Eigenheim zu kaufen oder um den eigenen Kindern später eine Ausbildung finanzieren zu können? Ist es so schlecht, wenn ein Unternehmer zwar einerseits viel Geld verdient durch sein Geschäft, aber andererseits einen Teil seines Vermögens für karitative Zwecke spendet oder Gutes für seine Gemeinde tut? Hängen nicht Wohl und Weh von Dritten wie der Familie, von Freunden, eventuell der Mitarbeiter im eigenen Unternehmen oder der Nachbarn in der Gemeinde von einem Streben nach materiellem Wohlstand ab? Bei all diesen Dingen spielt der materielle Wohlstand eine Rolle. Wie zuvor beschrieben, glaube ich, dass jeder in gewissem Maße ein Egoist ist.

Nun ist der Gedanke von Egoismus und Gier in den Wirtschaftswissenschaften bzw. in der Ökonomie nicht neu. Sie haben sicher schon einmal den Namen des schottischen Philosophen und Ökonomen Adam Smith (1723–1790) gehört. Adam Smith ist eine der prägenden Figuren des heutigen Verständnisses der theoretischen Wirtschaftswissenschaften. Er hat in seinem Werk „Der Wohlstand der Nationen" (Smith 1776) bereits im Jahr 1776 formuliert, dass es letztlich der Egoismus des Einzelnen sei, der den Wohlstand einer Nation schaffe. Berühmt ist seine Metapher der Metzger, Brauer und Bäcker, die die Bevölkerung nicht aus Gutmenschentum mit den Gütern des täglichen Bedarfs versorgen. Sie handeln vielmehr aus eigenem Interesse. Nicht Menschlichkeit sei die Triebfeder ihres Handelns, sondern Egoismus und Selbstliebe im Sinne des eigenen Wohlstandes durch den Verkauf von Gütern sorgen dafür, dass andere etwas zu essen und zu trinken haben. Dadurch, dass Metzger oder Bäcker für sich selbst nach Wohlstand streben, entsteht letztlich Wettbewerb. Der Markt wiederum sorge mit dem Konkurrenzgedanken dafür, dass durch das Eigeninteresse letztlich das Gemeinwohl aller gefördert werde. Egoismus ist die treibende Kraft der gesamtgesellschaftlichen Entwicklung, die auf alle Menschen einwirkt. Auch wenn Kräfte wie Vernunft und Sympathie den Egoismus begrenzen, so ist der Mensch in seiner Natur von „nacktem Eigennutz getrieben" (Strathern 2006, S. 112 f.). Nun sind diese Überlegungen von Adam Smith nachvollziehbar, aber nicht zuletzt aufgrund der seinem Denkmodell obliegenden Annahmen nicht in allen Facetten heute noch aktuell. Schon der Ökonom John Maynard Keynes (1883–1946) hatte zu Recht erkannt, dass ökonomisches Handeln von rationalen Motiven geleitet wird, aber dass auch Instinkte eine Rolle spielen. Die beiden Wirtschaftsnobelpreisträger George A. Akerlof und Robert J. Shiller sprechen hierbei von „Animal Spirits", in Anlehnung an das Lateinische „spiritus animalis" im Sinne einer „gedanklichen Energie und Antriebskraft" (Akerlof und Shiller 2009, S. 21). Dieses empirisch nachweisbare nicht rationale Verhalten in Form von Vertrauen, Fairness oder unmoralischem Verhalten präge unser Wirtschaftsgeschehen. Was sollten Sie sich also merken? Egoismus spielt in der Ökonomie und ihren verschiedenen Denkschulen durchaus eine Rolle. Aber dies soll kein Buch über Theorien oder Denkrichtungen im engeren Sinne sein[2].

---

[2]Ja, Sie finden auf den folgenden Seiten immer wieder Hinweise und Zusammenhänge, die auf ökonomischen Argumenten fußen. Meiner Ansicht nach handelt es sich hierbei jedoch – wenn ich Ihnen nicht bewusst unterschiedliche Gedankenansätze zu einem bestimmten Thema zeige – stets um Themen, die bloße Wirkungszusammenhänge erklären, ohne expliziten Bezug auf diesen oder jenen expliziten Gedankenansatz der Ökonomie zurückgreifen. Ich bin der festen Überzeugung, dass diese ökonomischen Grundzusammenhänge nicht nur zum Rüstwerkzeug eines jeden Menschen gehören sollten, sondern dass diese ebenda auch entscheidend sind, die dem Buch immanente Frage zu lösen (Wie können wir uns „retten"?). Aber lassen Sie sich überraschen!

Egoismus wird in den Wirtschaftswissenschaften umfangreich und vielschichtig diskutiert. Eine Kritik ist, dass Konkurrenz zwar zu Leistung ansporne, aber mehr Schaden als Nutzen erzeuge, wenn der eigene Vorteil durch eine als normal angesehene Übervorteilung und letztlich somit eine Verletzung der Würde der Menschen zulasten der Gesellschaft insgesamt erlangt werde (Felber 2018, S. 14). Dem entgegen wird jedoch auch argumentiert, dass „die verschiedenen Kräfte, also Egoismus und Gemeinschaftssinn, in einem ausgleichenden Verhältnis" ein funktionierendes System darstellen, und dass Wettbewerb Wohlstand und Reichtum befördere (Sedláček und Tanzer 2015, S. 188 f.). Die bestehenden Einschätzungen von Gier und Egoismus lassen sich noch weiter vertiefen: Es gibt beispielsweise auch Kritik dahingehend, dass das Bildungssystem die Etablierung egoistischen Denkens gerade in der Wirtschaft im engeren Sinne unterstütze (Sedláček und Tanzer 2015, S. 116). Und auch die Gesellschaft selbst trage durch die Bewunderung und Interpretation von „Egoismus, Gier und Rücksichtslosigkeit als clever" (Wagenknecht 2016, S. 38) dazu bei, diese dunkle Seite der Wirtschaft zu legitimieren. Küng spricht unter Bezugnahme auf die Aktienbörsen von der Volksseuche, die durch ein „Einverständnis der breiten Öffentlichkeit" gekennzeichnet sei (Küng 2010, S. 145). Aber mit diesen und weiteren Gedanken von Egoismus und Gier in der Ökonomie möchte ich mich an der Stelle nicht weiter befassen. Derartige „Systemfragen" greife ich in Kap. 7 nochmals auf. Dennoch glaube ich, dass wir alle Egoisten sind – zumindest im Sinne der möglichen Definition von Gier mit materiellen und immateriellen Zielen – faktisch jedoch auch im materiellen Sinne. Das Streben nach Wohlstand ist uns in der Regel immanent, auch wenn Art und Weise sowie Zielsetzungen je nach Person divergieren. Für Unternehmen bedeutet dies, dass Unternehmen primär stets eine Gewinnerzielungsabsicht haben. Unternehmerischer Erfolg ist unabhängig von den vielschichtigen unternehmerischen Zielen essenzieller Treiber für unternehmerisches Handeln. Gewinn ist mindestens Mittel zum Zweck. Unternehmen ohne unternehmerischen Erfolg scheiden aus dem Wettbewerb aus und können auch die über die materiellen Ziele hinausgehenden Bestrebungen nicht verwirklichen. Dieses Faktum müssen wir akzeptieren.

Kommen wir zurück auf meine Hypothese als Grundlage des Buches: Gier und das hieraus resultierende egoistische Verhalten kann positiv sein. Gier kann aus meiner Sicht der Schlüssel dazu sein, unsere Verantwortung, und damit auch die der Wirtschaft, zu aktivieren. Gier ist der Hebel, um dafür Sorge zu tragen, dass die Wirtschaft die großen Herausforderungen unserer

Zeit aktiv anpackt und ihren Beitrag leistet, bis hin zum einleitend relativ ausführlich erwähnten Klimawandel.

> **Merke!**
> Gier und egoistisches Handeln zur Befriedigung materieller Bedürfnisse kann wertvoll für die Gesellschaft sein! Es geht darum, die Gier zu aktivieren!

Um den Gedankengang „Gier ist positiv" in die Öffentlichkeit und in den politischen Diskurs einzubringen, schreibe ich dieses Buch. Mir liegt in hohem Maße am Herzen, einen Beitrag zu leisten, um diese Welt besser zu machen. Ich möchte meine Verantwortung im Rahmen der mir obliegenden Möglichkeiten wahrnehmen und bin durch jahrelange Erfahrung in der Zusammenarbeit mit Unternehmen, Politik und Öffentlichkeit der festen Überzeug, dass wir unsere „Hausaufgaben" für die nachfolgenden Generationen nur dann lösen können, wenn wir an die Gier in uns allen appellieren – und an die der Wirtschaft, denn um diese geht es im Weiteren. Alle Bemühungen der letzten Jahre – und hier greife ich zum Ende des Einführungskapitels kommend nochmals das Thema Klimaschutz auf – sind wichtig, richtig und positiv. Nur wirklich verbessert hat sich in Sachen Klimaschutz global in den letzten Jahrzehnten wenig. Ich will nicht sagen, dass ich resigniert habe. Nein. Das Gegenteil ist der Fall. Ich bin nur der festen Überzeugung, dass wir dann gemeinsam für eine bessere Umwelt arbeiten, wenn wir im tiefsten Inneren einen Mehrwert darin sehen. Ich glaube, dass Gier uns hierbei helfen kann. Im besten Fall kann Gier uns retten!

> **Fazit**
> Folgende Argumentation/Hypothesen sollten Sie sich zum Ende von Kap. 1 merken:
> - Gier im Sinne des Strebens nach „Mehr" muss per se nicht negativ sein.
> - Gier führt zu egoistischem Handeln, welches der Erlangung materieller/immaterieller Ziele dient.
> - Das Streben nach materiellen Mehrwerten kann positiv sein.
> - Die Gier ist der Schlüssel zur Aktivierung unternehmerischer Verantwortung für die Gesellschaft zur (Teil)Lösung bestehender globaler Herausforderungen.

Literatur

Akerlof G, Shiller R (2009) Animal Spirits – wie Wirtschaft wirklich funktioniert. Campus Verlag, Frankfurt

Bundesministerium für Wirtschaft und Energie (2020) Abkommen von Paris. https://www.bmwi.de/Redaktion/DE/Artikel/Industrie/klimaschutz-abkommen-von-paris.html. Zugegriffen: 22. Dez. 2020

Felber C (2018) Gemeinwohlökonomie. Piper Verlag, München

Küng H (2010) Anständig wirtschaften – Warum Ökonomie Moral braucht. Piper Verlag, München

Pötter B (2019) Die Klimapolitik. In: Mahlke S (Hrsg) Atlas der Globalisierung – Welt in Bewegung. Le Monde diplomatique/taz Genossenschaft, Berlin, S. 4–7

Sedláček T, Tanzer O (2015) Lilith und die Dämonen des Kapitals – Die Ökonomie auf Freuds Couch. Hanser, München

Smith A (1776) An inquiry into the nature and causes of the wealth of nations. University Of Chicago Press Facsimile of 1904 ed Edition (16. Mai 2012)

Stiftung Verantwortungseigentum e. V. (2020) Stiftung Verantwortungseigentum. https://stiftung-verantwortungseigentum.de/home. Zugegriffen: 23. Nov. 2020

Strathern P (2006) Schumpeters Reithosen – Die genialsten Wirtschaftstheorien und ihre verrückten Erfinder. Campus, Frankfurt

Tagesschau (2020) Biden erklärt Klimapolitik zu Priorität. 20. Dezember 2020. https://www.tagesschau.de/ausland/biden-usa-klima-101.html. Zugegriffen: 22. Dez. 2020.

Wagenknecht S (2016) Reichtum ohne Gier – Wie wir uns vor dem Kapitalismus retten. Campus, Frankfurt

World Meteorological Organization et al. (2020) United in science 2020 – a multi-organization high-level compilation of the latest climate science information. WMO, Global Carbon Project (GCP), UNESCO Intergovernment. https://public.wmo.int/en/resources/united_in_science. Zugegriffen: 22. Dez. 2020

2

Die Welt im Wandel – warum müssen wir handeln?

„Nichts ist so beständig wie der Wandel" – dieses Zitat, das dem griechischen Philosophen Heraklit (um 520 bis 460 v. Chr.) zugeschrieben wird, haben Sie mit Sicherheit schon sehr häufig gehört. Und es trifft den Nagel auf den Kopf. Die Welt um uns herum verändert sich ständig und wir sind mittendrin in diesen Änderungen.

Wenn die Welt sich ändert, dann ändert sich nicht zuletzt unsere Wirtschaft um uns herum (wenn Sie jetzt fragen, was ich mit „Wirtschaft" meine, dann verweise ich gerne auf Abschn. 4.1). In ein paar hundert Jahren haben wir es vom Ackerbau, der Erfindung des Rades und der Aufnahme von Handelsbeziehungen zwischen den Kulturen, über die ersten Schritte der Globalisierung durch die Eroberung der Welt, über die Entwicklung der Dampfmaschine und die Industrialisierung, bis hin zu den heutigen Innovationen geschafft. Veränderung und Wandel sind Teil unserer Geschichte.

Nun denken wir heute nicht in Jahrtausenden, sondern bestenfalls in Dekaden, aber selbst in den letzten Jahren hat sich die Innovationsgeschwindigkeit massiv beschleunigt. Wenn Sie in etwa meiner Generation angehören, dann kennen Sie mit Blick auf technische Erfindungen Musikkassetten oder Telefonzellen aus eigener Erfahrung. Sie können 3,5-Zoll- von 5,25-Zoll-Disketten unterscheiden. Und Sie erinnern sich an die Geräusche, die Ihr Modem machte beim Versuch sich ins Internet einzuwählen (was nur ging, wenn niemand im gleichen Haushalt zeitgleich telefonieren wollte). Und heute? Wer nicht „coded" gehört zum „alten Eisen" (was ich dann wohl tue). Wer keine eigene App programmiert hat, der ist in Sachen technischem Know-how hinten dran. Die technische Innovationsgeschwindigkeit hat in den letzten Jahren massiv Fahrt aufgenommen. Und glaubt man einigen Stimmen, dann war und ist dies nur der Anfang. Investor, Autor und Unternehmer Frank Thelen prognostiziert aus der (nahen) Vergangenheit des World Wide Web kommend, über die aktuelle Phase mit Smartphone und Cloud-Lösungen sowie heutiger Ansätze in Sachen Künstlicher Intelligenz der ersten Stufe für die Zukunft eine ständige Vernetzung, Quanten-Computing und selbstlernende Künstliche Intelligenzen bis hin zur Brain Interface-Zeit, in der wir quasi einen AppStore in unserem Gehirn haben (Thelen 2020, S. 34 f.). Unsere Technologien und damit unsere Wirtschaftswelt stehen mit den Themen Künstliche Intelligenz, Quantencomputer, Blockchain, 3D Druck oder der synthetischen Biologie mit CRISPR vor gewaltigen Innovationssprüngen.

Nun mag dies für Sie noch wie Zukunftsmusik klingen, aber die Zukunft hat bereits begonnen. Diese Veränderungen werden kommen. Der Wandel ist da, und dies – so meine Meinung in Sachen Technologie – in kaum vorstellbarer Art und Weise.

Der Innovationsgrad ist nur eine Facette des aktuellen (permanenten) Wandels. Ich sehe insgesamt sieben Megatrends, die zurzeit unsere Welt in nie geahnter Art und Weise verändern (Tab. 2.1).

Demografie, Klima, Ressourcen, Regionalisierung, Innovation, Vernetzung und Zeitgeist prägen unsere Zeit. Und wichtig ist zu verstehen, dass sich diese Trends wechselseitig verstärken, denn wir leben in einer besonderen Zeit. Nie war die Welt so vernetzt wie heute. Nie war die Abhängigkeit der Staaten voneinander größer als heute. Unsere Technologien und unsere Wirtschaftswelt stehen vor gewaltigen Innovationssprüngen. Nie gab es mehr Menschen auf dem Planeten, die um Rohstoffe und Ressourcen wie Nahrung und Lebensraum wetteiferten. Nie war es so dringend notwendig wie heute, um unsere Hausaufgaben in Sachen Klimarettung und Artenschutz anzupacken. Zudem leben wir in einer Zeit politischer Umbrüche. Wir erleben eine Verschiebung geopolitischer

Tab. 2.1 Die sieben Megatrends

1	Demografie
2	Klima
3	Ressourcen
4	Regionalisierung
5	Innovation
6	Vernetzung
7	Zeitgeist

Machtverhältnisse. Autoritäre Institutionen und Personen bieten vermeintlichen Schutz. Bewährte Demokratiemuster werden hinterfragt. Stichworte wie Vertrauensverlust, Unsicherheit und Zukunftsangst prägen die öffentliche Kommunikation. Und auch wenn es solche Phasen in der Geschichte ohne Zweifel immer wieder gab und es sie auch zukünftig geben wird, die aktuelle Zeit ist anders.

Es geht mir nicht darum, Angst vor Veränderungen zu machen. Den Satz „Früher war alles besser!" mag ich nicht. Denn er ist falsch. „Früher war es anders.", dieser Satz stimmt. Aber durch die Dynamik der Megatrends werden wir in allzu naher Zukunft auch sagen „Früher war alles anders". Ob es besser oder schlechter wird, das liegt letztlich an uns und unserem Engagement (aber hierzu soll letztlich auch dieses Buch beitragen). Es ist wichtig zu verstehen, dass tatsächlich alles anders wird. Der heutige Wandel scheint anders zu sein, da sich Qualität und Quantität der anstehenden Veränderungen, denen wir gegenüberstehen und die wiederum diesen Wandel in bislang kaum geahnter Art und Weise beeinflussen, dynamisch entwickeln und wechselseitig verstärken.

> **Merke!**
> Sieben Megatrends verändern unsere Welt in ungeahnter Art und Weise und stellen sie auf den Kopf. Wollen wir die sich hierdurch ergebenden Herausforderungen (teilweise) lösen, braucht es schnelle Lösungen!

Um ein wenig Struktur in die der Kapitalüberschrift immanente Fragestellung „Warum müssen wir handeln?" zu bringen, greife ich im Folgenden die aus meiner Sicht entscheidenden Megatrends der heutigen Zeit in den Abschn. 2.1 bis Abschn. 2.7 auf. Diese Megatrends sind Ursache dafür, dass alles anders wird. Sie prägen nicht zuletzt unser Leben wie wir es kennen und verändern bewährte Strukturen dauerhaft.

Ich möchte Ihnen im Folgenden ein Gespür (nennen Sie es Gedankenanstöße) dafür geben, aus welchen Richtungen „der Wind der Veränderung" heute weht – selbstverständlich ohne Anspruch auf Vollständigkeit. Ich zeige Ihnen, was uns de facto erwartet. Aber ich werfe vielmehr auch Fragen und Entwicklungstrends auf und stelle diese in den Raum hinsichtlich absehbarer Themen, die uns zukünftig beschäftigen werden. Letzteres nicht zuletzt deswegen, um Ihnen die schiere Vielfalt und Dynamik aufzuzeigen, die mit diesen Gegebenheiten einhergeht.

2.1 Megatrend Demografie

Die Weltbevölkerung wächst unaufhaltsam. Die Anzahl der auf der Erde lebenden Menschen ist seit der industriellen Revolution mehr oder weniger explodiert von rund 800 Mio. Menschen um das Jahr 1800 auf knapp über 7,6 Mrd. Menschen heutzutage. Würde sich diese Wachstumsdynamik fortsetzen, ist innerhalb der nächsten 30 Jahre die Grenze von 10 Mrd. Menschen, die auf der Erde leben, erreicht (Klingholz 2019a, S. 44). Soviel als einleitende Feststellung mit Blick auf den Megatrend Demografie.

Blickt man in die Teilregionen der Erde, dann zeigen sich deutliche Unterschiede in Sachen Demografie und Bevölkerungszunahme. Während heute sechs von zehn Menschen in Asien beheimatet sind, rund 16 % in Afrika und zehn Prozent in Europa, so verschiebt sich die Gewichtung bei ansonst unveränderten Rahmenbedingungen in der Zukunft deutlich. Im Jahr 2100 leben nach Prognosen 57 % der Weltbevölkerung in Afrika und „nur noch" 33 % in Asien. Europas Anteil beträgt dann rund fünf %. Deutlich wird die Verlagerung der Gewichtung von Asien nach Afrika aufgrund der Bevölkerungszunahme auf dem afrikanischen Kontinent (Klingholz 2019a, S. 45). Die demografische Entwicklung wird nebst der Anzahl der Menschen auch vom Alter der Menschen bestimmt. Und hier ist zu berichten, dass die durchschnittliche Lebenserwartung weltweit von heute 71 Jahre auf 77 Jahre im Jahr 2050 (Klingholz 2019a, S. 44) ansteigen dürfte. Auch wenn Prognosen an sich per Definition unsicher sind, und selbst wenn das Wachstum niedriger ausfallen sollte, ist somit festzuhalten: auf der Erde werden zukünftig mehr Menschen leben, und diese werden im Durchschnitt zukünftig älter sein als heute. Dies dürfte mit Blick auf die nachfolgenden Megatrends eine wichtige Rolle spielen.

Was für die Welt insgesamt gilt, das relativiert sich beim Blick nach Europa oder gar nach Deutschland. Sie kennen den Ausspruch „Wir werden weniger und älter". Das diagnostizierte Bild von der vergreisenden Gesellschaft hierzulande ist uns nicht fremd. Und der Gedanke von insgesamt weniger, dafür aber älterer Bevölkerung hierzulande ist nicht falsch. In Europa dürfte bis ins Jahr 2100 bestenfalls ein Bevölkerungsniveau auf etwa gleichem Niveau wie heutzutage erwartbar sein. Da seit einiger Zeit in Europa kein Land die sogenannte „bestandserhaltende" Nachwuchszahl bei der Geburtenziffer von 2,1 Kinder je Frau erreicht (Klingholz 2019b, S. 48), dürfte das Halten des Niveaus wiederum auch nur durch Zuwanderung möglich sein. Und Deutschland selbst ist bereits heute innerhalb Europas das Land, das sich mit Portugal und Finnland auf internationalem Parkett Rang drei teilt wenn es um diejenigen Staaten geht, in denen der Anteil der Bevölkerung im Alter von über 64 Jahren am höchsten ist bezogen auf die Gesamtbevölkerung (21 %). An Rang eins liegt Japan, gefolgt von Italien (Klingholz 2019c, S. 52). Für Deutschland prognostiziert das Statistische Bundesamt von heute 83,4 Mio. Menschen je nach Szenario eine Bevölkerungsanzahl in der Spanne von 77,6 Mio. Menschen im Jahr 2050 bis bestenfalls 83,6 Mio. Menschen (Statistisches Bundesamt 2020). Hierbei nimmt der Anteil der Bevölkerungsgruppe der unter 20-Jährigen sowie der der 20- bis 67-Jährigen in allen Szenarien ab. Einen deutlichen Zuwachs von heute 16,2 Mio. Menschen im Alter von über 67 Jahren auf über 21 Mio. zeigen hingegen alle Szenarien. Für Deutschland gilt die Aussage „Wir werden weniger und älter".

Dieser Einblick in die Statistik der Demografie weltweit und national macht deutlich, welche Veränderungen und Aufgaben sich durch den Megatrend ergeben. Ohne Zweifel sind der Anstieg der Lebenserwartung und der Geburtenrate auf der Welt auch ein Ergebnis eines sich abzeichnenden gesellschaftlichen Wandels. Sie sind ein Zeichen von Wohlstand und verbesserten Gesundheitssystemen. Zugleich ergeben sich durch diese Entwicklungen neue Fragestellungen und Herausforderungen – bewusst bereits an hiesiger Stelle der Hinweis auf die inhaltlichen Überschneidungen zu den nachfolgend genannten Megatrends Klimawandel oder Ressourcenverfügbarkeit. Denken Sie nur an die Fragen von verfügbaren Lebensmitteln und Ernährung, den Zugang zu Wasser und Bildung in denjenigen Staaten, die in den nächsten Jahrzehnten weiterhin starkes Bevölkerungswachstum sehen werden. Und auch in den heute wohlhabenden Industriestaaten, die von bestenfalls gleichbleibender, aber zumindest in Summe älter werdender Bevölkerung geprägt sind, gibt es Aspekte zu diskutieren. Ich denke an Themen wie die Tragfähigkeit der Sozialsysteme bei einem Rückgang des Erwerbspersonenpotenzials und zeitgleich immer mehr Leistungsbeziehern, zum Beispiel in der Rentenversicherung. Was bedeutet die Entwicklung für die Kosten in unserem Gesundheitssystem, wenn diese aufgrund älterer Bevölkerung immer weiter ansteigen? Welchen Einfluss hat die Demografie für unser Zusammenleben? Wie verändert sich dieses mit Blick auf das Leben in Stadt und Land (Stichwort Urbanisierung)? Welche Infrastrukturen brauchen wir zukünftig (Kindergarten oder Altenheim)? Wie muss sich die Wirtschaft auf die Veränderungen innerhalb der Käuferschichten oder der Anforderungen der potenziellen Arbeitnehmer von morgen einstellen? Welche Anforderungen an Berufe gibt es zukünftig?

Sie sehen, die Fragestellungen im Zuge des Megatrends Demografie sind vielschichtig, zugleich werden diese Themen unsere Zeit prägen.

2.2 Megatrend Klima

Wir erleben ein multiples Organversagen der Erde. Diese Aussage habe ich vor einiger Zeit in einem Filmbeitrag zur Klimakrise gehört, dessen Titel oder Autor ich leider tatsächlich vergessen habe. Und trotz dieser Wissenslücke meinerseits was den Urheber anbelangt, so trifft diese Aussage doch leider den Nagel auf den Kopf. Warum und wodurch haben wir dieses Organversagen?

Unsere Welt hat einen enormen Energiehunger. Ursache ist nicht zuletzt der Megatrend Demografie, zugleich damit einhergehend wirtschaftliches Wachstum und Fortschritt, nebst vielen weiteren Dingen. Der Primärenergieverbrauch aus Erdöl, Kohle und Erdgas ist in den letzten Jahrzehnten, trotz temporärer Schwankungen, weltweit kontinuierlich angestiegen. Gleiches gilt für die Atomenergie und in den letzten Jahren auch für die Erneuerbaren Energien (Pötter 2019, S. 4). Eine wesentliche Folge dieses Energiehungers, der sich nach wie vor weitgehend aus fossilen Brennstoffen speist, ist der Anstieg der globalen CO_2-Emission. Der Kohlendioxidgehalt in der Atmosphäre steigt seit Jahren kontinuierlich an. Dies ist fatal. Treibhausgase erwärmen unseren Planeten und führen zu ungeahnten Veränderungen: Lebensräume für Pflanzen, Tiere und Menschen wandeln sich oder verschwinden ganz. Die zunehmenden, dauerhaften Abweichungen von der globalen Durchschnittstemperatur führen zum Abschmelzen der Polkappen, die Meereseisflächen reduzieren sich dramatisch. In der Folge sind insbesondere die weltweit dicht besiedelten Küstenregionen von Überflutungen betroffen. Aber auch bei uns ändert sich das Wetter. Nicht nur in Australien und Kalifornien brennen regelmäßig die Wälder der Hitze wegen. Auch in Deutschland gibt es seit langem zu wenig Niederschlag und zu viele Hitzesommer, ganz zu schweigen von den fehlenden Wintern. Die Abholzung des Regenwaldes als Lunge der Welt zum Aufbau von Monokulturen, Brandschatzungen zur Sicherung von Rohstoffen oder die bloße Verschmutzung durch Plastikmüll – all dies sind Themen, vor denen wir heute in Sachen Klima stehen. Das Klima ist ein Megatrend.

Da unser Klima und die Wirkungsmechanismen auf der Erde ein Gesamtkomplex sind, entstehen ungeahnte Dominoeffekte (denken Sie an die aktuelle Diskussion über Pandemieursachen durch den Wegfall von Lebensräumen für tierische Reservoirwirte und die Gesundheitsrisiken durch neue Viren für die Menschheit). Das Klima bringt neue Krankheiten, ist Fluchtursache und nicht zuletzt Anlass für Kriege. Die Folgen wie Artensterben, Verödung von Landstrichen oder notwendiger Mehrverbrauch an Ressourcen durch Klimakompensationseffekte (denken Sie an Strom für Klimaanlagen, Wasser für die Landwirtschaft oder Rohstoffe für die Befestigung von Küstenstreifen) möchte ich nicht weiter ausführen. Das System Erde droht zu kollabieren.

Ich möchte gerne bereits Folgendes deutlich betonen: Ich sehe die Klimakrise als eine existenzbedrohende Frage an – auch den obig genannten Hinweis des US-amerikanischen Präsidenten Joe Biden, wonach er das Thema Klima mindestens so relevant wie die Corona-Pandemie sehe, halte ich für untertrieben. Ich bin der tiefsten Überzeugung, dass wir alles dafür tun müssen, um die sich bereits heute abzeichnenden Effekte der Erderwärmung zu reduzieren. Ja, es gab und gibt auch zukünftig immer wieder natürliche Schwankungen der Erdtemperatur. Aber was sich in den letzten Jahren abzeichnet, was ich auf vielen Reisen erlebt habe, wie wir mit dem Planeten umgehen, das ist eine Katastrophe. Unser Glück als heutige Generation auf diesem Teil des Planeten ist, dass wir mit den Folgen (noch) gut leben können – dies ist zugleich leider das Unglück vieler anderer Menschen. Ich plädiere daher bereits hier für mehr Verantwortung von uns allen zur Bekämpfung der Klimakrise.

Der Megatrend Klima ist eine wesentliche Herausforderung unserer Zeit. Und wenn man die globalen Entwicklungen beobachtet, so hat man sicherlich nicht immer Grund zu Optimismus.

2.3 Megatrend Ressourcen

Beim Megatrend Ressourcen geht es sehr simpel gesprochen um verfügbare Dinge. Alle Dinge, man kann auch die Begriffe Güter oder eben Ressourcen verwenden, haben zwei Eigenschaften: deren Verfügbarkeit und deren Verteilung. Es gibt entweder generell nicht hinreichend von etwas oder Vorhandenes ist vermeintlich falsch verteilt. Der Megatrend Ressourcen setzt in diesen beiden Bereichen an.

Keine Ressource im hiesigen Sinne ist unbegrenzt vorhanden. Die Ressourcenverfügbarkeit ist daher der erste wesentliche Aspekt dieses Megatrends. Wir sind global bis lokal immer wieder mit der Frage der Verfügbarkeit von Ressourcen beschäftigt. Dies kann sich auf solch elementare und zugleich existenzielle Dinge wie Nahrung, Wasser oder Bildung beziehen. Es kann sich auch um Rohstoffe wie Holz, Sand, Gold, Seltene Erden oder eben Energieträger handeln. Angesichts einer wachsenden Bevölkerung

(Sie erinnern sich an den Megatrend Demografie?) mit sich verändernden Strukturen oder durch die notwendigen Schritte in Sachen Klimaschutz (und hier denken Sie an den Megatrend Klima?) ist die Frage der Erlangung und Sicherung von Ressourcen ein zentrales Thema unserer Zeit. Denken Sie an den Wettbewerb einzelner Staaten um die Rohstoffvorkommen in der Arktis oder an die Erschließung von Energiequellen durch Fracking. Über den Stellenwert der Ölvorkommen in geopolitischen Fragestellungen brauchen wir gar nicht reden. Letztlich ist auch die Diskussion hierzulande um Windräder stets eine Frage in Sachen Verfügbarkeit von Ressourcen, nämlich die der Energie, die gelöst werden muss. Und wenn wir schon nach Deutschland blicken, so wird stets völlig zurecht vom Rohstoff „Bildung" hierzulande gesprochen. Ohne Zweifel wird gerade diese Ressource Bildung nicht nur global in Zukunft von enormer Brisanz sein. Und auch in Deutschland sollte das Thema Bildung auf jeder politischen Agenda klar an erster Stelle landen. Letztlich kann man meiner Ansicht nach nur durch Wissen und Bildung überhaupt erst die hier in ihrer Gesamtheit genannten sieben Megatrends bzw. die mit ihnen einhergehenden gesellschaftlichen Fragestellungen lösen – hierauf komme ich aber dezidiert in Kap. 8 zu sprechen.

Die Frage der Verteilung von Ressourcen ist der zweite Argumentationsstrang innerhalb des hier betrachteten Megatrends. Von der Verteilungsdiskussion gelangt man rasch zum Thema Ungleichverteilung. Und hier spielt global und auch national das Thema Armut eine ganz entscheidende Rolle, die uns begleitet und deren Beseitigung wir mit Nachdruck angehen müssen. Laut einer Studie der Vereinten Nationen aus dem November des Jahres 2020 leben über eine Mrd. Menschen in Armut in Bezug auf Lebensstandard, Gesundheit und Bildung (UNDP 2020). Vorwiegend trifft dies Menschen in Entwicklungsstaaten.

Wo Armut ist, gibt es auch Reichtum. Und auch das Thema Wohlstand auf globaler Rolle wird uns im Rahmen des Megatrends Ressourcen beeinflussen und Konsequenzen für unseren Alltag haben. Laut Global Wealth Report ist Reichtum und Wohlstand insbesondere in Nordamerika, Westeuropa, in den wohlhabenden Regionen Ostasiens sowie in einigen weiteren Ländern konzentriert (Credit Suisse 2020, S. 9). Hierbei gehört annähernd die Hälfte des Vermögens weniger als einem Prozent der Weltbevölkerung, die oberen zehn Prozent besitzen über 80 % des Vermögens. Zugleich ist weltweit die Anzahl der US-Dollar Milliardäre von rund 500 im Jahr 2001 auf zuletzt über 2000 im Jahr 2020 angestiegen (Forbes 2020). Unabhängig der globalen Entwicklung von Armut und Reichtum spiegelt sich diese materielle Wohlstandssituation auch hierzulande wider. Stichworte wie Chancengerechtigkeit, Altersarmut oder die gesellschaftliche Diskussion um bezahlbaren Wohnraum zeigen auch im vermeintlich reichen Deutschland, dass die Schere zwischen Arm und Reich auseinanderzugehen scheint. Dies ist soweit interessant als Information, aber entscheidend sind die Folgen, die sich durch Vermögen und dessen Agglomeration ergeben können. Der Satz „Die erste Million ist die schwerste" kommt nicht von ungefähr. Auf die Folgen von Wohlstand gehe ich in Kap. 7 nochmals ein.

Die Verfügbarkeit und Verteilung von Ressourcen jedweder Art sind ein Megatrend unserer Zeit, der unser Leben verändern wird.

2.4 Megatrend Regionalisierung

Die Globalisierung im Sinne der weltweiten Verflechtung ist so alt wie die (Wirtschafts-)Geschichte der Menschheit. Seit den Zeiten der ersten Handelsströme und der Kolonialisierung schreitet dieser Prozess massiv voran. Spätestens durch den Wegfall des Eisernen Vorhangs hat sich dieser Prozess sogar nochmals beschleunigt. Seit dem Jahr 1990 ist das globale Exportvolumen von damals 3495,68 Mrd. US-Dollar auf 18.888,88 Mrd. US-Dollar angestiegen (UNCTAD 2020). Alleine China exportierte zuletzt Waren im Wert von 2263,3 Mrd. US-Dollar, gefolgt von den USA mit 1546,7 Mrd. US-Dollar und Deutschland mit 1448,3 Mrd. US-Dollar. Dem stehen Importe von 2409,5 Mrd. US-Dollar (USA), 1814,9 US-Dollar (China) und 1167,0 US-Dollar (Deutschland) gegenüber (Mahlke 2019, S. 60 f.).

Die Welt ist global vernetzt und die Volkswirtschaften sind voneinander abhängig. Trotz konjunktureller Schwankungen, trotz Krisen wie durch die Corona-Pandemie, durch Lockdown oder Unterbrechungen der Lieferketten verursacht, und das möchte ich betonen, trotz aller Negativentwicklungen, die mit der Globalisierung einhergehen, der Trend des „Miteinanders" wird sich dauerhaft nicht ändern und ist positiv. Die Globalisierung wird uns auch weiterhin beschäftigen (ich persönlich halte dies im Sinne des Zusammenwachsens der Welt schon allein deswegen für richtig und wichtig, weil viele der Herausforderungen mit Blick auf die Megatrends sich nur global lösen lassen). Die Welt in der wir heute leben ist vernetzter denn je. Wir bestellen Dinge des täglichen Bedarfs im Internet, die in Asien produziert und über Afrika hierher verschifft werden. Wir essen Nahrungsmittel, die aus allen Ländern der Welt zu jeder Zeit bei uns verfügbar im Supermarktregal liegen. Sie investieren vielleicht in Aktien von Unternehmen, die auf der anderen Seite des Globus ihre Geschäfte machen. Politische Wahlentscheidungen in weit entfernten Staaten haben massive

Auswirkungen auf die hiesigen Finanzmärkte und hierdurch auf unser Erspartes. Umweltkatastrophen und Kriege auf anderen Kontinenten führen zu Flüchtlingsströmen mit Folgen für die Wahlprogramme der Parteien auf Landesebene. Durch die ständige Kommunikationsbereitschaft im Internet sind wir permanent im Bilde, was weltweit geschieht. Und nicht zuletzt unsere eigene Wirtschaft ist global vernetzt: dies gilt für die Beschaffungsmärkte, für den Arbeitsmarkt, ebenso wie für Finanz- und Kapitalmärkte oder Absatzmärkte.

Der Globalisierung steht der Trend zur Lokalität entgegen, der insbesondere in den letzten Jahren an Bedeutung gewinnt. Lokalität meint in diesem Sinne das Gegenteil von Erweiterung und Offenheit durch Globalisierung. Im Mittelpunkt dieser Lokalität steht eine Zentrierung auf einen räumlich begrenzten Raum. Fällt Ihnen nicht auf, dass Sie im Supermarkt immer häufiger Produkte von regionalen Erzeugern finden? Ist Ihnen nicht auch vor der Corona-Pandemie Werbung für „Urlaub in Deutschland" über den Weg gelaufen? Ob Gemüseanbau im eigenen Garten oder die Energie aus der eigenen Fotovoltaikanlage – Autarkie und Regionalität, der Blick auf das Lokale liegt definitiv im Trend. Die Rückbesinnung auf Werte, Genügsamkeit, auf das was „vor Ort" wichtig ist, all dies ist unter dem Trend der Lokalität zu verstehen. Nationalismus und Protektionismus passen (leider) auch in dieses Bild. Die Ursachen der Lokalität sind unterschiedlich und hängen nicht zuletzt sicher auch mit einem stärkeren Bewusstsein in Bezug auf die bisher genannten Megatrends, wie zum Beispiel dem Klimaschutz, zusammen.

Globalisierung einerseits – Lokalität andererseits: Diese beiden ambivalenten Themen möchte ich mit dem Begriff Regionalisierung umschreiben. Der Spagat bzw. das Spannungsfeld zwischen der Orientierung auf begrenzte Räume einerseits und auf die weite Welt andererseits in den verschiedenen Facetten, die ich versucht habe anzureißen, diese Regionalisierung ist ein Megatrend, der uns prägt.

2.5 Megatrend Innovation

Innovationen und technologische Neuerungen begleiten die Menschheitsgeschichte. Auf den Wandel in der Wirtschaftswelt bin ich oben bereits eingegangen. Meiner Ansicht nach – und hier bin ich nicht alleine – begleitet uns das Thema der Innovationen zwar schon seit jeher, aber die Dynamik, die wir aktuell sehen und die uns in Zukunft begleiten wird, dürfte enorm sein. Wenn wir dem Unternehmer und Investor Frank Thelen glauben, dann wird sich unsere Welt „in den nächsten zehn Jahren … stärker (verändern), als in den vergangenen 100 Jahren" (Thelen 2020).

Ich muss mich outen: ich bin alles andere als ein Technik-Nerd! Man könnte auch sagen, ich habe zwei linke Hände in allem was technische Dinge anbelangt – auch wenn ich den Unterschied zwischen einer 3,5-Zoll- und einer 5,25-Zoll-Diskette kenne. Bestenfalls würde ich mich als „interessierten" Technik-Nutzer bzw. -Konsumenten bezeichnen. Darüber hinaus hört mein Verständnis in den Dingen aber auch schon auf. Aber, und dies ist hier entscheidend: ich glaube an die Kraft der Innovation und bin persönlich inhaltlich nahe bei Thelen, wenn es um die Potenziale dessen geht, was an Innovationen und neuen Ideen zurzeit in der Pipeline steckt. Die sich abzeichnenden technologischen Sprünge können von nie geahnter Kraft sein. Die Liste der Themen hierbei ist unfassbar lang und reicht von Digitalisierung und Industrie 4.0, Robotik, 3D-Druck, Big Data, Künstliche Intelligenz und Maschinenlernen, über Quantencomputer bis hin zum Thema Blockchain. Viele Begriffe, viele Themen, aber zugleich viel Fantasie, die massive Veränderungen mit sich bringen können.

Zwei Aspekte zeigen die enorme Kraft, die hinter dem Thema Innovation und Technologie steckt.

Schauen Sie sich doch einmal die wertvollsten Marken des Jahres 2020 an. Sie finden auf den vorderen Plätzen Namen wie Amazon, Apple, Microsoft und Google (Alphabet). Es folgen dann nach dem Zahlungsdienstleister Visa mit Alibaba, Tencent und Facebook wieder reine Technologieunternehmen, bevor mit McDonalds erstmals ein Unternehmen auftaucht, das ein eher traditionelles Geschäftsmodell betreibt (BrandZ 2020, S. 66 ff.). Ein ähnliches Bild bekommen Sie, wenn Sie sich die Marktkapitalisierungen der börsennotierten Unternehmen weltweit anschauen (PricewaterhouseCoopers 2020) – zwar steht ein Unternehmen aus der Energie-/Rohstoffbranche an der Spitze, aber danach folgen Microsoft, Apple, Amazon, Alphabet, Alibaba, Facebook, Tencent.

Nebst dem Wert eines Unternehmens und der Relevanz des Geschäftsmodells ist als zweiter Aspekt die Attraktivität eines Produktes ein Signal, für den Erfolg einer Innovation. Die Geschwindigkeit der Marktdurchdringung kann hierbei ein Anhaltspunkt für den (zumindest temporären) Markterfolg einer Technologie sein. Hierbei finde ich die Frage spannend, welche Zeit ein Produkt benötigt, um eine gewisse Anzahl an Nachfrage zu generieren. Dauerte es beim Automobil zum Beispiel über 60 Jahre bis weltweit 50 Mio. Nutzer verzeichnet wurden, lag die Zeitspanne bei der Kreditkarte bei 28 Jahren, beim Fernsehgerät bei 22 Jahren, beim Heimcomputer bei 14 Jahren, beim Mobiltelefon bei rund 12 Jahren und beim Internet bei 7 Jahren. Bis Facebook die Nutzeranzahl von 50 Mio. Usern hatte dauert es ganze 3 Jahre, bis das Spiel Pokémon Go 50 Mio. Nutzer hatte, dauert es 19 Tage (Kroker 2018)! Nun werden Sie zurecht sagen, ein Spiel oder eine App ist wohl kaum mit der Erfindung des Telefons vergleichbar. Richtig! Aber man erkennt einen klaren Trend: Technologieerfindungen (lassen Sie gerne das Spiel außen vor) diffundieren immer schneller und erreichen immer rasanter eine Marktdurchdringung, insofern sie es rechtfertigen. Die Innovationszyklen werden kürzer und schnelllebiger.

Wenn Technologien immer wichtiger werden, wenn wir vor mutmaßlich bahnbrechenden Sprüngen stehen und zugleich Innovationszyklen kürzer werden und die Marktdurchdringung sich verändert, dann hat dies enorme Folgen für unser Wirtschaftsleben und für uns. Daher ist das Thema Innovation zurecht ein Megatrend.

Die Folgen des Megatrends sind klar: Es gibt nicht nur steigende Anforderungen und Erwartungshaltungen an Innovationen. Auch die mit den Innovationen einhergehenden Veränderungen sind massiv. Denken Sie allein an die Automobilindustrie und die aktuellen Transformationsprozesse, weg von den klassischen Verbrennungsmotoren, hin zu alternativen Antriebsmethoden. Hätten Sie vor einigen Jahren gedacht, dass ein im Jahr 2003 gegründetes Start-Up aus Kalifornien im Jahr 2020 das zigfache des Marktwertes der deutschen Automobilkonzerne abbildet? Sicher nicht! Nebst womöglich Managementursachen und den Anforderungen für die Branche aus dem Megatrend Klima ist es sicherlich auch dem Innovationsgedanken des besagten, vergleichsweise jungen Wettbewerbers geschuldet, dass die Branche vor diesen Veränderungen steht. Und hierbei dürfen Sie die Wettbewerber aus Asien nicht vergessen. Ende des Jahres 2020 machte zudem die Schlagzeile die Runde, dass das Technologie-Unternehmen Apple, bislang eher für Hard- und Software bekannt, bis zum Jahr 2024 mit dem Projekt Titan ein eigenes Elektrofahrzeug anbieten möchte (Manager Magazin 2020). Und auch weitere Unternehmen aus dem Technologiebereich drängen in den Mobilitätsmarkt. Was bedeutet dies für bisher starke Wirtschaftsstandorte, wenn sich Strukturen, Wertschöpfungsketten und Prozesse derart verändern?

Innovationen werden und sind ein Megatrend der nächsten Jahre. Treffen die Prognosen ein, werden sich Wirtschaftsstrukturen und Branchen vollständig verändern. Innovationen sind hierbei Herausforderung und Chance zugleich. Neue Märkte entstehen, bewährte Geschäftsmodelle verschwinden, und dies alles in immer rascherer Geschwindigkeit. Und dies zudem eben nicht nur im Bereich des Themas Mobilität an sich (das Stichwort autonomes Fahren ist noch gar nicht gefallen). Denken Sie an Bereiche wie Wohnen in den Städten, an die Medizin, an Bionik, Gentechnik oder Raumfahrt, an Ernährung, Lifestyle, Bildung und so weiter. Ich persönlich glaube und hoffe, dass wenn wir tatsächlich enorme Innovationssprünge sehen werden – wenn wir dafür nur die notwendigen Freiräume geben –, wir hierin einen wichtigen Ansatzpunkt finden können, um aus diesem Megatrend Innovation heraus Aufgaben zu lösen, die uns heute unmöglich erscheinen.

2.6 Megatrend Vernetzung

Irgendwie kennt jeder jeden – zumindest über einige Ecken. Ist das nicht so? Schon der US-amerikanische Psychologe Stanley Milgram (1933–1984) hatte mit seinem Kleine-Welt-Phänomen (wenngleich nur in der Theorie) gezeigt, dass jeder von uns über sehr wenige Kontakte jede weitere Person weltweit kennt (Milgram 1967). In Zeiten von Social Media ist dies umso mehr der Fall. Wir chatten über diverse Online-Plattformen miteinander, kommunizieren mit unseren Liebsten über Whats-App, posten die neuesten Urlaubsfotos auf Instagram oder stellen ein Video auf Tiktok ein. Wir leben in einer durch und durch vernetzen Welt. Das private Miteinander hat sich unfassbar verändert und mit diesem auch unser Netzwerk. Haben Sie mal Ihre Kontakte auf den diversen Plattformen gezählt? Unfassbar! Vernetzung und Kontakte sind – neben Daten – sicherlich das Gold unserer Zeit. Wer die richtigen Leute kennt, dem öffnen sich Türen, die anderen Personen verschlossen bleiben. Und dieser Stellenwert der Vernetzung wird in Zukunft noch wichtiger als bislang, gerade weil sich durch neue Innovationen und Plattformen ganz andere Vernetzungspotenziale ergeben.

Die Vernetzung betrifft die Geschäftswelt in unterschiedlichem Ausmaß. Einerseits hat die Corona-Pandemie das Miteinander in den Unternehmen deutlich verändert und Digitalisierungsschritte beschleunigt – wer ist nicht permanent in einem Video-Chat oder einem Webinar? Und auch die Etablierung von Home-Office in seiner Gesamtheit ist eine neue Art der Vernetzung am Arbeitsplatz. Welche Folgen hat dies für Hoteliers, Touristiker, Gastronomen, Immobilienunternehmen? Aber andererseits sind nicht nur Menschen, auch Maschinen mehr und mehr miteinander vernetzt. Vom Internet-of-Things bis zum Smart Home, es gilt das Grundprinzip: alles arbeitet miteinander und ist kombiniert. Die Folgen dieser Vernetzung für unsere Arbeitswelt gehen eng einher mit denen des Megatrends Innovationen.

Vernetzung ist ein Megatrend. Permanente und dauerhafte Konnektivität bzw. Vernetzung prägen unsere Zeit und werden dies zukünftig noch mehr tun.

2.7 Megatrend Zeitgeist

Was ist der Zeitgeist? Die Enzyklopädie Wikipedia schreibt von „Denk- und Fühlweise eines Zeitalters" bzw. der „Mentalität" (Wikipedia 2020). Interessiert Sie meine Einschätzung zur heutigen Mentalität bzw. zum vorherrschenden Zeitgeist (wenngleich diese Sichtweise selbstredend einer gewissen Subjektivität unterliegt)? Wir sehen – klammern wir die Corona-Pandemie einmal aus – meiner Meinung nach unterschiedliche Charakteristika der Mentalität.

Wir sehen eine generelle Zeit der Neuorientierung und somit eine Abkehr von bewährten gesellschaftlichen Mustern. Vieles wird hinterfragt, Strukturen verändern sich, es gibt – nicht zuletzt aufgrund der anderen Megatrends – Unsicherheiten einerseits mit Blick auf die eigene (wirtschaftliche) Zukunft. Man kann sicherlich von Ängsten sprechen. Die Menschen sehnen sich nach Stabilität und Halteankern. Andererseits gibt es Aufbruchstimmung und den Drang nach Neuem, auch durch Innovationen. Dieser Spagat zwischen der Furcht vor Veränderung und den erhofften Potenzialen spiegelt sich in der politischen Orientierungslosigkeit vieler Menschen wider, wobei viele die vermeintliche Sicherheit an den falschen politischen Stellen suchen und hierdurch auch zum Erstarken von Autoritäten beitragen. Wir erleben nicht zuletzt hierauf begründet eine Politikverdrossenheit einerseits, dem steht andererseits ein erstarktes politisches Engagement in ausgewählten politischen Fragestellungen entgegen – denken Sie an die Demonstrationen der Initiative Fridays-For-Future.

Ein Vertrauensverlust in bewährte Systeme und Institutionen ist das eine, ebenso stehen aber auch diese Institutionen selbst vor der Herausforderung, die sich durch die Megatrends für sie ergeben. Eine veränderte Kommunikation wie noch vor wenigen Jahren (wer hätte vor wenigen Jahren gedacht, dass Weltpolitik über den Kurznachrichtendienst Twitter gemacht wird) verbündet sich mit einer deutlich veränderten Transparenz, auch nicht zuletzt durch die Sozialen Medien. Kein Ereignis auf der Welt, kein Verhalten ist bzw. bleibt heute unbeobachtet. Viele übertragen ihre privatesten Ereignisse in die Welt (schaffen Transparenz) und fordern im gleichen Atemzug einen Schutz ihrer Daten (verlangen Intransparenz). Einen Augenblick später wiederum wird jedoch vollständige Transparenz von anderen eingefordert.

Unsicherheit und Stabilität, Vertrauen und Transparenz, Engagement und Erwartungshaltung – diese Begriffspaare prägen den heutigen Zeitgeist. Ich habe lange nach einem passenden Oberbegriff gesucht und bin letztlich beim Wort Ambivalenz im Sinne von widersprüchlich, zerrissen, vielschichtig hängen geblieben, wenn ich die aktuelle Zeit beschreiben sollte. An sich – so werden Sie sagen – sind solche Dinge stetige Begleitung des Wandels. Ja, das ist korrekt. Aber gepaart mit den anderen Megatrends, die einerseits Ursache für die heutigen Ambivalenzen sind und andererseits sich wechselseitig verstärken, vertrete ich die Ansicht, dass der heutige Zeitgeist ein ganz besonderer ist. Die Notwendigkeiten des Organversagens durch den Klimawandel, die Effekte der Demografie, verbunden mit Fragen der Ressourcenknappheit und deren Verteilung, bis hin zu den Transformationseffekten durch Innovationen machen Unsicherheit und Angst beim Streben nach Stabilität oder die Relevanz von Vertrauen und die Anforderungen in Transparenz zu ganz besonderen Katalysatoren. Letztlich prägen Sie die Haltung der Menschen, die mit dem Zeitgeist einhergeht, und deren Handeln.

Fazit
- Die sieben Megatrends Demografie, Klima, Ressourcen, Regionalisierung, Innovation, Vernetzung und der Zeitgeist prägen unsere Zeit.
- Die Megatrends verändern unsere Welt aller Voraussicht nach in nie gekannter und kaum erahnbarer Art und Weise. Hierbei potenzieren sie sich wechselseitig.
- Unsere Aufgabe als Gesellschaft muss es sein, Antworten auf diese Megatrends in all ihren Facetten zu finden – global und hierzulande. Und dies muss rasch passieren.

Liebe Leserinnen und Leser, Sie sehen, es gibt eine Vielzahl an Herausforderungen, denen wir uns heute gegenübersehen. Die demografische Entwicklung, der Klimawandel, die verfügbaren Ressourcen, Regionalisierung, Innovationen und neue Technologien, die Vernetzung sowie aktuelle Trends unserer Zeit sind Themen, die unsere Gesellschaft prägen. Wichtig ist zu verstehen, dass diese Megatrends alle zusammenhängen. Sie sind eng miteinander verknüpft. Es gibt Kausalitäten dahingehend dass ein Megatrend einen anderen beeinflusst. Wie und in welcher Form dies geschieht, das habe ich versucht, Ihnen im Verlauf dieses Kapitels zu erläutern. Die Welt verändert sich und wir sind mitten drin.

Behalten Sie diese sieben Megatrends bitte im Hinterkopf. In Kapitel Kap. 4 greife sie wieder auf, nachdem ich in Kap. 3 zunächst allgemein auf das Thema Unternehmensverantwortung, Nachhaltigkeit und Corporate Social Responsibility (CSR) eingehe.

Literatur

BrandZ (2020) BrandZ – Top 100 Most valuable global brands 2020. Kantar. https://www.brandz.com/admin/uploads/files/2020_BrandZ_Global_Top_100_Report.pdf. Zugegriffen: 7. Dez 2020

Credit Suisse (2020) Global Wealth Report 2020. https://www.credit-suisse.com/media/assets/corporate/docs/about-us/research/publications/global-wealth-report-2020-en.pdf. Zugegriffen: 7. Dez 2020

Forbes (2020) World`s billionaires list – the richest in 2020. https://www.forbes.com/billionaires/. Zugegriffen: 7. Dez 2020

Klingholz R (2019a) Szenarien des Bevölkerungswachstums. In: Mahlke S (Hrsg) Atlas der Globalisierung – Welt in Bewegung. Le Monde diplomatique/taz Genossenschaft, Berlin, S 44–45

Klingholz R (2019b) Die Nachwuchsfrage. In: Mahlke S (Hrsg) Atlas der Globalisierung – Welt in Bewegung. Le Monde diplomatique/taz Genossenschaft, Berlin, S 48–49

Klingholz R (2019c) Alternde Gesellschaften. In: Mahlke S (Hrsg) Atlas der Globalisierung – Welt in Bewegung. Le Monde diplomatique/taz Genossenschaft, Berlin, S 52–53

Kroker M (2018) Zeit bis zum Erreichen von 50 Millionen Nutzern: Auto 62 Jahre – Pokémon Go 19 Tage. https://blog.wiwo.de/look-at-it/2018/06/14/zeit-bis-zum-erreichen-von-50-millionen-nutzern-auto-62-jahre-pokemon-go-19-tage/. Zugegriffen: 7. Dez 2020

Mahkle S (2019) Warenexporte – Warenimporte. In: Mahlke S (Hrsg) Atlas der Globalisierung – Welt in Bewegung. Le Monde diplomatique/taz Genossenschaft, Berlin, S 60–61

Manager Magazin (2020) Bericht über Batterie-Innovation – Apple peilt Start seines Elektroautos für 2024 an. https://www.manager-magazin.de/unternehmen/autoindustrie/apple-produktion-eines-eigenen-elektroautos-mit-neuer-batterie-soll-2024-starten-a-f4b798e7-504c-4db1-bb70-58fac02fb964. Zugegriffen: 23. Dez. 2020

Milgram S (1967) The small world problem. Psychol Today. Mai 1967. S 60–67

Pötter B (2019) Die Klimapolitik. In: Mahlke S (Hrsg) Atlas der Globalisierung – Welt in Bewegung. Le Monde diplomatique/taz Genossenschaft, Berlin, S 4–7

PricewaterhouseCoopers (2020) Ranking der 100 wertvollsten Unternehmen der Welt. https://www.pwc.de/de/kapitalmarktorientierte-unternehmen/ranking-der-100-wertvollsten-unternehmen-der-welt-2020.html. Zugegriffen: 7. Dez 2020

Statistisches Bundesamt (2020) Bevölkerung – Bevölkerungsvorausrechnung. https://www.destatis.de/DE/Themen/Gesellschaft-Umwelt/Bevoelkerung/Bevoelkerungsvorausberechnung/_inhalt.html. Zugegriffen: 7. Dez 2020

Thelen F (2020) 10xDNA. Das Mindset der Zukunft. Frank Thelen Media, Bonn

UNCTAD (2020) UNCTAD Statistics – Merchandise: Total trade and share, annual, 1948–2019. https://unctadstat.unctad.org/EN/. Zugegriffen: 7. Dez 2020

UNDP (2020) Global Multidimensional Poverty Index 2020. Charting pathways out of multidimensional poverty: Achieving the SDGs. https://hdr.undp.org/sites/default/files/2020_mpi_report_en.pdf. Zugegriffen: 7. Dez 2020

Wikipedia (2020) Zeitgeist. https://de.wikipedia.org/wiki/Zeitgeist. Zugegriffen: 23. Dez 2020

3

Verantwortung in der Wirtschaft – von was reden wir eigentlich?

Der sich beschleunigende Klimawandel und das Artensterben, weltweite Armut und Hunger sowie die Spaltung zwischen Arm und Reich in allen Regionen der Erde inklusive damit einhergehender sozialer Spannungen, die globalen Aufgaben mit Blick auf die Achtung der Menschenrechte und den Schutz von Bedürftigen, aber auch Fragen von Bildungsgerechtigkeit oder die nach der Arbeit der Zukunft – dies alles sind hoch brisante und zugleich drängende Themen, die sich aus den Megatrends unserer Zeit ergeben. Aufgabe der Gesellschaft ist es, sich mit Antworten auf diese Herausforderungen zu beschäftigen.

Wenn wir über Herausforderungen infolge der sieben Megatrends sprechen und uns mit deren Lösung beschäftigen wollen, ist es wichtig, sich folgende Fragen zu stellen: Wer oder was ist die Ursache? Wer oder was kann zur Lösung bzw. zur Erarbeitung von Antworten beitragen? Es geht also um Verantwortlichkeiten.

Wer ist also verantwortlich? Wer kann beim Lösen der Herausforderungen helfen? Das Wichtigste aus meiner Sicht vielleicht vorneweg mit Blick auf die Anforderungen infolge der Megatrends: Niemand von uns allein ist befähigt oder in der Lage dazu, auch nur eine dieser Fragestellungen, die wir im vorherigen Kapitel inhaltlich angerissen haben, zu lösen. Verstehen Sie mich bitte nicht falsch! Jeder Beitrag zählt! Jedes Engagement ist wichtig! Und wenn Sie nicht persönlich mit kleinen Schritten den Weg in die richtige Richtung einschlagen, nicht als Vorbild fungieren und bei oftmals belanglosen Dingen den ersten Schritt tun, dann tut dies niemand. Es ist enorm wichtig, wenn wir einzelne Ursachen der Megatrends anschauen, dass wir bei uns selbst im Alltag anfangen, zum Beispiel wenn wir über den Megatrend Klimaschutz im Ganzen nachdenken und sprechen. Es macht definitiv Sinn, auf die Plastiktüte beim Einkauf zu verzichten und auf Alternativen umzusteigen. Es macht Sinn, wenn möglich, das Auto stehen zu lassen und vielleicht mit dem Rad oder Bus bzw. der Bahn zur Arbeit zu fahren. Jeder sollte erkennen, dass er mit seiner individuellen Kaufentscheidung an der Ladentheke oder im Onlineshop über die Produktionsbedingungen von Nahrungsmitteln, Textilien oder Elektronikartikel mitentscheidet, hierdurch zugleich einen Einfluss auf die Arbeitsbedingungen von Menschen, auf Logistik- und Transportketten oder auf die Umweltbelastung vor Ort durch den Paketdienst hat. Wir alle haben Einfluss und sollten (nein, müssen!) diesen auch wahrnehmen, um die genannten großen gesellschaftlichen Herausforderungen unserer Zeit anzupacken.

Zur Ehrlichkeit gehört aber auch, dass ein jeder von uns auf verlorenem Posten steht, wenn sich viele anders verhalten und nicht zur Bewältigung der Herausforderungen der Megatrends durch die Erledigung ihrer eigenen Hausaufgaben beitragen. Zwar kann jeder Einzelne im Kleinen etwas ändern, jeder kann zugleich als Vorbild und Inspiration wirken. Jedoch braucht es für echte Lösungen viele – und dies umso mehr, je umfassender die Herausforderungen sind. Ich betone daher ausdrücklich: Verantwortlich sind wir jeder für uns allein. Notwendig für die Lösung der Probleme ist das Mitwirken aller.

> **Merke!**
> Gesellschaftliche Herausforderungen können nur von der gesamten Gesellschaft (oder relevanten Mehrheiten) gelöst werden. Jeder Einzelne von uns ist verantwortlich, um an Lösungen mitzuarbeiten, für die Umsetzung und Realisierung von ganzheitlichen Lösungen braucht es hingegen alle (bzw. relevante Mehrheiten).

Der Grundgedanke des Konzeptes „Für das Lösen gesellschaftlicher Probleme braucht es die Mitwirkung vieler" im Sinne des gemeinschaftlichen Mitgestaltens von Lösungen ist nicht zuletzt auch Mittelpunkt des Buches. Es geht (neben der Gier) insbesondere um Verantwortung (im Folgenden die der Wirtschaft). Die Wirtschaft ist Teil dieser Lösung. Alternativ spreche ich auch von Nachhaltigkeit und/oder Corporate Social Responsibility (CSR) – auf die Begrifflichkeiten gehe ich im Detail insbesondere in diesem Kapitel ein. Bis dahin anerkennen Sie bitte, dass ich die Worte Verantwortung der Wirtschaft oder Nachhaltigkeit inhaltsgleich verwende.

Viele Konzepte und Lösungsansätze im Bereich globaler Verantwortung bzw. Nachhaltigkeit, die politisch angestrebt werden, haben ihr intellektuelles Fundament auf diesem Gemeinschaftsgedanken aufgebaut. Stellvertretend – ohne in der Tiefe auf die zahlreichen Ansätze an dieser Stelle einzugehen – möchte ich auf die 17 sogenannten Sustainable Development Goals, auch Nachhaltigkeitsziele, der Vereinten Nationen verweisen, die ohne Zweifel zu den wichtigsten internationalen Rahmenwerken derart gehören. Die internationale Staatengemeinschaft hat sich im Jahr 2015 darauf verständigt, insgesamt 17 Ziele für nachhaltige Entwicklung bis zum Jahr 2030 umzusetzen und die Welt zu einem besseren Ort zu machen. Hierbei verfolgt sie zum Beispiel definierte Ziele wie die Beendigung von Armut und Hunger, die Gleichstellung der Geschlechter, den Abbau von Ungleichheit, die Sicherung der Wasserversorgung, eine Schaffung nachhaltiger Konsum- und Produktionsweisen oder Städte sowie die Bekämpfung des Klimawandels und den Schutz der Ozeane. Große und bedeutsame Ziele, die ohne Zweifel nur im Konsens aller erreichbar sind, auch mit der Wirtschaft.

Die Wichtigkeit der gemeinschaftlichen Lösungssuche gilt auch dann, wenn wir uns gedanklich weg von der regionalen Herkunft der Partner bewegen, die es für eine Gemeinschaftslösung braucht, hin zur Frage derjenigen expliziten Personenkreise bzw. zu den Akteuren und den Gesellschaftsgruppen, die benötigt werden, um Lösungen in Sachen Verantwortung bzw. Nachhaltigkeit zu erarbeiten. Auch hier braucht es ein möglichst breites Fundament an Akteuren. Und die Politik in Deutschland verfolgt seit einigen Jahren im Kontext der Nachhaltigkeitsdebatte exakt diesen Ansatz. Es geht ihr darum, ein möglichst breites Fundament in Akteuren zum Mitgestalten zu aktivieren. Stellvertretend möchte ich für die Verdeutlichung dieser Vorgehensweise auf das bereits im Jahr 2009 ins Leben gerufene Nationale CSR-Forum der Bundesregierung verweisen, welches durch die Mitwirkung von Vertretern aus den Bereichen Wirtschaft, Gewerkschaften, Wissenschaft oder Politik die Bundesregierung mit Blick auf deren nationale CSR-Strategie berät (Bundesministerium für Arbeit und Soziales 2020a). Dieser Grundgedanke der umfassenden Einbeziehungen von Wissen und – sicher auch teils konträren – Meinungen ist heutzutage ein wesentlicher Aspekt der Nachhaltigkeitspolitik. Man bezeichnet dies auch als Stakeholder-Ansatz, wobei Stakeholder für Anspruchsberechtigte oder Interessengruppen steht.

Die Bundesregierung versucht explizit durch die Einbeziehung eines umfassenden Kreises an Experten und Ansprechpartnern aus allen gesellschaftlichen Bereichen und Gruppierungen Lösungen zu finden. Es geht um Antworten auf die Herausforderungen der Megatrends. Eben weil nur im Miteinander der Schlüssel zur Lösung der großen gesellschaftlichen Aufgaben liegt. Nahezu die gesamte Architektur des Nachhaltigkeitsmanagementsystems der Bundesregierung baut auf diesem Gedankengang auf. Und Institutionen wie der im Jahr 2000 initiierte Rat für Nachhaltige Entwicklung fordert diese Strukturen und Umsetzungsweisen auch immer wieder zu Recht konsequent ein (Zwick und Böhnke 2020, S. 170 f.).

Wenn wir von Nachhaltigkeit und Verantwortung für die Herausforderungen in Sachen Megatrends sprechen, dann darf ein Akteur nicht fehlen (Sie ahnen, wen ich meine): die Wirtschaft bzw. die Unternehmerschaft. Bevor ich in Abschn. 4.1 auf die Rolle und Bedeutung von Unternehmen bzw. die der Wirtschaft eingehe, erlauben Sie mir bereits hier die Behauptung, dass die Wirtschaft ein (wenn nicht mit der) wesentliche(r) Partner der Nachhaltigkeitsdebatte ist. Neben politischen Entscheidern und Institutionen sowie selbstverständlich insbesondere der Bevölkerung als Verbraucher oder Konsumenten ist es wichtig, auch Unternehmen mit an Bord zu holen, um das Thema Nachhaltigkeit anzupacken. Unternehmen sind nicht nur essenzieller Bestandteil unserer Welt – sei es als Arbeitgeber und zur Sicherung des Lebensunterhaltes, über deren Bedeutung als Anker für Regionen, bis hin zur Tatsache, dass Arbeit für viele Menschen Aufgabe und Sinn stiftet. Umso wichtiger ist es eben gerade auch bei der Frage nach Lösungen in Sachen Nachhaltigkeit Unternehmen mit einzubeziehen – und dies passiert mit Blick in meine Praxiserfahrung gerade bei kleinteiligeren regionalen Projekten nicht immer. Wenn Sie es anders formulieren möchten: Die Wirtschaft muss in Verantwortung genommen werden – weil sie dazu gehört und weil sie es kann und auch will!

3.1 Nachhaltigkeit im historischen Kontext

Zunächst einmal ist zu sagen: Die Auseinandersetzung mit der Verantwortung von Unternehmen im Sinne von Nachhaltigkeit und/oder CSR ist kein neues Thema der jüngeren Vergangenheit. Verantwortung in der Wirtschaft im hiesigen Sinne ist so alt wie die Wirtschaft selbst.

Der „Klassiker" in Sachen Nachhaltigkeitshistorienbetrachtung ist der Hinweis auf Hans Carl von Carlowitz (1645–1714), der sich im 17. Jahrhundert mit Nachhaltigkeit in der Forstwirtschaft beschäftigte. Er hat im Sinne der einem Forstbesitzer obliegenden Verantwortung für nachfolgende Generationen gefordert, stets nur so viel Holz zu schlagen, wie nachwachsen könne. Nur so könne man langfristig und nachhaltig die Erträge der Natur nutzen. Fernab dieses Hinweises auf von Carlowitz gibt es wissenschaftliche Forschungen und Informationen, die zeigen, dass schon in Zeiten des Römischen Reichs (also vor sehr langer Zeit) Wert auf gesellschaftliches Engagement für eine Gemeinde und somit auf die Verantwortung von Unternehmerpersönlichkeiten gelegt wurde (Behringer und Meyer 2011,

S. 16 f.). Und letztlich gehen darüber hinaus die mit Verantwortung und Nachhaltigkeit einhergehenden ethischen Fragestellungen in der Menschheitsgeschichte sogar noch viel weiter zurück, nämlich bis in die Zeiten der griechischen Philosophen wie Aristoteles. Wenn Sie dieses Thema im Speziellen interessiert, sei Ihnen beispielsweise ein Blick in das „Handbuch Wirtschaftsethik" empfohlen (Aßländer 2011).

Blicken wir in die jüngere Vergangenheit, so zeigt sich, dass immer dann wenn gravierende Änderungen und gesellschaftliche Wandelungen stattfanden, auch die inhaltlichen Auseinandersetzungen mit Nachhaltigkeit und Verantwortung der Wirtschaft an Aufmerksamkeit gewannen.

Denken Sie an die Industrialisierung in der zweiten Hälfte des 18. Jahrhunderts, die Diskussion um die Grenzen des Wachstums im Zusammenhang mit dem Club of Rome, die wiederum eingingen in die sogenannte Brundtland-Kommission. Denken Sie an die aufkommenden klimapolitischen Fragestellungen der zweiten Hälfte des 20. Jahrhunderts, die Auseinandersetzung mit der Sozialen Marktwirtschaft oder Ereignisse letzterer Zeit wie die Finanz- und Wirtschaftskrise Ende der 2000er-Jahre und der Casinokapitalismus. Nehmen Sie Umweltkatastrophen, die Fridays-for-Future-Bewegungen hierzulande seit dem Jahr 2019 oder die Corona-Pandemie mit deren Beginn im Jahr 2020. Immer wenn strukturelle, gesellschaftliche Grundsatzfragen auftauchten und vermeintlich epochale Probleme vorliegen, rückt auch die Suche nach einer Antwort auf die Frage nach Nachhaltigkeit, CSR und der Verantwortung der Wirtschaft in den Fokus. Begrifflichkeiten und Namen sind somit das eine. Historisch neu ist die Diskussion jedoch keinesfalls.

Beim Blick in die Geschichte von Nachhaltigkeit darf (und wird) der Begriff des „ehrbaren Kaufmanns" nicht fehlen. Ohne Zweifel denken Sie bei der Formulierung „ehrbarer Kaufmann" sofort (im positiven Falle) an alte Kaufmannsgilden wie die Medici in Florenz oder die Fugger im heutigen Raum Augsburg und Nürnberg, oder an die Hanse im Nord-Ostseeraum. Sie denken an Charaktereigenschaften wie Ehrlichkeit, Vertrauen, Verlässlichkeit oder schlicht an Geschäftsgebaren nach Treu und Glauben, in denen das Wort des Unternehmers „noch" etwas zählt und Geschäfte verbindlich per Handschlag gemacht werden. Im schlechteren Falle denken Sie an korruptes Verhalten und Bestechungszahlungen, an Hinterzimmer-Gespräche und illegale Mauscheleien, womöglich zulasten von Geschäftspartnern, Mitarbeitern oder der Gesellschaft. Während Letzteres zwar auch vorkommt, jedoch zugleich das Gegenstück zum „ehrbaren Kaufmann" darstellt, orientieren wir uns an dieser Stelle doch lieber am wünschenswerten, erstgenannten Bild.

Die genannten Charaktereigenschaften eines Unternehmers – Glaubwürdigkeit, Verantwortungsbewusstsein, Loyalität, Fleiß, langfristiges

Denken oder eine gewisse Werteorientierung – sind wichtige Eigenschaften, die mit dem Begriff des „ehrbaren Kaufmanns" verbunden werden. Gelungen finde ich das Zitat von Küng, dem Mitgründer der Stiftung Weltethos, das sehr gut zum ehrbaren Kaufmann passt: „Anständiges Wirtschaften meint (…) nicht nur ein äußerlich korrektes, im Rahmen der Gesetze sich bewegendes Benehmen, das vielleicht nur auf äußerer Gewöhnung und Umgang beruht, sondern ein von innerer sittlicher Grundhaltung getragenes, ethisches Verhalten, das rechtlich nicht erzwingbar und doch geschuldet ist" (Küng 2010, S. 15).

Der „ehrbare Kaufmann" kombiniert unternehmerischen Erfolg, der meinem Verständnis nach (siehe hierzu die späteren Ausführungen in diesem Buch) – und hier stehe ich nicht allein mit meiner Meinung – legitimes Ziel eines Unternehmens ist bzw. sein muss, mit moralisch akzeptiertem Verhalten. Ein „ehrbarer Kaufmann" nimmt seine Verantwortung für die Gesellschaft wahr – sei es für Mitmenschen, Mitarbeiter oder Wettbewerber – und sichert hierdurch nicht zuletzt langfristig – also nachhaltig – seinen Erfolg. Diese innere Einstellung im Sinne ehrbaren Unternehmertums, gepaart mit dem Streben nach Erfolg des Unternehmens, bedingt Handlungen ehrbarer Kaufleute, die nachhaltig sind.

> **Merke!**
> Ehrbare Kaufleute haben eine innere Haltung, die von Verantwortung, Ehrlichkeit, moralisch akzeptiertem „Gutverhalten" geprägt ist und die sich in verantwortungsvollem Handeln im Sinne von Nachhaltigkeit zeigt.

In Deutschland hat der „ehrbare Kaufmann" seit 1956 explizit Einzug in das Gesetz gefunden. Laut dem Gesetz zur vorläufigen Regelung des Rechts der Industrie- und Handelskammern, auch IHK-Gesetz genannt, haben diese Körperschaften des öffentlichen Rechts gemeinsam mit den gewerblichen Unternehmen einer Region den gesetzlichen Auftrag „… für Wahrung von Anstand und Sitte des ehrbaren Kaufmanns zu wirken" (Bundesministerium für Justiz und Verbraucherschutz 2020).

3.2 Nachhaltigkeit und CSR

Nach dem kurzen Exkurs zur Historie von Verantwortung der Wirtschaft bzw. Nachhaltigkeit und CSR möchte ich auf den Hinweis zu Beginn dieses Kapitels zurückkommen, als ich die Begriffe Nachhaltigkeit und CSR didaktisch vorausgesetzt habe. Auf eine exakte Erklärung habe ich verzichtet, was ich nun in Abschn. 3.2.1 nachholen möchte.

3.2.1 Begrifflichkeiten Nachhaltigkeit und CSR

Die schlechte Nachricht vorneweg: Es gibt leider keine eindeutige und ausschließliche Definition darüber, was CSR bzw. Nachhaltigkeit eigentlich genau ist. In der wirtschaftswissenschaftlichen Literatur ist der Begriff „CSR" erstmals umfänglich und maßgeblich in den 1950er-Jahren in den USA aufgekommen (Bowen 1953). Seither gab es immer wieder Erklärungsversuche. Und bereits vor 20 Jahren gab es mehr als zwei Dutzend verschiedene Definitionen (Carroll 1999). Aufgrund der immer intensiveren Beschäftigung auch und gerade in Wissenschaft, Lehre und Forschung der letzten Dekaden ist davon auszugehen, dass sich die Anzahl der Interpretationen davon und die Meinung darüber, was CSR ist und was es eben wiederum nicht ist, in den letzten Jahren noch erhöht hat.

Zwei Gegebenheiten machen den Begriff CSR selbst zudem besonders: Einerseits wird das Wort „social" in der Begrifflichkeit „Corporate Social Responsibility" oftmals irrtümlicher Weise in der deutschen Sprache im Sinne von „sozial" übersetzt. Dies ist falsch. Korrekt ist die Übersetzung des englischen „social" im Sinne von „gesellschaftlich". Letzteres hat folglich eine ganz andere Bedeutung. Andererseits ist es insbesondere der Anglizismus selbst, der – beispielsweise im Unterschied zum deutschen Wort Nachhaltigkeit – nur schwer auf Verständnis im Gespräch mit Vertretern aus Wirtschaft oder Politik stößt. Die Praxis zeigt schlicht immer wieder, wie schwer sich der Begriff mit Blick auf seine Durchdringung in der Gesellschaft tut und wie häufig er irrtümlich missverstanden wird. Fehlende Definition und Fehlinterpretationen erschweren es hierdurch aber auch, für den Inhalt des Begriffes zu werben.

Verwirrend mag zu guter Letzt auch sein, dass manchmal im Kontext der Debatte um die Verantwortung der Wirtschaft von CSR und manchmal von Nachhaltigkeit gesprochen wird. Auch ich habe die beiden Begriffe bisher gemeinsam verwendet, manchmal einzeln. Hier und da sprach ich auch von der Verantwortung der Unternehmen. Fakt ist, dass das Wort Nachhaltigkeit weitaus häufiger in Medien und Öffentlichkeit Verwendung findet (und ich meine hierbei nicht die teils inflationäre Nutzung als Marketingbegriff). Wenn Sie zum Beispiel beide Wörter in die Trendanalyse einer bekannten Online-Suchmaschine eingeben, erhalten Sie in den letzten zwölf Monaten siebenmal so viele Treffer für das Wort „Nachhaltigkeit" in Deutschland wie für den Begriff „Corporate Social Responsibility" (Dezember 2020).

Aber gibt es einen inhaltlichen Unterschied? Ja. Aber dies ist egal! Nachhaltigkeit betrachtet in Anlehnung an die Argumentation des Bundesministeriums für Arbeit und Soziales (in Deutschland das federführende Ministerium bei der Umsetzung der nationalen CSR-Strategie) einen inhaltlich umfassenderen Fokus. Nachhaltigkeit kann diesem Verständnis nach über den Unternehmensfokus hinausgehen. CSR wiederum wirft laut Ministerium den Blick ausschließlich auf die Unternehmen selbst (Bundesministerium für Arbeit und Soziales 2020b). Nachhaltigkeit wiederum schließt diesen engeren Fokus mit ein. Da wir im Folgenden die Unternehmen betrachten möchten, können aus meiner Sicht – so wie ich dies bislang bereits getan habe – beide Begriffe – Nachhaltigkeit und CSR – als Synonyme verwendet werden. Wann immer ich im Folgenden eines der beiden Worte verwende, meine ich dann doch stets zugleich den anderen Begriff.

Nachhaltigkeit und CSR sind im hiesigen Buch synonym verwendbar. Dies löst zum Teil die „Probleme" von CSR mit Blick auf dessen schwierige Akzeptanz als Anglizismus. Die löst zum Teil zudem auch die mögliche Fehlinterpretation des Wortes „social". Aber dennoch ist noch nicht klar, was Nachhaltigkeit und CSR eigentlich konkret meint. Das möchte ich nun in Abschn. 3.2.2 ändern.

3.2.2 Definitionsversuch Nachhaltigkeit und CSR

Die Europäische Kommission hat bereits im Jahr 2011 CSR (also Nachhaltigkeit im hiesigen Sinne) definiert als „die Verantwortung von Unternehmen für ihre Auswirkungen auf die Gesellschaft" (Europäische Kommission 2011, S. 7).

Diese Definition halte ich für sehr gelungen und möchte Ihnen daher ans Herz legen, sie sich einzuprägen. Der Europäischen Kommission geht es bei CSR und Nachhaltigkeit also um das Tragen von Verantwortung durch Unternehmen für das eigene Handeln und dessen Folgen für die relevante Gesellschaft.

Die Kommission regt weiterhin insbesondere an, CSR als strategischen Ansatz innerhalb des Unternehmens und mit Blick auf das eigene Kerngeschäft zu verstehen. Bevor ich hierauf nochmals explizit zurückkomme, möchte ich diese theoretische Beschreibung davon, was Nachhaltigkeit bzw. CSR eigentlich ist, noch weiter konkretisieren. Ausgangspunkt hierzu sollen die Fragen sein: Was bedeutet CSR nun im Alltag eines Unternehmens? Welches Handeln ist konkret wichtig, wenn ein Unternehmen seiner Ver-

3 Verantwortung in der Wirtschaft – von was reden wir eigentlich?

antwortung gerecht wird bzw. werden möchte? Welche Themen sind anzupacken?

Häufig stoßen Sie bei der inhaltlichen Auseinandersetzung mit dem Grundverständnis nachhaltigen Wirtschaftens auf den Klassiker in Form der sogenannten Triple-Bottom-Line. Diesen Gedanken möchte ich aufgreifen: Nach der Triple-Bottom-Line hat ein Unternehmen in seinem täglichen Geschäft eben nicht nur den Blick auf ökonomische bzw. wirtschaftliche Aspekte zu legen, sondern sollte gleichfalls ökologische und soziale Faktoren beachten. Damit ein Unternehmen seiner gesellschaftlichen Verantwortung gerecht wird, nachhaltig agiert, muss es einen Gleichklang zwischen diesen drei Bereichen sicherstellen. Ich selbst bin mit dieser dreigliedrigen Unterteilung nicht glücklich und möchte Ihnen einen alternativen Ansatz bzw. ein anderes Verständnis ans Herz legen. Warum ist das so? Ich persönlich finde den Begriff „sozial" mit Blick auf die Perspektive der Unternehmen und deren möglichen Beitrag für die Gesellschaft ein wenig zu allgemein gehalten. Sozial kann alles und nichts sein. Aus diesem Grund, und auch weil ich meine, dass mit dem folgenden Ansatz der direkte Bezug zu einem Unternehmen (wir sprechen ja von Unternehmensverantwortung) spezieller wird, möchte ich anstelle der Triple-Bottom-Line gerne eine leicht veränderte, konkretisierte Definition von CSR bzw. Nachhaltigkeit verwenden

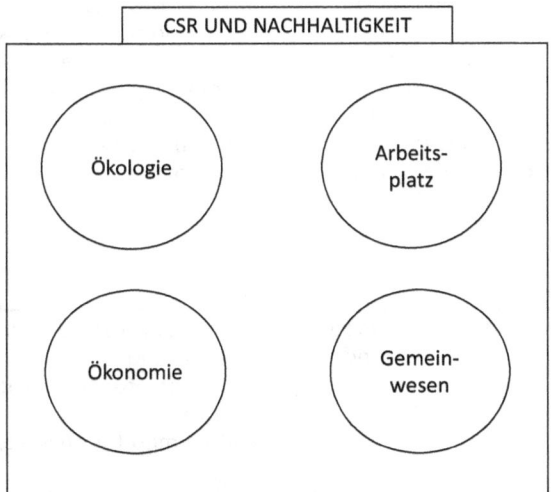

Abb. 3.1 Handlungsfelder CSR und Nachhaltigkeit. Quelle: eigene Darstellung, in Anlehnung an Bayerischer Industrie- und Handelskammertag (BIHK) e. V. (2016, S. 19)

und empfehle die vier Handlungsfelder Ökonomie, Ökologie, Arbeitsplatz und Gemeinwesen (Abb. 3.1). Meiner Einschätzung nach sind diese vier Handlungsfelder in Anlehnung an die Logik der bayerischen IHK-Organisation (Sie erinnern sich an die Bedeutung der IHKs mit Blick auf den gesetzlichen Auftrag zur Stärkung des „ehrbaren Kaufmanns"?), den Bayerischen Industrie- und Handelskammertag (BIHK) e. V., optimal, um den Begriff CSR bzw. Nachhaltigkeit zu konkretisieren (Bayerischer Industrie- und Handelskammertag (BIHK) e. V. 2016, S. 5).

Tab. 3.1 konkretisiert diese vier Handlungsfelder durch eine (nicht abschließende) Auflistung von Beispielen, die im Unternehmensalltag von Relevanz sind (Bayerischer Industrie- und Handelskammertag (BIHK) e. V. 2016, S. 19):

- Das Handlungsfeld Ökonomie bezieht sich auf Produkte und Dienstleistungen des Unternehmens. Es geht um Geschäftsbeziehungen zu Lieferanten und Wettbewerbern, von Forschung und Entwicklung, Beschaffung bis zur Berücksichtigung von Kundenbedürfnissen. Auch Themen wie Compliance kommen hier zur Geltung.

Tab. 3.1 CSR-Handlungsfelder

1 Ökonomie	2 Arbeitsplatz
Maßnahmen zur Wahrnehmung von Kundeninteressen	Betriebliches Gesundheitsmanagement
Maßnahmen für Produktsicherheit	Jobsharing für Führungskräfte
Verwendung von Gütesiegeln	Angebote zur Unterstützung bei der Angehörigenpflege
Berücksichtigung von Umwelt- und Sozialstandards in der eigenen Produktion sowie bei Lieferanten	Betriebliche Sozialberatung
Regelmäßige Auditierung von Lieferanten	Einführung von Teilzeitmodellen und Homeoffice
…	…

3 Gemeinwesen	4 Ökologie
Bildungs-, Kinder- und Jugendförderung	Ressourceneffizienz in Produktion und Verwaltung
Förderung von Vereinen, Kunst und Kultur	Schulungen für Mitarbeiter im Bereich Umwelt
Investitionen in wissenschaftliche Forschung	Maßnahmen für umweltschonende Logistik
Einsatz für Natur-, Umwelt- und Katastrophenschutz	Abfallmanagement (Recycling)
Lokale/regionale Versorgungs- und Infrastruktur	Sanktionen bei Nichteinhaltung von Umweltstandards
…	…

- Das Handlungsfeld Ökologie greift Aspekte wie Ressourcenverbrauch und -effizienz, Rohstoffnutzung, Klimaneutralität oder Biodiversität auf.
- Das dritte Handlungsfeld Arbeitsplatz meint zum Beispiel die Vereinbarkeit von Familie und Beruf im Unternehmen, aber auch Themen wie faire Bezahlung, Gender-Gerechtigkeit oder Weiterbildung.
- Im Handlungsfeld Gemeinwesen steckt letztlich eine regionale Facette der an einem Standort verwurzelten Unternehmen. Über die Unterstützung von sozialen Projekten bis zu ehrenamtlichem Engagement kann eine umfangreiche Bandbreite an Themen dazu beitragen, dass ein Unternehmen seiner Verantwortung für die Gesellschaft nachkommt.

CSR und Nachhaltigkeit im Sinne der Definition der Europäischen Kommission und der Wahrnehmung von Verantwortung durch Unternehmen für deren Handeln und deren Folgen auf die relevante Gesellschaft bedeutet ebenda konkret, dass sich ein Unternehmen mit Fragestellungen aus den Handlungsfeldern Ökologie, Ökonomie, Arbeitsplatz und Gemeinwesen befasst. Insofern es dies tut, agiert es im Sinne des „ehrbaren Kaufmanns".

3.3 Strategie und Kerngeschäft

Lassen Sie mich wie besprochen auf zwei wichtige Aspekte zu sprechen kommen, die erklären, warum Verantwortung im Sinne der Wirtschaft im hiesigen Verständnis etwas Besonderes ist. Ich hatte bereits geschrieben, dass CSR als strategischer Ansatz innerhalb des Unternehmens und mit Blick auf das eigene Kerngeschäft zu verstehen sei.

3.3.1 Nachhaltigkeit und CSR als Strategie

Werfen wir zunächst einen Blick auf die Formulierung „CSR ist ein strategischer Ansatz". Entscheidet beispielsweise die Geschäftsführung eines Unternehmens, sich mit Nachhaltigkeit bzw. CSR zu beschäftigen, war (und ist) es so, dass Sie zu häufig diesen (falschen) Aussagereflex hören: „Machen wir! Das ist gut für unser Image. Lassen Sie das Thema mal die Öffentlichkeitsabteilung machen!". Kommt Ihnen das bekannt vor? Mir leider nur zu oft. Aber das ist ein grundlegend falscher Gedanke!

Ich zweifle nicht an der Kompetenz der Mitarbeiter in den Marketing- oder Kommunikationsabteilungen, verstehen Sie das bitte nicht falsch. Aber: CSR bzw. Nachhaltigkeit ist kein Marketingkonzept. Es geht nicht darum, Kunden, Lieferanten oder Öffentlichkeit zu „verkaufen", was man alles Gutes tue. Die „Idee", einen Nachhaltigkeitsbericht aus Werbezwecken erarbeiten zu wollen, sollten Sie besser lassen! Ja, es ist so, dass in der Tat zu wenige Unternehmen hierzulande über all das Gute sprechen, was sie tun (Genders 2017, S. 11) und ja, wenn Sie „Gutes" tun, sprechen Sie bitte darüber! Aber die Logik des Sprechens über Gutes ist eine andere als diejenige, schlicht Dinge kommunizieren zu wollen ohne (im besten Fall ernstgemeinte) Inhalte. Immer wieder hört und liest man vom sogenannten Greenwashing in diesem Zusammenhang. Darunter versteht man, dass mithilfe von Marketing- und Public Relations-Konzepten ein „grüner" Anstrich für ein Produkt oder sogar ein Unternehmen verpasst werden soll, auch um sich als „sauber" präsentieren zu können. In den meisten Fällen des klassischen Greenwashing erfolgt dies ohne Grund und Rechtfertigung. An der Stelle sei angemerkt, dass die Taktik des Greenwashing übrigens sehr schnell nach hinten losgehen kann, nicht zuletzt aufgrund der durch die Sozialen Medien enorm ansteigenden Transparenz. Wer mit Vehemenz seine „guten" Leistungen propagiert und sich bei Gegenteiligem erwischen lässt, der wird einige Mühe haben, sein Image wieder zu stärken.

Ebenso wie es falsch ist das Thema CSR in der Marketingabteilung anzudocken, so ist meiner Ansicht der zweite, häufig in der Praxis erkennbare Ansatz falsch, die Rechtsabteilungen bzw. die dort nicht selten hierarchisch angedockten Compliance-Ansprechpartner mit dem Themenkomplex CSR bzw. Nachhaltigkeit zu betrauen. Warum ist dem so? Klar ist: CSR und Compliance sind zwei Seiten einer Medaille. Das Einhalten von Regeln durch Unternehmen und Mitarbeiter (Compliance) – nicht zuletzt infolge medial begleiteter Fälle von Korruption, Bestechung oder Bilanzmanipulation – hat deutliche Schnittmengen zur Wahrnehmung unternehmerischer Verantwortung (CSR). Es gibt aber ebenso deutliche Unterschiede mit Blick auf die Motive des Handelns (Martens und Klein 2018, S. 28): Compliance soll Rechtssicherheit schaffen, Risiken minimieren, Haftungen vermeiden. CSR wirft den Blick auf die Chancen der Verantwortungsübernahme – und zwar über den gesetzlichen Rahmen hinausgehend (Dolata und Genders 2019). Das bloße Einhalten von Regeln ist etwas anderes als die Nutzung von Chancen durch Verantwortung – wenn Sie hierzu mehr erfahren möchten, dann verweise ich schon einmal auf meine Ausführungen in Abschn. 4.3.2.

Unabhängig von Marketing- oder Rechtsabteilung, jedwede solitäre Verankerung von CSR und Nachhaltigkeit in einem Teilbereich eines Unternehmens führt das Thema ad absurdum. Die Definition der Europäischen Kommission betont explizit die Relevanz eines strategischen Ansatzes und die dem CSR-Verständnis heutiger Generation immanente Denkweise im Sinne eines Stakeholder-Ansatzes, d. h. der Einbeziehung relevanter Interessens- bzw. Anspruchsgruppen. Ebenda ist es die logische Schlussfolgerung, die Wahrnehmung der Verantwortung des eigenen Handelns „zur Chefsache" in den Unternehmen zu machen. CSR muss Teil der Unternehmensstrategie und letztlich der Philosophie des gesamten Unternehmens sein. Nur wenn ganzheitlich in allen Facetten eines Unternehmens verantwortungsbewusst gehandelt wird, nur wenn CSR und Nachhaltigkeit zur „DNA" eines Unternehmens werden, dann schafft man Akzeptanz, Verständnis und letztlich auch Mehrwerte. Nur dann gelingt es, die zahlreichen relevanten Stakeholder eines Unternehmens, seien es die Gesellschafter oder Mitarbeiter, seien es Lieferanten, Geschäftspartner und Kreditinstitute, seien es Kunden, Politik oder Gesellschaft, zu integrieren.

CSR ist im heutigen Sinne ein Managementansatz, der es erforderlich macht, das Thema Unternehmensverantwortung ganzheitlich in einem Unternehmen zu verankern. Alles andere können Sie sich auf Dauer sparen!

3.3.2 Nachhaltigkeit und CSR im Kerngeschäft

Werfen wir nun einen Blick auf die Aussage, „CSR fokussiert sich auf das Kerngeschäft" eines Unternehmens.

Vielleicht vorneweg mit Blick auf das Stichwort „Geschäft": CSR meint nicht, dass Unternehmen auf betriebswirtschaftlichen Erfolg verzichten. Dies hatte ich bei den Ausführungen zum „ehrbaren Kaufmann" schon erwähnt, ich tue es aber gerne erneut. Die Frage „Wie werden Gewinne erwirtschaftet?" ist eine grundlegend andere Frage als diejenige nach „Darf man Gewinne erzielen?". CSR und Nachhaltigkeit meinen keineswegs Altruismus. Aber dazu mehr in Kap. 6.

Kommen wir zurück zum Kerngeschäft und zu folgendem Gedankengang: CSR im Sinne eines umfassenden strategischen Managementansatzes bedeutet nicht abschließend, dass ein Unternehmen in der Weihnachtszeit Spenden für einen regionalen Kindergarten oder die Essenstafel stiftet, dass ein Betrieb ein neues Spielgerät für den Spielplatz der Gemeinde kauft oder einen karitativen Sportevent unterstützt. CSR bzw. Nachhaltigkeit im hiesigen Sinne meint auch nicht abschließend, wenn eine Bank für ihre Vertriebsmitarbeiter E-Fahrzeuge anschafft oder Öko-Strom einkauft. Es ist nicht gemeint, dass ein Autohaus seinen Kunden im Wartebereich Fair-Trade-Kaffee anbietet. Es ist auch nicht damit Hinreichendes bezweckt, dass sich ein Maschinenbauer auf sein Werksgelände eine Solaranlage stellt. Das ist alles wichtig und gut! CSR im Sinne einer strategischen Lösung ist es jedoch nicht umfänglich.

In der Management-Literatur hat sich das sogenannte Reifegradmodell der CSR bzw. Nachhaltigkeit etabliert (Walker 2016, S. 206 ff.), auf das ich gerne an dieser Stelle zurückgreife. Das Reifegradmodell beschreibt vereinfacht gesagt verschiedene Entwicklungsstadien der Implementierung von CSR in Unternehmen: Gutmenschentum, Sponsoring, Spenden oder im besten Falle Einzelmaßnahmen werden als CSR der ersten Generation bezeichnet. Diese Maßnahmen sind in der Regel unkoordiniert, liefern Mehrwerte für Unternehmen lediglich durch Zufälle, sind aber meist der Einstieg für Unternehmen in die strategische Steuerung von CSR. Fakt ist, dass zurzeit nicht wenige Unternehmen ebenda CSR der ersten Generation betreiben. Einige (und es werden immer mehr) sind jedoch bereits auch schon weiter. Die Kunst liegt darin, die Zufälle zu lenken, um CSR der zweiten Generation im Kerngeschäft zu verankern, ganz im Sinne eines strategischen Ansatzes (vgl. Abb. 3.2). Weiterführende Entwicklungsstufen nach CSR der zweiten Generation innerhalb des Reifegradmodells etablieren Unternehmen als Mitgestalter gesellschaftlicher Rahmenbedingungen bis hin zur immanenten CSR-DNA in den Unternehmen. Die weiteren Stufen sind an der Stelle nicht weiter relevant, für Interessierte verweise ich gerne auf Walker (2016).

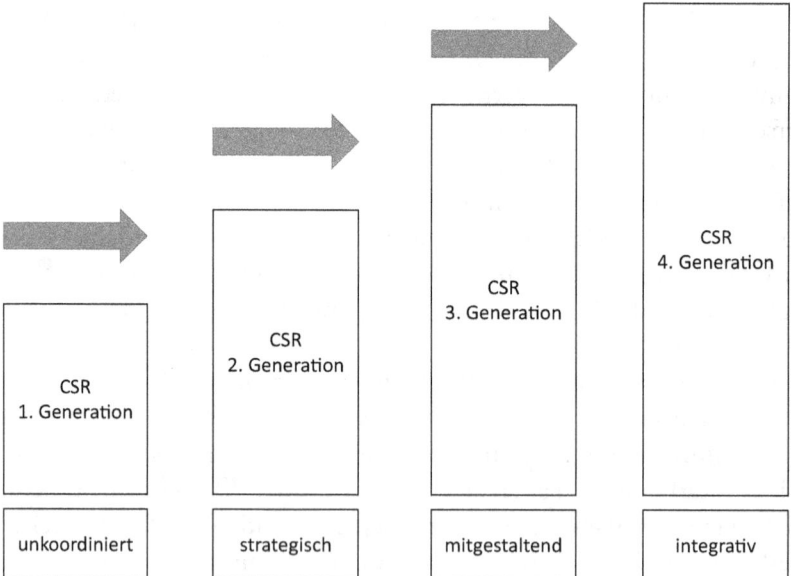

Abb. 3.2 Reifegrad Modell. Quelle: eigene Darstellung, in Anlehnung an Walker (2016, S. 206)

CSR und Nachhaltigkeit sind dann nicht mehr dem Zufall überlassen und können strategisch gesteuert werden, wenn sie im Kerngeschäft verankert sind. Wollen Sie sich in Ihrem Unternehmen mit dem Themenkomplex beschäftigen, dann müssen Sie explizit herausarbeiten, was Ihr Kerngeschäft ist, um darauf aufbauend aufzudecken – zum Beispiel mit sogenannten Wesentlichkeitsanalysen mit Ihren relevanten Stakeholdern –, wo Schwerpunkte Ihres Nachhaltigkeitsengagements liegen, wo diese liegen sollen, und wie Sie bzw. Ihr Unternehmen strukturiert und im wahrsten Sinne des Wortes nachhaltig dorthin gelangen.

Um das Kerngeschäftsthema nochmals klar zu betonen – was es nicht ist, hatte ich zuvor bereits erwähnt: Für die Bank ist das Kerngeschäft die Kreditfinanzierung, für den IT-Berater die Beratung in Sachen IT und für den Automobilhersteller die Produktion eines Automobils.

CSR und Nachhaltigkeit im Sinne der hiesigen Argumentationslogik stellt also die Frage, wie ein Unternehmen sein Kerngeschäft verantwortungsvoll umsetzen kann. Welche Themen sind für das Kerngeschäft wichtig (für die Bank zum Beispiel die Beratung, die Produkte usw.) und wie kann hierin nachhaltig gehandelt werden? Das und nichts anderes meint die Europäische Kommission mit der Anforderung in Richtung Fokussierung auf das Kerngeschäft.

Fazit
- Zur Lösung der Herausforderungen der Megatrends braucht es gemeinschaftliches Engagement, die Wirtschaft bzw. die Unternehmen sind wesentlicher Teil dieser Lösungsfindungsgemeinschaft.
- Im Kern der Lösungsfindung landen wir (in diesem Buch) thematisch bei der Verantwortung der Wirtschaft.
- Die Diskussion über Nachhaltigkeit in der Wirtschaft ist kein neues Thema. Der „ehrbare Kaufmann" hat eine jahrhundertelange Tradition.
- Die beiden Begriffe Corporate Social Responsibility (CSR) und Nachhaltigkeit können synonym verwendet werden.
- Sie beschreiben die Wahrnehmung von Verantwortung von Unternehmen aufgrund ihres Handelns auf und für eine relevante Gesellschaft.
- CSR und Nachhaltigkeit umfassen in der unternehmerischen Praxis Maßnahmen im Rahmen der vier Handlungsfelder Ökonomie, Ökologie, Arbeitsplatz und Gemeinwesen.
- Nach modernem Verständnis muss Nachhaltigkeit einen Bezug zum Kerngeschäft haben, strategisch im gesamten Unternehmen verankert sein und über die Einhaltung rechtlicher Rahmen hinausgehen.

Literatur

Aßländer M (2011) Handbuch Wirtschaftsethik. J.B. Metzer, Stuttgart

Bayerischer Industrie- und Handelskammertag (BIHK) e. V. (2016) Verantwortung lohnt sich. Den Ehrbaren Kaufmann leben. Verantwortung lohnt sich. Bayerischer Industrie- und Handelskammertag (BIHK) e. V., München

Behringer S, Meyer K (2011) Motivation zu nachhaltigem Handeln in kleinen und mittleren Unternehmen und deren Einfluss auf den langfristigen Unternehmenserfolg. In: Meyer J-A (Hrsg) Nachhaltigkeit in kleinen und mittleren Unternehmen. Josef Eul Verlag, Lohmar, S. 15–29

Bowen H (1953) Social reponsibility of the businessman. University of Iowa Press, Iowa City

Bundesministerium für Arbeit und Soziales (2020a) Nationales CSR-Forum. https://www.csr-in-deutschland.de/DE/Politik/CSR-national/Nationales-CSR-Forum/nationales-csr-forum.html. Zugegriffen am 15. Nov. 2020

Bundesministerium für Arbeit und Soziales (2020b) Nachhaltigkeit und CSR. https://www.csr-in-deutschland.de/DE/Was-ist-CSR/Grundlagen/Nachhaltigkeit-und-CSR/csr-grundlagen.html. Zugegriffen am 15. Nov. 2020

Bundesministerium für Justiz und Verbraucherschutz (2020) Gesetz zur vorläufigen Regelung des Rechts der Industrie- und Handelskammern. https://www.gesetze-im-internet.de/ihkg. Zugegriffen am 17. Nov. 2020

Carroll A (1999) Corporate social responsibility: evolution of a definitional construct. Business & Society: 38(3):268–295, SAGE

Dolata U, Genders S (2019) Zwischen Freiwilligkeit und Verbindlichkeit – Möglichkeiten zur Implementierung von Verantwortung mittels CMS. https://www.pt-magazin.de/de/wirtschaft/unternehmen/zwischen-freiwilligkeit-und-verbindlichkeit_jv3ojzsc.html. Zugegriffen: 15. Nov. 2020

Europäische Kommission (2011) Eine neue EU-Strategie (2011–2014) für die soziale Verantwortung der Unternehmen (CSR), Mitteilung der Kommission an das Europäische Parlament, den Rat, den Europäischen Wirtschafts- und Sozialausschuss und den Ausschuss der Regionen. KOM/2011/0681 endgültig, Brüssel

Genders S (2017) Unternehmerische Verantwortung in Mainfranken – Unternehmensbefragung zum ehrbaren Kaufmann und zu Corporate Social Responsibility. IHK Würzburg-Schweinfurt, Würzburg

Küng H (2010) Anständig wirtschaften Warum. Ökonomie Moral braucht. Piper Verlag, München

Martens A, Kleinfeld A (2018) CSR und Compliance im Kontext ihrer Bedeutungsentwicklung. In: Kleinfeld A, Martens A (Hrsg) CSR und Compliance – Synergien nutzen durch ein integriertes Management. Springer Gabler, Berlin, S. 3–33

Walker T (2016) Integrative Organisationsentwicklung. In: Schram B, Schmidpeter R (Hrsg) CSR und Organisationsentwicklung – Die Rolle des Qualitäts- und Changemanagers. Springer Gabler, Berlin, S. 205–217

Zwick Y, Böhnke R (2020) Von nachhaltigem Konsum über CSR zum Deutschen Nachhaltigkeitskodex und Sustainable Finance: Wie der Rat für Nachhaltige Entwicklung nachhaltiges Wirtschaften vorantreibt. In: Genders S (Hrsg) CSR und Institutionen – Etablierung unternehmerischer Verantwortung in Wirtschaft, Politik und Gesellschaft. Springer Gabler, Berlin, S. 169–179

4

Unternehmen im Alltag – was motiviert zur Nachhaltigkeit?

Wir haben uns in Kap. 3 mit der Frage beschäftigt, was CSR und Nachhaltigkeit ist. Sie haben gesehen, dass es um die Übernahme von Verantwortung durch Unternehmen für deren Handeln geht. Dieses Tätigwerden im Sinne der Verantwortungsübernahme kann hierbei nach den Handlungsfeldern Ökologie, Ökonomie, Arbeitsplatz und Gemeinwesen unterschieden werden. Damit ein Unternehmen zugleich nicht nur „sporadisch" nachhaltig agiert, ist es wichtig, dass wir dann von CSR oder Nachhaltigkeit sprechen, wenn sie strategisch in einem Unternehmen verankert ist und zugleich einen eindeutigen Bezug zum Kerngeschäft hat.

In diesem Kapitel greife ich die Frage auf, warum Unternehmen eigentlich nachhaltig handeln. Was bringt Unternehmen dazu, sich mit CSR zu beschäftigen? Was ist deren Motiv? Bevor ich auf die meinerseits maßgeblichen Wirkungskanäle der Nachhaltigkeit eingehe, möchte ich Ihnen verdeutlichen, was Unternehmen eigentlich sind. Wir sprechen bislang allgemein von Unternehmen. Daher möchte ich zunächst – die Wirtschaftswissenschaftler unter den Lesern mögen mir die nachfolgend eher verallgemeinernde Beschreibung nachsehen – erläutern, was Unternehmen eigentlich sind und um was es „in der Wirtschaft" geht.

4.1 Unternehmen und Märkte

Worum geht es, wenn wir über Wirtschaft sprechen? Nun, in den Wirtschaftswissenschaften bzw. in der Ökonomie geht es unter anderem um Zusammenhänge und Wirkungsmechanismen, die durch das Agieren von Akteuren auf Märkten entstehen. Das können Arbeitgeber und Arbeitnehmer auf dem Arbeitsmarkt, Privatperson und Bank auf dem Kreditmarkt, Unternehmen im Wettbewerb auf internationalen Exportmärkten oder Gemeinde und Bürger auf dem sozialen Wohnungsmarkt sein. In der Regel unterschiedlich viele Anbieter und Nachfrager agieren miteinander auf Märkten – je nach Kräfteverhältnis auf der Angebots- bzw. Nachfrageseite kann man von Monopol, Oligopol oder Polypol sprechen –, um dort ihre jeweiligen Interessen durch den Tausch von Gütern (Ware gegen Ware, Lohn gegen Arbeitskraft, Geld gegen Wissen usw.) zu befriedigen. Ein Kern der Wirtschaftswissenschaften sind derartige Geschehnisse auf Märkten[1]. Ein Akteur, der auf wiederum Märkten aktiv ist, sind Unternehmen.

Aber warum gibt es eigentlich Unternehmen? Was sind Unternehmen? Eine ökonomische Theorie, genauer gesagt der US-amerikanische Ökonom Ronald H. Coase (1910–2013), hat hierauf in seiner in den 1930er-Jahren veröffentlichten Publikation „The Nature of the firm" (Coase 1937) folgende Antwort gegeben (und wurde im Übrigen im Jahr 1991 für seine Erkenntnisse mit dem Nobelpreis für Wirtschaftswissenschaft ausgezeichnet): Unternehmen existieren, um Transaktionskosten zu reduzieren.

Diesen Gedankengang möchte ich Ihnen gerne kurz erläutern: Versetzen Sie sich in die Rolle einer einzelnen Person, die die Aufgabe hat, ein bestimmtes Produkt oder eine Dienstleistung, welches oder welche sie nur mit Unterstützung und unter Einbeziehung einer Reihe adäquater, befähigter und mit verschiedenen Qualifikationen ausgestatteten externen Experten bewerkstelligen kann, herzustellen bzw. zu vertreiben. Nun bestünde die Möglichkeit, sich für jeden nur denkbaren Schritt innerhalb des Produktionsprozesses – von der Beschaffung bis zur Rechnungsabwicklung

---

[1]Wem dieser sehr knappe Exkurs nicht genügt und wer sich gerne intensiver mit den Grundsatzfragen der Wirtschaftswissenschaften befassen möchte – zum Beispiel auch die stets spannende Frage nach Sinn und Unsinn des Bildes des sogenannten Homo Oeconomicus (dahinter steckt der Gedankengang, dass ein Akteur auf einem Markt stets egoistisch, rational und auf die eigene Nutzenmaximierung fokussiert handelt) aufgreifen möchte – dem empfehle ich den Blick in relevante Fachliteratur (Wöhe et al. 2016, S. 3 ff.).

nach Lieferung und Leistung – zeitlich befristet einen erforderlichen Experten für jeden der einzelnen Schritte ins Boot zu holen. Ausgehend von einem Markt, der zu jeder Zeit Angebote an Experten bereithält, sollte es möglich sein, dass Sie als diese besagte Person ein Produkt herstellen und verkaufen können. Aber: Dies erfordert einen immensen Aufwand. Stellen Sie sich vor, Sie wollen nicht nur ein Produkt, sondern das x-fache eines Produktes herstellen. Dann ist sogar das x-fache des Aufwands mit Blick auf die Suche nach Experten erforderlich. Sie müssen für jedes dieser Produkte wiederum externe und zunächst unbekannte Experten finden bzw. mit ihnen kooperieren. Es entstehen Kosten für die Expertensuche in Form von Stellenanzeigen, für Personalgespräche und Vertragsabschlüsse. Sie müssen jedes Mal aufs Neue die Qualifikation, Motivation und Leistungsbereitschaft hinterfragen. Sie müssen Preise (Löhne) vergleichen und verhandeln. Es entsteht Unsicherheit in Sachen Loyalität der Experten, ganz zu schweigen von nicht möglichen Lerneffekten, Kollegialität und einem guten Miteinander in einem Team. Dadurch, dass Sie als dieser Produzent bei jedem Schritt einen Experten benötigen, den sie bei x Produktionsstücken eben in potenzierter Menge benötigen, steigt der Aufwand mit Blick auf diese jeweils für sie „neuen" Experten immens. Informations-, Such- oder Verhandlungskosten fallen zur Geschäftsanbahnung an. Diese Art von Kosten werden als Transaktionskosten bezeichnet.

Hier setzen Unternehmen an. Unternehmen schalten den Marktmechanismus mit Blick auf die Beziehung Produzent und Experten aus, indem sie beispielsweise Mitarbeiterinnen und Mitarbeiter fest anstellen. Anstelle der wiederholten x-fachen Einbeziehung von Experten binden sie diese fest an ihr Unternehmen und sparen sich den Such- oder Bindungsaufwand. Durch eigene Strukturen und Mechanismen innerhalb des Unternehmens entziehen sie dem offenen Markt Entscheidungen. Sie binden Experten als Mitarbeiter fest an sich. Anstelle der Marktkräfte (jedesmalige Suche nach Experten) unterliegen die im Unternehmen stattfindenden Prozesse nunmehr dem Reglement des Unternehmens selbst (Regelungen mit den Mitarbeitern). Unternehmen ersetzen den Markt, um sich wiederholende Kosten der Marktnutzung – von Preisvergleich, Vertragsverhandlung bis Wissensverlust – zu vermeiden bzw. zu reduzieren. Unternehmen existieren, um Transaktionskosten zu reduzieren. Im Übrigen entstehen auch durch die Koordination innerhalb eines Unternehmens Kosten (beispielsweise Personalmanagement, Entgeltzahlung, Weiterbildung usw.). Solange die Kostenreduzierung durch die Nichtnutzung des Marktes jedoch die Kosten der internen Koordination überwiegt, lohnt sich ein

Unternehmen. Diese Einsparungen von Transaktionskosten schaffen aus Sicht der Volkswirtschaft Mehrwerte.

Nun soll dies kein Sachbuch über Ökonomie werden, demnach möchte ich mit Blick auf die Frage „Warum gibt es Unternehmen?" fernab des Transaktionskostenansatzes kurz einige weitere Antworten geben:

- Unternehmen stellen als Organisationseinheit durch einen „Produktionsprozess" Waren und Dienstleistungen her.
- Unternehmen agieren auf Märkten, zum Beispiel bieten sie als Arbeitgeber auf einem Markt die Möglichkeit für Sie, Einkommen zu erwirtschaften – und hier kommen Sie ins Spiel, indem Sie ebenda Ihre Arbeitskraft und Zeit gegen Lohn „eintauschen".
- Unternehmen prägen eine Region, sie sorgen manchmal sogar für eine Art „Image" einer Region oder einer Stadt. Denken Sie an die „Zechen" und die Kohleindustrie im Ruhrgebiet, denken Sie an das Start-up- und Hightech-Image des Silicon Valley.
- Unternehmen wirken aber auch an Innovation und Fortschritt der Gesellschaft durch Produktentwicklungen mit – hierauf kommen wir aber später noch umfangreich zu sprechen.
- Unternehmen sind fester Bestandteil unseres Wirtschaftskreislaufes neben Privaten, Staat und Institutionen.

Die Wirtschaftswissenschaften betrachten also unter anderem Märkte, auf denen Unternehmen agieren. Laut einer ökonomischen Theorie existieren Unternehmen aufgrund von Kostenvorteilen gegenüber Marktlösungen. Faktisch gibt es eine Reihe weiterer Erklärungen, die den Stellenwert von Unternehmen beschreiben und die aufzeigen, welchen Mehrwert ein Unternehmen für die Gesellschaft liefert.

4.2 Wirkungskanäle der Nachhaltigkeit

Unternehmen agieren auf Märkten. Unternehmen haben verschiedene Funktionen – von der Waren- und Dienstleistungsherstellung, bis hin zu deren Anbieter- und Nachfragerrolle. Sie sind in vielschichtiger Art und Weise immanenter Bestandteil unseres Wirtschaftssystems. Umso wichtiger ist es, eben diese Unternehmen mit Blick auf das Thema Nachhaltigkeit und CSR in den Kontext zu nehmen.

Aber warum handeln Unternehmen eigentlich nachhaltig? Wie Sie zuvor gelernt haben, besteht CSR nicht darin, seinen eigenen Produkten oder Dienstleistungen einen „grünen" Anstrich zu geben und durch diese Marketingmaßnahme auf einen besseren Absatz zu hoffen. Trotzdem kann das Ziel der Umsatzsteigerung sicher ein Grund sein, sich mit Nachhaltigkeit mit Blick auf das eigene Produktportfolio zu befassen. Ob nun durch tatsächliche Analyse, Hinterfragung und gegebenenfalls Anpassung eines Produktes hin zu mehr Nachhaltigkeit, oder ob durch das bloße (ungerechtfertigte) Kennzeichnen als „grün" sei an der Stelle unerheblich.

Ich habe bereits erwähnt, dass das bloße Beachten und Einhalten von Regelungen und gesetzlichen Vorschriften, zum Beispiel die Zahlung eines gewissen Arbeitsentgeltes, die Sicherstellung von Arbeitsschutzstandards oder der Verzicht auf Umweltverschmutzung in Form illegalen Beseitigens von Müll auf einem Werksgelände, zwar unumgänglich und richtig sind. Auch der Verzicht auf Korruption, Betrug und die Wahrung moralischer Mindeststandards ist unverzichtbar, wie Sie mir zustimmen werden. Auch wenn diese Achtung von Recht, Gesetzestreue und letztlich Compliance auf ein existierendes Verantwortungsgefühl sowie auf die Bereitschaft zur Akzeptanz von Normen und Moral hinweisen, CSR im hiesigen strategischen Verständnis, nämlich die Verantwortungsübernahme über bestehende Regelungen hinaus, ist dies nicht vollumfänglich. Aber: Die Beachtung von Regeln ist Teil der Unternehmensverantwortung.

Wenn Sie weiter überlegen, fallen Ihnen ohne Zweifel weitere Gründe ein, wieso Unternehmen sich mit Nachhaltigkeit beschäftigen. Sie wollen Energie sparen. Unternehmen wollen Rohstoffe sinnvoller nutzen, Abfall und Produktionserzeugnisse vielleicht recyceln. Der Gesetzgeber verbietet die Produktion von Plastikprodukten oder er verteuert die Kosten für CO_2 und lenkt damit die Nachfrage der Betriebe hin zu emissionsärmeren Produktionsprozessen. Kunden fragen verstärkt Produkte bestimmter Qualität und Güte nach, zum Beispiel wollen sie lieber fair gehandelten Kaffee und ihr Fleisch von „glücklichen" Tieren (wenn sie es überhaupt noch konsumieren). Auch kann ein Unternehmen merken, dass Bewerber in einem Führungskräftenachwuchsprogramm plötzlich anstelle nach dem Dienstwagen nach einem E-Bike fragen oder direkt beim Einstellungsgespräch über ein Sabbatical verhandeln. Sie fragen nach dem „Purpose" des potenziellen Arbeitgebers. Und wieder andere Mitarbeiter fragen plötzlich nach dem klimatischen Fußabdruck ihres Arbeitgebers und vergleichen diesen mit dem der Mitwettbewerber (der gerade auch neue Mitarbeiter sucht). Oder halten Sie es gar für möglich, dass ein neuer Chef, der Verantwortung in einem

Unternehmen bekommt, „anders" tickt als sein Vorgänger? Vielleicht liegen diesem in seinem strategischen Verständnis für die Zukunft des Betriebes – eventuell weil er einer anderen Generation angehört, andere Wertvorstellungen hat, anderweitige (Lebens-)Erfahrungen mitbringt – plötzlich nicht nur Stückzahlen, Absatzmärkte und Rendite am Herzen, sondern auch die Frage nach dem „Wie" in Sachen Gewinnerzielung. Und, und, und …

Sie merken, allein diese wenigen Gedanken machen deutlich, dass Unternehmensverantwortung aus zahlreichen Richtungen Eingang in die Wirklichkeit eines Unternehmens findet bzw. finden kann. Die Treiber sind vielschichtig. Umso schwieriger ist die Beantwortung der Frage, warum Unternehmen nachhaltig agieren – zumindest dann, wenn Sie eine möglichst konkrete Antwort erwarten. Nach meiner Erfahrung, im Sinne der Reduktion von Komplexität und auch auf die weiterführende Argumentation blickend – dies gilt über dieses Buch hinausgehend für den gesellschaftspolitischen Diskurs zum Thema Nachhaltigkeit und die Einschätzung von politischen Handlungsmaßnahmen – bietet sich nachfolgende Kategorisierung in prädestinierter Form an.

Es existieren meiner Ansicht nach zwei wesentliche Wirkungskanäle von Nachhaltigkeit/CSR: der Wirkungskanal der „Ordnungspolitik" sowie der Wirkungskanal „Markt". Die Wirkungskanäle Ordnungspolitik und Markt sind verantwortlich dafür, dass sich Unternehmen mit Nachhaltigkeit und CSR beschäftigen bzw. entsprechend handeln. Sämtliche Gedankengänge, die Sie zu Beginn dieses Abschnitts gelesen haben, lassen sich diesen beiden zentralen Wirkungskanälen zuordnen.

> **Merke!**
> Nachhaltigkeit und CSR werden bei Unternehmen aktiviert durch die Wirkungskanäle Ordnungspolitik und Markt.

Ziel der folgenden Seiten ist es nun, Ihnen sowohl den Wirkungskanal Ordnungspolitik (Abschn. 4.3) als auch den Wirkungskanal Markt (Abschn. 4.4) aufzuzeigen. Abb. 4.1 zeigt die beiden Wirkungskanäle und deren Zusammenwirken.

Die inhaltliche Trennung nach den beiden Impulsen Ordnungspolitik und Markt ist nicht ganz stringent, da Sie die beiden Stränge schon definitorisch eigentlich nicht vollständig voneinander trennen können, wie

4 Unternehmen im Alltag – was motiviert zur Nachhaltigkeit?

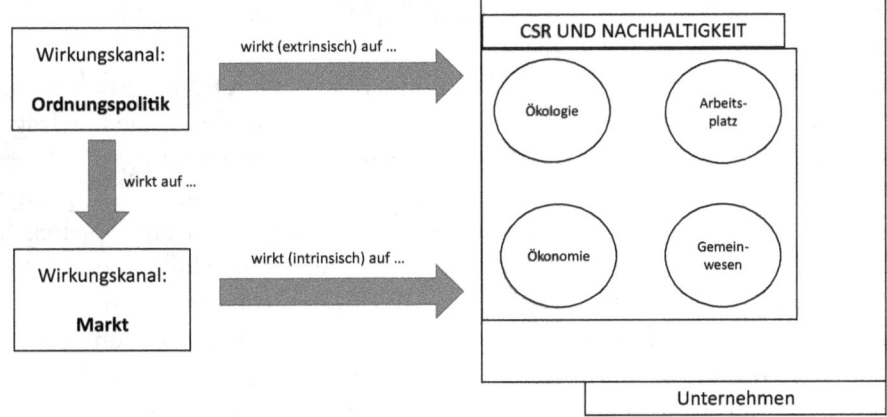

Abb. 4.1 Wirkungskanäle von CSR und Nachhaltigkeit. Quelle: eigene Darstellung

Sie der Abbildung entnehmen können. Letztlich hängt die Entwicklung des Marktes und der Effekte, die sich durch den Markt auf Unternehmen ergeben, von Rahmenbedingungen und somit der Ordnungspolitik ab. Die Ordnungspolitik schafft letztlich den Rahmen für Marktgeschehen und somit für das Verhalten der Akteure. Aber die Trennung macht dennoch Sinn. Die Gegenüberstellung soll Ihnen helfen zu verstehen, dass durchaus unterschiedliche Stoßrichtungen für Unternehmen zur Beschäftigung mit Nachhaltigkeit existieren. Während die ordnungspolitische Stoßrichtung immer eine Art externen Einflussfaktor darstellt, so entsteht die Motivation zur Befassung von Nachhaltigkeit im Wirkungskanal Markt aus dem Unternehmen bzw. aus dem Agieren auf dem Markt heraus. Eine Unterscheidung der beiden Wirkungskanäle liegt in einer extrinsischen (Ordnungspolitik) sowie in einer intrinsischen (Markt) Motivation der Unternehmen. Dies wird nicht zuletzt sowohl mit Blick auf die – fernab der Theorie – tatsächlich in der Realität vorliegenden Wirkungskanäle und deren Aktualität eine Rolle spielen. Ferner – und hier schon der Verweis auf Kap. 8 – hilft die Differenzierung der beiden Wirkungskanäle nicht zuletzt bei möglichen zukünftigen Schritten der Politik zur Weckung der Gier der Unternehmen. Insofern kann man von didaktischen Gründen der Trennung der beiden Wirkungskanäle sprechen. Denn innerhalb des bestehenden ordnungspolitischen Rahmen existiert in der Marktwirtschaft Entscheidungsfreiheit, die wiederum von den Handlungsmotiven der Akteure abhängt.

4.3 Wirkungskanal Ordnungspolitik

Was ist Ordnungspolitik? Laut Definition beschreibt Ordnungspolitik die „Summe aller rechtlich-organisatorischen Maßnahmen, durch die die Träger der Wirtschaftspolitik … die längerfristigen Rahmenbedingungen für den Wirtschaftsprozess innerhalb einer Wirtschaftsordnung setzen" (Springer Gabler 2020a). Es geht demnach um Rahmenbedingungen und Spielregeln für Marktteilnehmer wie Unternehmen. Es geht um Maßnahmen, Vorschriften, Regeln, Normen und Gesetze, die im hiesigen Verständnis Märkte und Akteure beeinflussen. Wenn ich im Übrigen von Ordnungspolitik spreche, dann meine ich demnach nicht – was in der gesellschaftspolitischen Debatte häufig in den Fokus rückt – das wirtschaftspolitische Leitbild. Es geht nicht um Abwägungen zwischen interventionistischer oder liberaler Wirtschaftspolitik bzw. das Verhältnis von Staat und Markt. Ich beziehe mich schlicht auf die Gesamtheit an Regelungen, mit denen die Wirtschaftsordnung und das Wirtschaftsgeschehen gestaltet werden.

> **Merke!**
> Der Wirkungskanal Ordnungspolitik beschreibt rechtlich-organisatorische Maßnahmen und hierdurch definierte Rahmenbedingungen, die dafür sorgen, dass sich Unternehmen mit Nachhaltigkeit und CSR befassen.

In der Praxis ist die Anzahl ordnungspolitischer Hebel mit Blick auf die gemäß der zuvor genannten Definition als Träger der Wirtschaftspolitik bezeichneten Akteure enorm vielschichtig. Legislative und Exekutive – hiermit meine ich von regionalen bis hin zu globalen Stoßrichtungen jedwede Akteure – nutzen diesen Hebel seit jeher, um auch das Thema Unternehmensverantwortung zu fördern. Wie dies in der Praxis auf nationaler bis hin zu internationaler Ebene aussieht, zeige ich Ihnen im Verlauf der nachfolgenden Seiten.

Erweitert wird der Wirkungskanal der Ordnungspolitik bzw. die Liste der Träger im Übrigen auch durch die Judikative, nämlich dann, wenn mittels Rechtsprechung wie etwa durch Gerichtsurteile Nachhaltigkeit eingefordert wird. Auf eine Betrachtung judikativer Facetten möchte ich in diesem Buch verzichten.

Bevor Ihnen die Einblicke in einige ausgewählte internationale, europäische und nationale Praxen des Wirkungskanals der Ordnungspolitik einen Überblick geben, wie Nachhaltigkeit und CSR durch Maßnahmen und Rahmenbedingungen bewirkt wird (Abschn. 4.3.3), greift Abschn. 4.3.2 die Frage auf, welche Relevanz der Wirkungskanal der Ordnungspolitik in den letzten Jahren hat. Abschn. 4.3.1 greift einleitend die Frage von Ordnungspolitik und Bürokratie auf. Dies ist deswegen wichtig, weil Sie insbesondere in vielen ordnungspolitischen Ansätzen mit Blick auf das Thema Unternehmensverantwortung die Argumentation hören, dass keine bürokratische Überbelastung der Unternehmen passieren dürfe, um Nachhaltigkeitsziele zu verwirklichen. Zum Ende von Abschn. 4.3 können wir diese Sichtweise eventuell ein wenig konkretisieren.

4.3.1 Bürokratie und Bürokratismus

Beim Stichwort Ordnungspolitik und entsprechenden Regelungen denken viele von Ihnen sicher zugleich und zuerst an Bürokratie oder auch an Bürokratismus. In der Tat, ohne eine Wertung vornehmen zu wollen, geht Ordnungspolitik immer mit der Schaffung von Regelungen einher, ferner braucht es deren Umsetzung und Realisierung in der Praxis.

Wer von Ihnen kennt es nicht bzw. wer von Ihnen hat sich im Berufs- und Arbeitsalltag nicht schon mal hinterfragt, ob diese oder jene Regelung Sinn macht? Aber: Tatsächlich kann Bürokratie das Leben zunächst einfacher machen. Die bloße Etablierung oder Anwendung von Regeln muss nicht schlecht sein (bezogen auf den Aufwand zur Achtung dieser Regelungen). Sie schafft Ordnung, sorgt für Verhältnismäßigkeit, Klarheit und letztlich hierdurch für Effizienz. Die Historie ganzer Kulturen in der Menschheitsgeschichte infolge etablierter staatlicher (bürokratischer) Strukturen (denken Sie an das alte Rom, an das Frankreich Napoleons oder an Preußen) zeigt, welche Effekte mit Bürokratie und gut organisierten Verwaltungen einhergehen können.

Was jedoch zum Nachteil wird, ist, wenn eben diese Vorteile entweder durch ein zu viel an Regelungen oder durch inhaltlich strenge Regeln zunichte gemacht werden (Bürokratismus). Das negativ konnotierte Wort Bürokratismus meint eben deswegen ein Übermaß an Regelungen, die letztlich dazu führen, dass man sich zum Beispiel in einem Unternehmen nicht mehr mit Inhalten (dem eigentlichen „unternehmen") beschäftigt, sondern lediglich mit der Erfüllung von Vorschriften.

Unnötige Bürokratie kostet Zeit und Geld, sagt die Bundesregierung und verfolgt aus diesem Grund zum Beispiel mit dem „Programm für Bürokratieabbau und bessere Rechtsetzung" das Ziel, Bürger und Unternehmen zu entlasten (Bundesregierung 2020a). Seit dem Jahr 2012 wird die Belastung sogar mithilfe des sogenannten Bürokratiekostenindex regelmäßig ermittelt (Statistisches Bundesamt 2020).

Auch wenn durchaus kommuniziert wird, dass der Bürokratieabbau Wirkung zeige – das Bundeswirtschaftsministerium verweist zum Beispiel auf die Zielrealisierungen in Form der Senkung der Bürokratiekosten, betont die Schritte in den Bürokratieentlastungsgesetzen oder eben den seit Erfassungsstart gesunkenen Bürokratiekostenindex (Bundesministerium für Wirtschaft und Energie 2020a): Meiner zugegeben subjektiven Erfahrung nach, hat sich die Belastung durch Bürokratismus für die Wirtschaft in Summe nicht wirklich verbessert (ich möchte bewusst nicht das Wort einer Verschlechterung in den Mund nehmen). Diverse Gespräche mit Unternehmerinnen und Unternehmern bestätigen diese Einschätzung. Und auch Umfragen tun dies regelmäßig. Ich verstehe, wie schwierig im politischen Geschäft sicherlich auch kleinste Schritte sind. Und ohne Zweifel wird hart am Thema Bürokratieabbau gearbeitet. Und ich nehme auch jedem Entscheider ab, dass er die Herausforderungen insbesondere für die Wirtschaft durch ein zu viel an Bürokratismus versteht (ob er sie tatsächlich anpacken möchte mit Blick auf seinen politischen Auftrag würde ich nicht unterschreiben). Dennoch ist immer wieder festzustellen, hier mahlen die Mühlen definitiv zu langsam.

Ordnungspolitik geht immer mit Bürokratie einher, da Rahmenbedingungen durch Regeln definiert werden müssen. Dort wo Regeln entstehen oder geschaffen werden, besteht die Möglichkeit, dass ein Übermaß an Regelungen entsteht (Bürokratismus). Insofern gilt (wertfrei), dass der Wirkungskanal Ordnungspolitik Potenziale für Bürokratismus besitzt. Auf meine Sichtweise in der Sache in Bezug auf das Thema Nachhaltigkeit, CSR und Unternehmensverantwortung komme ich am Ende von Abschn. 4.3 zurück.

4.3.2 Relevanz der Ordnungspolitik

Vorweg möchte ich meine Meinung klar artikulieren: Ich glaube, und das möchte ich explizit in diesem, aber auch implizit in den nachfolgenden Abschnitten vergegenwärtigen, dass insbesondere der Wirkungskanal Ordnungspolitik in den letzten Jahren massiv an Bedeutung gewonnen hat. Gerade mithilfe der Ordnungspolitik wurde bewirkt, dass sich Unternehmen mit dem Thema Unternehmensverantwortung beschäftigt haben. Der Wirkungskanal Markt bietet aus meiner Sicht ähnliche Potenziale, der „Zeitgeist" stärkt, durch die Politik initiiert, eher den Wirkungskanal der

Ordnungspolitik. Diesen Gedankengang greife ich in den nachfolgenden Abschnitten immer wieder auf.

Ich möchte meine Perspektive anhand des bereits angesprochenen Themas Compliance vergegenwärtigen, dass durch die Schaffung von Regelwerken in hohem Maße dazu beigetragen wird, CSR und Nachhaltigkeit in den Fokus zu rücken.

Nicht zuletzt Korruption, Betrug, Bilanzfälschung, Whistleblowing usw. sind Gegebenheiten, die letztlich den Blick der Verantwortung der Wirtschaft in den letzten Jahren deutlich in den Mittelpunkt der Aufmerksamkeit rücken.

In Abschn. 3.2.1 haben Sie gelesen, CSR und Compliance sind zwei Seiten einer Medaille, es gebe viele Schnittmengen trotz bestehender Unterschiede. Bevor ich hierauf zurückgreife, lassen Sie mich Compliance kurz definieren. Der Begriff Compliance wird definiert als „formale und informale Governance-Strukturen einer Organisation, mit denen sein Management effizient die Aufdeckung, vor allem aber die Prävention doloser Handlungen durch Mitglieder und Beauftragte dieser Organisation, realisieren kann" (Wieland 2010, S. 19). Somit geht es um die Übereinstimmung von Handlungen mit Regelungen. Generell unterscheidet man im Bereich der Compliance zwischen Anforderungen durch rechtliche Regelungen (hard law) und spezifische Selbstverpflichtungen (soft law). Compliance basiert somit auf zwingendem Recht und auf freiwilligen Standards (Grüninger 2017, S. 800).

Kommen wir auf die Aussage zurück, CSR und Compliance sind zwei Seiten einer Medaille. Warum ist dies so? Nun, zunächst ist dies nicht zwingend aufgrund der Inhalte so, die entweder zum Begriff Compliance oder ebenda zum Begriff Nachhaltigkeit und CSR gehören. Insbesondere die Motive von Compliance und CSR sind durchaus unterschiedlich (Martens und Kleinfeld 2018, S. 28). Compliance erfolgt in der Regel aus dem Antrieb heraus, Rechtssicherheiten zu schaffen, um Haftungsgefahren zu reduzieren oder um Risiken zu minimieren im Sinne einer Präventivherangehensweise. Dem entgegen steht bei CSR die Nutzung der Potenziale von unternehmerischen Freiheiten im Vordergrund. Anstelle der Einschränkung von Handlungsmöglichkeiten, Kontrollen, Sanktionen und Sanktionsvermeidungsanreizen geht es um Chancen und ebenda um über gesetzliche Anforderungen hinausgehende Ansätze in freiwilliger Art und Weise. Anstelle der Frage, was durch den Gesetzgeber verlangt wird, geht es um die Frage dessen, was ein Unternehmen seiner Umwelt schuldig sei (Schöttl 2018, S. 38).

Trotz unterschiedlicher Motive, Compliance und CSR bzw. Nachhaltigkeit haben ein gemeinsames Ziel, nämlich „die langfristige Existenzsicherung des Unternehmens unter Berücksichtigung legitimer gesellschaftlicher und anderer Stakeholder-Anforderungen ..." (Martens und Kleinfeld 2018, S. 5).

Darüber hinaus gibt es zwei weitere Gemeinsamkeiten: Der erste Aspekt ist die Tatsache, dass sich in der Literatur durchgesetzt hat, dass moderne Compliance immer auch stets Teil der Gesamtstrategie des Unternehmens und somit des Managements insgesamt ist (Martens und Kleinfeld 2018, S. 8) und nicht etwas, was zum Beispiel eine Rechtsabteilung „nebenbei" macht. Kommt Ihnen dies bekannt vor? Ja, ebenso gilt, dass eine Marketingabteilung eben kaum „nebenbei" CSR machen sollte bzw. richtig machen kann. Der zweite Ansatz in Sachen Gemeinsamkeit beruht auf der Auseinandersetzung mit relevanten Anspruchsgruppen und der Berücksichtigung derer Interessen. Diese beiden Gemeinsamkeiten und das Grundverständnis, dass Nachhaltigkeit und Compliance einen strategischen Ansatz darstellen und zugleich auf dem Stakeholder-Gedanken aufbauen, führt zu meiner Aussage, dass beide Ansätze lediglich zwei Seiten der gleichen Medaille sind. Auch das Ziel in Sachen Verantwortungswahrnehmung ist identisch, lediglich das Motiv ist, wie Sie gesehen haben, ein anderes.

Man kann also sogar noch weitergehen und CSR bzw. Nachhaltigkeit und Compliance nicht nur als zwei Seiten einer Medaille sehen, sondern letztlich Compliance sogar als einen Teilbereich der Wahrnehmung unternehmerischer Verantwortung sehen. Und zwar dann, wenn CSR im hiesigen Kontext auf den vier Ebenen der Unternehmensverantwortung aufbaut.

Einbringen möchte ich an dieser Stelle die Verantwortungspyramide von Archie B. Carroll (Caroll 1991): Carroll unterteilt vier Ebenen der Verantwortung, beginnend mit dem Sockel der ökonomischen Verantwortung:

- Ein Unternehmen hat die Verpflichtung zur Profitabilität und zur Erwirtschaftung von Gewinnen. Dies schaffe nicht nur Spielraum für unternehmerisches Tätigwerden auf einem Markt, sondern werde auch von Stakeholdern (vom Angestellten bis zum Inhaber) erwartet.
- Auf dem Fundament der ökonomischen Verantwortung baut die rechtliche Verantwortung auf. Hierbei gehe es nach Carroll um die Einhaltung von Gesetzen und Regeln. Nicht nur werde auch dies vorausgesetzt, sondern diese Verantwortlichkeit schaffe letztlich eine Legitimität für die Existenz des Unternehmens.

- Die dritte Ebene der Pyramide ist die moralische Verantwortung, die Themen wie Fairness, Gerechtigkeit oder die Einhaltung ethischer Standards beinhalte.
- Den Schluss bzw. die Spitze der Verantwortungspyramide bilde die Philanthropie im Sinne karitativer oder benevolenter Leistungen eines Unternehmens, um ein „guter" Teil der Gesellschaft zu sein (Aßländer 2011, S. 193).

Unternehmen tragen somit Verantwortung durch Gewinnerzielung, durch Regelkonformität, durch Achtung von Moral und Werten und letztlich durch ihren Beitrag zur Gesellschaft. Folgt man diesem Modell von Caroll, so folgen Sie mir sicherlich auch, dass Compliance sogar mehr noch als „nur" eine andere Seite von CSR ist. Compliance ist vielmehr zentrales Element zur Wahrnehmung unternehmerischer Verantwortung.

Compliance ist (mindestens) Teil von Unternehmensverantwortung bzw. von CSR und Nachhaltigkeit. Und dies bringt mich zur Relevanz der Ordnungspolitik im engeren Sinne[2] zurück.

Wir sehen in den letzten Jahren eine zunehmende Bedeutung von Compliance-Aspekten im Unternehmensalltag. Fällt Ihnen nicht auch vielleicht in Ihrem Unternehmens- und Arbeitsumfeld auf, dass überall Ansprechpartner für Compliance installiert werden? Es gibt zahlreiche Weiterbildungskurse zum Compliance Officer. An den Hochschulen werden landesweit Angebote im Bereich Compliance etabliert. Ich selbst war als Dozent in einem MBA-Studiengang Compliance und Datenschutz als Lehrbeauftragter registriert. Fachliteratur schießt aus dem Boden. Und auch die entsprechenden Regelwerke der Compliance mit dem Fokus Unternehmensverantwortung werden stets vielschichtiger. In eigener beruflicher Betroffenheit hatte ich zuletzt zum Beispiel mit den Themen Whistleblowing und Unternehmensstrafrecht zu tun. In Deutschland wurde der Bereich Compliance fernab der aktuellen Dinge schon vor einigen Jahren unter anderem wesentlich durch die Schaffung von Verhaltensvorgaben für Unternehmen mittels des Deutschen Corporate Governance Kodex vorangetrieben, der Empfehlungen für börsennotierte Unternehmen mit Blick auf gute Unternehmensführung abgibt. Auf internationaler Ebene sind stellvertretend für zahlreiche Initiativen und Maßnahmen zum Beispiel hervorzuheben der UK Bribery Act in Großbritannien, der sich gegen

---

[2]Ich spreche von Ordnungspolitik im engeren Sinne, weil der gesamte ordnungspolitische Rahmen umfangreicher ist als „nur" der Bereich Compliance.

Korruption wendet oder der US Sabanes Oxley Act, der spezielle Transparenz- und Berichtsanforderungen an in der Regel kapitalmarktorientierte Akteure stellt. Zu nennen ist auch der UK Modern Slavery Act, der betroffene Unternehmen verpflichtet, Bericht über den eigenen Umgang mit Menschenrechtsverletzungen wie Zwangsarbeit oder Menschenhandel abzulegen.

Das Thema Compliance hat an Fahrt aufgenommen in den letzten Jahren, national und international. Nicht zuletzt steht hierbei der Blick auf verantwortungsvolles Handeln der Wirtschaft im Vordergrund. Da Compliance an Bedeutung gewinnt und Compliance ein Teil von Nachhaltigkeit bzw. CSR ist, gewinnt auch Nachhaltigkeit an Bedeutung. Aufgrund der hohen Schnittmenge zu Nachhaltigkeit und CSR kann demnach zu Recht behauptet werden, dass wir in den letzten Jahren eine Verstärkung des Wirkungskanals der Ordnungspolitik im hiesigen Sinne sehen. Je umfangreicher Compliance an Relevanz gewann und weiter gewinnt, desto wichtiger wird die Unternehmensverantwortung.

> **Merke!**
> Eine zunehmende Relevanz von Compliance im Unternehmensalltag zeigt, dass der Nachhaltigkeits-Wirkungskanal der Ordnungspolitik zur Verwirklichung von nachhaltigem Handeln in den Unternehmen wichtiger geworden ist.

4.3.3 Ordnungspolitik in der Praxis

Ich möchte Ihnen im Folgenden einige ausgewählte ordnungspolitische Maßnahmen und Regelwerke vorstellen, die sich im Detail mit der gesellschaftlichen Verantwortung der Wirtschaft beschäftigen. Wenn Sie einen umfassenden und abschließenden Überblick erwarten, dann kann ich Ihnen dies aufgrund der Komplexität des Themas nicht bieten. Aber das ist auch nicht entscheidend. Wichtig erscheint mir erstens, einen allgemeinen Überblick über die Vielfalt der ordnungspolitischen Ansatzpunkte zu zeigen, differenziert nach internationalem, europäischem und nationalem Kontext. Ich zeige Ihnen hierbei zugleich jedoch nicht nur, inwieweit mittels bestehender Regelwerke Verantwortungsbewusstsein in den Alltag der Wirtschaft in all ihren Facetten diffundiert. Ich versuche unter Bezugnahme auf die nachfolgenden Praxisbeispiele zugleich zweitens aufzuzeigen, dass wir durchaus von einem Anstieg der ordnungspolitischen Bemühungen sprechen können, um Verantwortung in die Wirtschaft zu bringen. Durch institutionelle Rahmenwerke werden stetig mehr Belange der Unternehmen in den Kontext der Unternehmensverantwortung gezogen. Rückt man gedanklich weg vom Bereich Compliance (hier: das Einhalten von Regeln) und legt den Fokus auf den gesamten bzw. (ordnungspolitisch) weiter gefassten Nachhaltigkeits-/CSR-Bereich – um den es in diesem Abschnitt geht – und auf entsprechende Rahmenwerke, zeigt sich eben auch dort – wie fortfolgend verdeutlicht wird – eine immer weiter um sich greifende Relevanz in enormer Vielfalt, die meine Hypothese stützt, dass der Wirkungskanal der Ordnungspolitik stetig mehr genutzt wird, um unternehmerische Verantwortung einzufordern. CSR und Nachhaltigkeit greifen immer durchdringender und vielschichtiger in die Geschicke von Unternehmen ein.

4.3.3.1 Internationale Perspektive

Mit Blick auf ordnungspolitische Ansätze in Sachen Unternehmensverantwortung auf internationaler Ebene möchte ich vier Konzepte gesondert herausgreifen:

- Mindeststandards der Arbeit
- Leitsätze für multinationale Unternehmen
- Leitprinzipien für Wirtschaft und Menschenrechte
- Agenda 2030 für nachhaltige Entwicklung

Mindeststandards der Arbeit
International wurden vor rund 100 Jahren Mindeststandards zu vielen sozialen Themen durch die Internationale Arbeitsorganisation (International Labor Organization Standards, ILO/Internationale Arbeitsorganisation, IAO) definiert (Internationale Arbeitsorganisation 2020a). Die IAO wurde 1919 gegründet und ist eine Sonderorganisation der Vereinten Nationen.

Im Mittelpunkt der Mindeststandards der IAO steht das Thema Arbeit, insbesondere Rechte von Arbeitnehmern und die Bestandteile von Arbeitsverträgen. Konkret soll durch die Mindeststandards ein Ausgleich zwischen Arbeitgebern und Arbeitnehmern geschaffen werden mit Blick auf Fragen von Vereinigungsfreiheit und Kollektivverhandlungen, Beseitigung von Zwangsarbeit, Abschaffung von Kinderarbeit, Diskriminierungsverbot in Beschäftigung und Beruf. Diese vier Grundprinzipien bezeichnet man als Kernarbeitsnormen.

Im Jahr 1998 wurde die „Erklärung der IAO über grundlegende Prinzipien und Rechte bei der Arbeit und ihre Folgemaßnahmen" verabschiedet. Alle Mitgliedstaaten bekennen sich zu diesen Kernarbeitsnormen. Hierzu gehören konkret (Internationale Arbeitsorganisation 1998):

- Beseitigung der Zwangs- oder Pflichtarbeit
- Vereinigungsfreiheit und Schutz des Vereinigungsrechtes
- Vereinigungsrecht und Recht zu Kollektivverhandlungen
- Gleichheit des Entgelts
- Abschaffung der Zwangsarbeit
- Beseitigung der Diskriminierung in Beschäftigung und Beruf
- Mindestalter für die Zulassung zur Beschäftigung
- Verbot und unverzügliche Maßnahmen zur Beseitigung der schlimmsten Formen der Kinderarbeit

In die im Jahr 1999 kommunizierte „Agenda für menschenwürdige Arbeit" (Decent Work Agenda) hat die IAO die Ziele der Umsetzung der Kernarbeitsnormen integriert, ebenso strategische Ziele wie menschenwürdige Beschäftigungsmöglichkeiten mit ausreichendem Einkommen, Stärkung der sozialen Sicherheit sowie Stärkung des Dialogs zwischen den Sozialpartnern (Internationale Arbeitsorganisation 2020b).

Die im Jahr 2008 verabschiedete „Erklärung der IAO über soziale Gerechtigkeit für eine faire Globalisierung" (Internationale Arbeitsorganisation 2008) und die „Jahrhunderterklärung der IAO für die Zukunft der Arbeit" (Internationale Arbeitsorganisation 2019) im Jahr 2019 greifen aktuelle Herausforderungen der Arbeitswelt auf.

Der IAO gehören heute 187 Mitgliedstaaten der Welt an, 138 Mitgliedstaaten – darunter Deutschland – haben die IAO-Kernarbeitsnormen ratifiziert.

Leitsätze für multinationale Unternehmen
In den 1970er-Jahren hat die Organisation für wirtschaftliche Zusammenarbeit und Entwicklung (Organisation for Economic Co-operation and Development, OECD, Organisation für wirtschaftliche Zusammenarbeit und Entwicklung) „Leitsätze für multinationale Unternehmen" erarbeitet. Es handelt sich hierbei um einen Verhaltenskodex zu Themen wie Umweltschutz, Korruptionsbekämpfung oder Arbeit, ferner werden Hilfestellungen und Leitlinien definiert.

Bei den Leitsätzen handelt es sich um von OECD-Staaten sowie weiteren Nicht-Mitgliedstaaten anerkannte Standards für verantwortungsvolle Unternehmensführung. Die Leitsätze verpflichten die teilnehmenden Staaten, die auf ihrem Gebiet tätigen Unternehmen zur Einhaltung eben dieser zu verpflichten. Durch die sich aus Beachtung der Leitlinien ergebenden Inhalte werden wiederum Unternehmen beeinflusst, wenngleich die Standards selbst für Unternehmen nicht verbindlich sind. Adressaten der Leitsätze sind also faktisch Unternehmen, die in einem oder aus einem der teilnehmenden Staaten heraus multinational agieren, d. h. die im Ausland tätig sind.

Die aktuellste Fassung der Leitsätze stammt aus dem Jahr 2011 (Organisation für wirtschaftliche Zusammenarbeit und Entwicklung 2011). Die Staaten greifen zur Umsetzung ein umfassendes Spektrum an Inhalten auf. Konkret sind dies zum Beispiel die Themen:

- Menschenrechte
- Beschäftigung und Beziehungen zwischen den Sozialpartnern
- Umwelt
- Bekämpfung von Bestechung, Bestechungsgeldforderungen und Schmiergelderpressung
- Verbraucherinteressen
- Wissenschaft und Technologie
- Wettbewerb und Besteuerung

Die Umsetzung der OECD-Ziele in den Mitgliedstaaten erfolgt durch Nationale Kontaktstellen (NKS), die als Schnittstellen zu den Unternehmen fungieren. Neben der Informationsaufgabe und der Förderung der Einhaltung der Leitsätze dienen die NKS auch als Anlaufstelle für Beschwerden und Verstöße durch Unternehmen, Privatpersonen oder Organisationen gegen die Leitsätze und dienen dem Interessenausgleich der Akteure. Beschwerden werden nach Prüfung und etwaiger Lösung transparent kommuniziert. In Deutschland ist diese NKS seit dem Jahr 2001 beim Bundeswirtschaftsministerium angesiedelt, wobei durch einen über die Bundesministerien hinweg organisierten Arbeitskreis Abstimmungen stattfinden und auch externe Akteure zu Rat gezogen werden (Bundesministerium für Wirtschaft und Energie 2020b). Abgeschlossene Beschwerdefälle werden transparent kommuniziert (Bundesministerium für Wirtschaft und Energie 2020c).

Leitprinzipien für Wirtschaft und Menschenrechte
Einen besonderen Stellenwert auf internationaler Ebene nehmen die „Leitprinzipien für Wirtschaft und Menschenrechte" der Vereinten Nationen ein (United Nations 2011). Sie wurden 2011 vom Menschenrechtsrat der

Vereinten Nationen verabschiedet. In den „Leitprinzipien für Wirtschaft und Menschenrechte: Umsetzung des Rahmens der Vereinten Nationen: Schutz, Achtung und Abhilfe" werden auf Basis bestehender Menschenrechtsverpflichtungen Grundpfeiler definiert.

Die Leitprinzipien bauen auf drei zentralen Grundsätzen auf (Bundesministerium für Arbeit und Soziales 2020a):

- Schutz der Menschenrechte durch den Staat
- Respekt der Unternehmen vor den Menschenrechten
- Durchsetzung und Wiedergutmachung bzw. Abhilfe bei Verstößen

In diesen Leitprinzipien finden sich insgesamt 31 Prinzipien. Staatliche Schutzpflichten, unternehmerische Achtungspflichten sowie der Zugang zu Abhilfen sollen demnach im Zusammenspiel den Marktakteuren Möglichkeiten bieten, den Verpflichtungen nachzukommen. Staaten sollen aber auch direkt und unmittelbar im Sinne des Schutzes der Menschenrechte wirksame Politiken, Gesetzgebung und Regelungen implementieren. Hierzu gehört es ausdrücklich, von Unternehmen die Achtung von Menschenrechten einzufordern – durch Hilfestellungen, aber auch durch die Schaffung von Verbindlichkeiten. Wenn direkter staatlicher Einfluss besteht – bei Staatseigentum oder mittels Unterstützungsangeboten wie Exportgarantien oder Investitionsversicherungen – sei dies direkt umsetzbar. Unternehmen selbst müssen Strukturen und Verfahren zur Achtung von Menschenrechten schaffen, unabhängig ihrer Größe, Branche, Tätigkeitsgebiet oder beispielsweise Eigentumsverhältnisse.

Die Umsetzung der Leitlinien erfolgen in den Staaten durch sogenannte Nationale Aktionspläne (NAP). Auf den NAP in Deutschland gehe ich in Kürze noch ein wenig detaillierter ein.

Agenda 2030 für nachhaltige Entwicklung
Das aktuelle Herzstück der Nachhaltigkeitsstrategie auf globaler Ebene ist die „Agenda 2030 für nachhaltige Entwicklung" der Vereinten Nationen aus dem Jahr 2015. Diese hatte ich bereits erwähnt. Unter dem Titel „Transformation unserer Welt: Die Agenda 2030 für nachhaltige Entwicklung" hat die Staatengemeinschaft 17 Ziele (Sustainable Development Goals) mit 169 Unterzielen definiert, die Nachhaltigkeit international in allen Facetten verankern sollen und die gemeinschaftliche Verantwortung für die Zukunft manifestieren (United Nations 2015). Durch diesen Schritt hat die Staatengemeinschaft verschiedene Prozesse im Rahmen umwelt-, sozial-, oder wirtschaftspolitischer Belange auf ein Niveau gehoben.

4 Unternehmen im Alltag – was motiviert zur Nachhaltigkeit?

Die konkreten Ziele lauten (aufgrund ihrer Bedeutung verzeihen Sie mir sicherlich, dass ich alle 17 SDGs auflliste) (United Nations 2015, S. 15):

Ziel 1.	Armut in allen ihren Formen und überall beenden
Ziel 2.	Den Hunger beenden, Ernährungssicherheit und eine bessere Ernährung erreichen und eine nachhaltige Landwirtschaft fördern
Ziel 3.	Ein gesundes Leben für alle Menschen jeden Alters gewährleisten und ihr Wohlergehen fördern
Ziel 4.	Inklusive, gleichberechtigte und hochwertige Bildung gewährleisten und Möglichkeiten lebenslangen Lernens für alle fördern
Ziel 5.	Geschlechtergleichstellung erreichen und alle Frauen und Mädchen zur Selbstbestimmung befähigen
Ziel 6.	Verfügbarkeit und nachhaltige Bewirtschaftung von Wasser und Sanitärversorgung für alle gewährleisten
Ziel 7.	Zugang zu bezahlbarer, verlässlicher, nachhaltiger und moderner Energie für alle sichern
Ziel 8.	Dauerhaftes, inklusives und nachhaltiges Wirtschaftswachstum, produktive Vollbeschäftigung und menschenwürdige Arbeit für alle fördern
Ziel 9.	Eine widerstandsfähige Infrastruktur aufbauen, inklusive und nachhaltige Industrialisierung fördern und Innovationen unterstützen
Ziel 10.	Ungleichheit in und zwischen Ländern verringern
Ziel 11.	Städte und Siedlungen inklusiv, sicher, widerstandsfähig und nachhaltig gestalten
Ziel 12.	Nachhaltige Konsum- und Produktionsmuster sicherstellen
Ziel 13.	Umgehend Maßnahmen zur Bekämpfung des Klimawandels und seiner Auswirkungen ergreifen
Ziel 14.	Ozeane, Meere und Meeresressourcen im Sinne nachhaltiger Entwicklung erhalten und nachhaltig nutzen
Ziel 15.	Landökosysteme schützen, wiederherstellen und ihre nachhaltige Nutzung fördern, Wälder nachhaltig bewirtschaften, Wüstenbildung bekämpfen, Bodendegradation beenden und umkehren und dem Verlust der biologischen Vielfalt ein Ende setzen
Ziel 16.	Friedliche und inklusive Gesellschaften für eine nachhaltige Entwicklung fördern, allen Menschen Zugang zur Justiz ermöglichen und leistungsfähige, rechenschaftspflichtige und inklusive Institutionen auf allen Ebenen aufbauen
Ziel 17.	Umsetzungsmittel stärken und die globale Partnerschaft für nachhaltige Entwicklung mit neuem Leben erfüllen

Diese SGDs bilden den globalen Rahmen für eine nachhaltige Welt. Ein Indikatorenset soll die Umsetzungsschritte bis zum Jahr 2030 überwachen.

Die Agenda 2030 setzt bewusst nicht nur auf nationalstaatlicher Ebene an, sondern zielt im Sinne einer vielschichtigen Vorgehensweise auch auf Adressaten wie Kommunen, Private oder Unternehmen.

Die Berichterstattung der Länder erfolgt durch ein Hochrangiges politisches Forum für nachhaltige Entwicklung. In Deutschland wurden die globalen Nachhaltigkeitsziele in die Deutsche Nachhaltigkeitsstrategie aufgenommen.

Die SGDs diffundieren in immer mehr Bereiche der Wirtschaft, insbesondere auch was die Wahrnehmung anbelangt. Unternehmen weisen auf ihren Websites auf die Erfüllung von SGDs hin oder greifen in Geschäftsberichten hierauf zurück. Medienberichte zum Thema SGD nehmen stetig zu. Kampagnen sprießen aus dem Boden. Zumindest in der Wahrnehmung der SDGs hat sich das Thema Nachhaltigkeit in Deutschland in den letzten Jahren deutlich gesteigert.

4.3.3.2 Europäische Perspektive

Nachdem ich Ihnen einen kleinen Überblick über internationale ordnungspolitische Rahmenbedingungen aufgezeigt habe, möchte ich den Blick auf die Ebene der Europäischen Union (EU) werfen – bevor ich auf ausgewählte Themen in Deutschland zu sprechen komme. Neben den internationalen Rahmenwerken, die die Vielfalt an Ansatzpunkten von CSR auf breiter Ebene verdeutlichen, hat auch die EU gewichtigen Anteil daran, dass Unternehmensverantwortung stetig mehr in den Fokus rückt. Aktuell sehen und lesen Sie zum Beispiel überall vom Green Deal der EU. Dahinter steckt ein Aktionsplan der Staatengemeinschaft, um die EU klimaneutral zu machen und das Wirtschaftswachstum vom Ressourcenverbrauch abzukoppeln (Europäische Kommission 2020). Ab dem Jahr 2021 möchte die EU mit einem enormen Investitionsprogramm das Thema Klimaneutralität anpacken. Hierbei ist wichtig zu beachten, dass die Klimaschutzpolitik der EU in nahezu alle anderen Politikbereiche ausstrahlt.

Abstrahiert man von diesem aktuellen Thema und blickt in die Vergangenheit der EU und erweitert den Kontext vom Thema Klimapolitik hin zum umfangreicheren Kontext von Unternehmensverantwortung, CSR und Nachhaltigkeit, so muss man einige Jahre früher beginnen, um einen wesentlichen Teil der Entwicklung bis heute ansatzweise aufzuzeigen – nicht zuletzt mit Blick auf meine Argumentation einer zunehmenden ordnungspolitischen Relevanz.

Wesentlicher Aspekt auf Ebene der EU war im Jahr 2001 mit Veröffentlichung des Grünbuchs „Europäische Rahmenbedingungen für die soziale Verantwortung der Unternehmen" die Definition eines einheitlichen Verständnisses, wonach CSR ein Ansatz für Unternehmen sei, „... auf freiwilliger Basis soziale Belange und Umweltbelange in ihre Unternehmenstätigkeit und in die Wechselbeziehungen mit den Stakeholdern zu integrieren" (Europäische Kommission 2001, S. 7).

Zehn Jahre danach, im Jahr 2011, hat die Europäische Kommission die Mitteilung „Eine neue EU-Strategie (2011–14) für die soziale Verantwortung der Unternehmen (CSR)" verabschiedet, um die seit 2001 erreichten Fortschritte weiterentwickeln zu können. Dies war zugleich auch Reaktion auf die Thematisierung der CSR-Themen auf globaler Ebene, zum Beispiel durch die genannten OECD-Leitsätze für multinationale Unternehmen oder die Leitprinzipien für Wirtschaft und Menschenrecht. Die EU definierte nunmehr CSR, so wie Sie es zuvor bereits kennengelernt haben (Abschn. 3.2.2).

Einerseits betonte die Europäische Kommission die hohe Bedeutung von Flexibilität der Unternehmen, jedoch wurde andererseits neben dem Druck zur Wahrnehmung der eigenen Verantwortung durch Gewerkschaften oder Organisationen der Zivilgesellschaft explizit betont, dass Behörden und somit Politik eine unterstützende Funktion einnehmen sollten (Europäische Kommission 2011, S. 9). Letztere sollten „... dabei eine intelligente Kombination aus freiwilligen Maßnahmen und nötigenfalls ergänzenden Vorschriften einsetzen" (Europäische Kommission 2011, S. 9). Die Verbindlichkeit für Unternehmen, sich aktiv mit CSR zu beschäftigen, stieg vehement. Unabhängig davon gilt, dass schon durch die per Definition erfolgte Integration von Verantwortung in die Strategie des Unternehmens und das operative Wirken die Verbindlichkeit massiv gesteigert wurde (Martens und Kleinfeld 2018, S. 11).

Konkret nannte die Europäische Kommission Ziele wie die stärkere Sensibilisierung für CSR – zum Beispiel durch Multistakeholder-CSR-Plattformen oder durch Auszeichnungen, die Offenlegung von sozialen Informationen durch Unternehmen verbessern zu wollen oder CSR stärker in Aus- und Weiterbildung sowie Forschung zu integrieren. Aber auch durch Maßnahmen in den Bereichen Verbraucherschutz, öffentliches Auftragswesen und Investitionen sollten Anreize zur Implementierung von CSR gesetzt werden. Nicht zuletzt in dieser Konsequenz hat die EU zum Beispiel im Jahr 2014 zwei maßgebliche Themen angepackt: Hierzu gehörten die Richtlinie zur Offenlegung nicht-finanzieller Informationen/Richtlinie zur CSR-Berichterstattung sowie eine Reform des Vergaberechts.

Nach Verabschiedung der SDGs im Herbst 2015 festigte die EU ihre Auseinandersetzung mit CSR noch weiter. Sie wollte gemeinsam mit den Mitgliedstaaten bei der Etablierung der SDGs eine Vorreiterrolle einnehmen (Europäische Kommission 2016). Die Europäische Kommission sprach von einer „einmalige(n) Chance" und einem „europäischen Markenzeichen" (Europäische Kommission 2016, S. 21). Die EU sah hierbei insbesondere die Strategie Europa 2020 als bedeutend an, sie verwies auf bereits bestehende Erfolge und Fortschritte, betonte aber zugleich, dass die „Anstrengungen intensiviert und in allen Bereichen weitere gezielte Maßnahmen ergriffen werden" müssten (Europäische Kommission 2016, S. 4). Nicht zuletzt die zehn Kommissionsprioritäten leisten einen wichtigen Beitrag zur Agenda 2030 der Vereinten Nationen.

Inwieweit die CSR-Ziele Auswirkungen auf die gesamte Politik der EU haben sollen (ich hatte zuvor schon die Wirkung des Green Deals erwähnt) zeigt die Aussage, wonach nachhaltige Entwicklung „ein ganzheitliches, sektorübergreifendes politisches Konzept (erfordere), durch das sichergestellt werde, dass wirtschaftliche, soziale und ökologische Herausforderungen zusammen (im Sinne einer Querschnittsaufgabe) angegangen werden" (Europäische Kommission 2016, S. 17), letztlich auch als Teil der Außenpolitik der EU, um global das Ziel der Nachhaltigkeit zu realisieren. Letzten Ende sei es eine Frage der politischen Steuerung und der geeigneten Instrumente.

Die Rede war von der „Mobilisierung aller zur (…) Umsetzung erforderlichen Mittel" (Europäische Kommission 2016, S. 3). Dies bedeutet nicht zuletzt auch die Umschichtung von Haushaltsmitteln, was wiederum gravierendere Folgen mit sich bringt.

Der Europäische Rat schrieb hierzu, dass die bisherigen Überlegungen der Europäischen Kommission mit dem Titel „Auf dem Weg in eine nachhaltige Entwicklung" gar nur „als erster Schritt zur durchgängigen Berücksichtigung der Ziele" zu verstehen sei. Er begrüßte die „Heranziehung der nachhaltigen Entwicklung als wesentlichen Leitgrundsatz für alle Politikbereiche der EU" (Europäischer Rat 2017, S. 5). Hierzu zählte er auch Finanzierungsinstrumente, Beschaffungswesen und Partnerschaften mit der Wirtschaft sowie die Nutzung der Instrumente einer besseren Rechtsetzung. Der Europäische Rat betonte, dass Unternehmen der Privatwirtschaft bei der Umsetzung dieser „Transformationsagenda" eine bedeutende Rolle innehaben.

Diese Tendenz – der kurzzeitigeren Einbeziehung von Schritten gen einer nachhaltigen EU, nicht zuletzt durch das Hineindiffundieren in nahezu alle Politikbereiche – hat sich in den letzten Jahren drastisch beschleunigt. Auf die Entwicklungen rund um den Green Deal hatte ich bereits kurz verwiesen. Weiterer Umsetzungsschritt auf europäischer Ebene, der das Ziel verfolgt hat bzw. verfolgen wird, Unternehmensverantwortung verbindlicher in den Kontext zu bringen, ist (um ein Stichwort zu nennen) der Europäische Aktionsplan zur Finanzierung von nachhaltigem Wachstum. Gerade das Thema Finanzierung wird seitens der Regulatorik als wesentlicher Hebel angesehen. Hierauf gehe ich jedoch an späterer Stelle unter dem Stichwort der „Sustainable Finance" nochmals dezidierter ein. Und auch Themen wie ein europäisches Sorgfaltspflichtengesetz oder die Initiative für nachhaltige Unternehmensführung im Arbeitsprogramm der Europäischen Kommission für das Jahr 2021 zeigen in eine gleiche Richtung. Die EU nutzt den Wirkungskanal der Ordnungspolitik in immer stärkerem Maße zur Förderung der Unternehmensverantwortung.

4.3.3.3 Nationale Perspektive

Wenden wir uns einigen ordnungspolitischen Maßnahmen im Zuge des Kontext Unternehmensverantwortung hierzulande zu.

Auf nationaler Ebene hat die Bundesregierung im Jahr 2009 erstmals ein Nationales CSR-Forum einberufen (Bundesministerium für Arbeit und Soziales 2020b). 41 Akteure aus unterschiedlichsten Bereichen setzten sich gemeinsam mit Fragen rund um den Verantwortungskomplex der Wirtschaft auseinander. Ergebnis war ein Empfehlungsbericht inklusive Hinweis auf Erarbeitung einer Nationalen CSR-Strategie mit konkreten Inhalten (Bundesministerium für Arbeit und Soziales 2010).

Der Empfehlungsbericht des Nationalen CSR-Forums beinhaltet sechs Aktionsfelder, namentlich:

- Glaubwürdigkeit und Sichtbarkeit von CSR
- Förderung der Verbreitung des Themas CSR, insbesondere auch bei KMU
- Integration von CSR in Bildung, Qualifizierung, Wissenschaft und Forschung
- Stärkung von CSR in internationalen und entwicklungspolitischen Zusammenhängen
- Beitrag von CSR zur Bewältigung gesellschaftlicher Herausforderungen
- Schaffung eines CSR-förderlichen Umfelds

In der Folge globaler Veränderungen im Bereich CSR und Nachhaltigkeit auf europäischer Ebene folgte die Weiterentwicklung der CSR-Strategie. In der Weiterentwicklung wurde jedoch anstelle von Freiwilligkeit zur Verantwortungsübernahme davon gesprochen, Unternehmen konkret aufzufordern, Verfahren zu entwickeln, um möglich schädliche Folgen unternehmerischen Handelns nicht nur zu entdecken, sondern zu verhindern oder abzumildern. Das federführende Bundesministerium für Arbeit und Soziales sprach damals davon, die Nationale CSR-Strategie weiterzuentwickeln und Deutschland in einer Vorreiterrolle zu sehen (Bundesministerium für Arbeit und Soziales 2020c). Zwei nicht wenig beachtete Schritte waren infolge europäischer Zielsetzungen die Umsetzung der CSR-Richtlinie 2016, die zum Beispiel vorsah, dass betroffene Unternehmen im Rahmen ihrer Publizitätspflichten unter anderem nichtfinanzielle Informationen offenlegen müssen, beispielsweise zu den Themen Menschenrechte, Umwelt-, Sozial- und Arbeitnehmerbelange, Korruptionsbekämpfung und andere. Die Reform des Vergaberechts erfolgte gleichfalls im Jahr 2016.

Auch mit Blick auf internationale Rahmenwerke findet eine stetige Weiterentwicklung der CSR-Strategie in Deutschland statt. So hat die Bundesregierung Ende des Jahres 2016 im Zuge der „Leitprinzipien für Wirtschaft und Menschenrechte" – diese haben Sie bereits kennengelernt – den für Deutschland relevanten „Nationalen Aktionsplan für Wirtschaft und Menschenrechte (NAP)" verabschiedet. Hierin wird die Privatwirtschaft aufgefordert, den ihr obliegenden Sorgfaltspflichten in Sachen Menschenrechte entlang globaler Liefer- und Wertschöpfungsketten nachzukommen. Die Bundesregierung formuliert sogar, sie „… erwartet von allen Unternehmen … der unternehmerischen Sorgfalt mit Bezug auf die Achtung der Menschenrechte in angemessener Weise …" (Bundesministerium für Arbeit und Soziales 2020d) nachzukommen. Zwar wird bei Umfang und Komplexität nach Größe, Sektor, operativem Umfeld oder Eigentumsverhältnissen differenziert bei den Anforderungen im NAP, jedoch sind Maßnahmen zu treffen. Hierzu gehört neben einer Grundsatzerklärung zur Achtung der Menschenrechte und dem öffentlichen Bekenntnis „… die Einrichtung eines Verfahrens, das dazu dient, potenziell nachteilige Auswirkungen unternehmerischen Handelns auf die Menschenrechte zu ermitteln, zu verhüten oder zu mindern" (Bundesregierung 2017, S. 8). Weiterhin sind Maßnahmen zu ermitteln und in die Geschäftstätigkeiten zu integrieren, seien es Schulungen, Anpassung bestimmter Managementprozesse oder gar Veränderungen in der Lieferkette. Weitere Aspekte sind die Berichterstattung sowie ein Beschwerdemechanismus.

Die Bundesregierung kündigte bereits mit der Veröffentlichung des NAP eine Überprüfung der Zielerreichung an, wobei im Falle nicht hinreichender Umsetzungserfolge oder der Tatsache, dass bis zum Jahr 2020 nicht mindestens die Hälfte der in Deutschland ansässigen Unternehmen mit über 500 Beschäftigten die relevanten Elemente menschenrechtlicher Sorgfalt des NAP implementiert hätten, „weitergehende Schritte bis hin zu gesetzlichen Maßnahmen" (Bundesregierung 2017, S. 10) geprüft werden sollten.

Die Evaluation des NAP Ende Oktober 2020 hat ergeben, dass lediglich 13 bis 17 % der betrachteten Unternehmen die NAP-Anforderungen erfüllten, weitere 10 bis 12 % seien auf dem Weg dorthin. Die Anforderungen der Bundesregierung auf eine Erfüllungsquote von 50 % wurden verfehlt (Auswärtiges Amt 2020). Seit Sommer des Jahres 2020 befand sich zudem ein „Entwurf für Eckpunkte eines Bundesgesetzes über die Stärkung der unternehmerischen Sorgfaltspflichten zur Vermeidung von Menschenrechtsverletzungen in globalen Wertschöpfungsketten (Sorgfaltspflichten-Gesetz)", auch „Lieferkettengesetz" genannt, im politischen Prozess. Mit dem Gesetz verfolgen die federführenden Bundesministerien für Arbeit und Soziales sowie für wirtschaftliche Zusammenarbeit und Entwicklung das Ziel, dass Unternehmen mit Sitz in Deutschland und mit mehr als 500 Beschäftigten unter anderem Prozessstandards einrichten müssen, um ihrer Verantwortung in ihren Wertschöpfungsketten gerecht zu werden. Anfang Dezember 2020 haben sich die EU-Mitgliedstaaten ferner für ein europäisches Sorgfaltspflichtengesetz ausgesprochen und an die Europäische Kommission die Forderung formuliert, unter anderem einen EU-Rechtsrahmen zur Förderung unternehmerischer Sorgfaltspflichten entlang globaler Lieferketten zu regeln (Bundesministerium für Arbeit und Soziales 2020e).

Bereits Mitte des Jahres 2018 verabschiedete das Nationale CSR-Forum unter Einbindung von Verbänden, Gewerkschaften, Kammern und Zivilgesellschaft den „Berliner CSR-Konsens zur Unternehmensverantwortung in Liefer- und Wertschöpfungsketten". Damit sollte ein Orientierungsrahmen für unternehmerische Sorgfalt gegeben werden (Bundesministerium für Arbeit und Soziales 2018). Neben international wichtigen Standards werden Führungs- und Managementprinzipien, ferner wesentliche Elemente eines verantwortlichen Managements von Liefer- und Wertschöpfungsketten genannt wie Verständnisentwicklung, Risikoanalyse, Maßnahmendefinition und -durchführung oder der Umgang mit Beschwerden. Die unterzeichnenden Akteure bestätigen, die Bundesregierung beim Umsetzungsprozess der SDGs sowie den „Leitprinzipien für Wirtschaft und Menschenrechte" zu unterstützen.

Zuletzt wurde die gesamte deutsche Nachhaltigkeitsstrategie mit Blick auf die Agenda 2030 der Vereinten Nationen weiterentwickelt. Im Oktober 2020 hat die Bundesregierung einen Entwurf vorgelegt, die Ergebnisse wurden im Frühjahr des Jahres 2021 vorgelegt (Bundesregierung 2021).

4.3.3.4 Berichterstattung

In Erweiterung des ordnungspolitischen Rahmens lassen Sie mich noch auf das Thema Berichterstattung eingehen. Dem liegt der Ansatz zugrunde, Nachhaltigkeit und CSR durch Transparenz und Vergleichbarkeit von Leistungen zu fördern. Es ist stets eine wesentliche Zielsetzung unterschiedlicher ordnungspolitischer Rahmenwerke, Transparenz und Qualität in das Themenfeld Nachhaltigkeit zu bringen. Transparenz kann einerseits für Unternehmen Anreiz bieten, Maßnahmen zu initiieren oder zu analysieren, andererseits kann durch den Vergleichscharakter mittels einer Benchmark zu Wettbewerb und Leistung – und somit zu eigener Thematisierung oder gar Verbesserung – animiert werden. Die Gewährleistung von Qualitäten, zum Beispiel durch Zertifikate, trägt dafür Sorge, dass adäquate Zielsetzungen verwirklicht werden.

In diesem Kontext kommt den zahlreichen Berichtsstandards sowie Zertifikaten und Siegeln im Bereich von Nachhaltigkeit und CSR eine besondere Rolle zu. Es gibt eine enorme Vielfalt an Standards, je nach Branche, Unternehmensgröße, Region, Themenfeld, sodass fortfolgend lediglich drei ausgewählte Berichtsstandards kurz genannt werden:

- Global Compact
- Global Reporting Initiative
- Deutscher Nachhaltigkeitskodex

Global Compact (GC)
Im Jahr 1999 wurde der Global Compact (GC) durch die Vereinten Nationen ins Leben gerufen. Der GC ist eine Selbstverpflichtung für nachhaltige Ziele auf Grundlage internationaler völkerrechtlicher Normen zu den Themen Menschenrechte, Arbeitsnormen, Umweltschutz und Korruptionsprävention. Insgesamt definiert der GC zehn Ziele (Deutsches Global Contact Netzwerk 2020a):

- Unternehmen sollen den Schutz der internationalen Menschenrechte unterstützen und achten.
- Unternehmen sollen sicherstellen, dass sie sich nicht an Menschenrechtsverletzungen mitschuldig machen.
- Unternehmen sollen die Vereinigungsfreiheit und die wirksame Anerkennung des Rechts auf Kollektivverhandlungen wahren.

- Unternehmen sollen für die Beseitigung aller Formen von Zwangsarbeit eintreten.
- Unternehmen sollen für die Abschaffung von Kinderarbeit eintreten.
- Unternehmen sollen für die Beseitigung von Diskriminierung bei Anstellung und Erwerbstätigkeit eintreten.
- Unternehmen sollen im Umgang mit Umweltproblemen dem Vorsorgeprinzip folgen.
- Unternehmen sollen Initiativen ergreifen, um größeres Umweltbewusstsein zu fördern.
- Unternehmen sollen die Entwicklung und Verbreitung umweltfreundlicher Technologien beschleunigen.
- Unternehmen sollen gegen alle Arten der Korruption eintreten, einschließlich Erpressung und Bestechung.

Bekennen zum GC können Unternehmen sich freiwillig unter bestimmten Voraussetzungen durch Anerkennung dieser Prinzipien sowie durch Berichterstattung zu den Auseinandersetzungen mit den Themen. Nicht zuletzt dadurch, dass im Netzwerk des GC agierende Unternehmen – gemeinsam mit Nichtregierungsorganisationen, Verbänden, Institutionen oder Kommunen – im Austausch stehen oder voneinander lernen, wird erhofft, dass dank des Informationsaustauschs die Teilnehmer partizipieren (Hößle 2018, S. 109 f.).

Der GC gehört zu den größten Initiativen weltweit, ihm gehören rund 12.000 Unternehmen (Dezember 2020) sowie weitere Akteure aus Zivilgesellschaft, Wissenschaft und Politik aus rund 160 Staaten an (United Nations 2020). Zum Deutschen Global-Compact-Netzwerk (DGCN) gehören mehr als 500 Betriebe und weitere 60 Institutionen (Dezember 2020) (Deutsches Global Contact Netzwerk 2020b).

Global Reporting Initiative (GRI)
Ein international anwendbarer freiwilliger Standard zur Berichterstattung über die Wahrnehmung unternehmerischer Verantwortung ist das Rahmenwerk der Global Reporting Initiative (GRI) (Global Reporting Initiative 2020). Die Richtlinien des GRI dienen Unternehmen, Regierungen oder Nichtregierungsorganisationen dazu, Nachhaltigkeitsberichte zu erstellen. Hierdurch soll Transparenz geschaffen, ferner sollen durch die Vergleichbarkeit Anreize gesetzt werden. 1999 wurde der erste Entwurf vorgestellt, seit erstmaliger Einführung im Jahr 2002 fanden regelmäßig Anpassungen und Aktualisierungen der Standards statt.

Deutscher Nachhaltigkeitskodex (DNK)
Der Deutsche Nachhaltigkeitskodex (DNK) bietet eine Orientierung für Unternehmen im Bereich Nachhaltigkeit (Deutscher Nachhaltigkeitskodex 2020a). Er ist aus meiner Praxis heraus gerade für kleine und mittelständische Unternehmen hierzulande der perfekte Einstieg, um sich mit dem Thema der Nachhaltigkeitsberichterstattung zu beschäftigen.

Er umfasst hierbei insgesamt 20 Kriterien rund um die Themen Ökologie, Soziales und Unternehmensführung. Eine Übersicht der Kriterien finden Sie anbei (Deutscher Nachhaltigkeitskodex 2020b):

Kriterium 1:	Strategie
Kriterium 2:	Wesentlichkeit
Kriterium 3:	Ziele
Kriterium 4:	Tiefe der Wertschöpfungskette
Kriterium 5:	Verantwortung
Kriterium 6:	Regeln und Prozesse
Kriterium 7:	Kontrolle
Kriterium 8:	Anreizsysteme
Kriterium 9:	Beteiligung von Anspruchsgruppen
Kriterium 10:	Innovations- und Produktmanagement
Kriterium 11:	Inanspruchnahme natürlicher Ressourcen
Kriterium 12:	Ressourcenmanagement
Kriterium 13:	Klimarelevante Emissionen
Kriterium 14:	Arbeitnehmerrechte
Kriterium 15:	Chancengerechtigkeit
Kriterium 16:	Qualifizierung
Kriterium 17:	Menschenrechte
Kriterium 18:	Gemeinwesen
Kriterium 19:	Politische Einflussnahme
Kriterium 20:	Gesetzes- und richtlinienkonformes Verhalten

Im Jahr 2011 wurde der DNK erstmals erarbeitet, seitdem aktualisiert. Der DNK stellt eine Selbstverpflichtung dar und schafft zugleich einen anwendbaren Standard und hierdurch Transparenz unternehmerisch realisierter Maßnahmen zu den genannten Themen.

Der Rat für Nachhaltige Entwicklung (RNE) bietet einen Leitfaden zur Unterstützung bei Umsetzung der Maßnahmen (Rat für Nachhaltige Entwicklung 2020). Durch den DNK bekommen Unternehmen Unterstützung für die Berichterstattung nicht-finanzieller Leistungen und somit die Möglichkeit, in die entsprechende Berichterstattung einzusteigen oder ein Nachhaltigkeitsmanagement aufzubauen. Der DNK kann zur Erfüllung von Berichtspflichten im Zusammenhang mit CSR-Berichtspflichten (CSR-Richtlinien-Umsetzungsgesetz) oder dem NAP genutzt werden (Deutscher Nachhaltigkeitskodex 2020c).

4.3.4 Wirkungskanal Ordnungspolitik: Schlussfolgerung

Auf internationaler, europäischer und nationaler Ebene gibt es unterschiedliche Ansatzpunkte, die das Thema Unternehmensverantwortung und Nachhaltigkeit in allen Handlungsfeldern auf die Agenda heben. Zu beachten bitte ich abermals, dass die zuvor genannten Aspekte lediglich eine Auswahl an ordnungspolitischen Regelungen erfassen, eine umfassende und aktuelle Übersicht ist in der Folge der Vielfalt und Dynamik kaum möglich.

Zwei Feststellungen sollten Sie sich aus diesem Abschnitt merken:

Zum Ersten führt die Implementierung von Nachhaltigkeit und CSR durch den Wirkungskanal der Ordnungspolitik nicht zuletzt durch den Ansatz der „Nutzung" von Bereichen der Entwicklungshilfe-, Umwelt-, Arbeitsmarkt- oder Finanzmarktpolitik dazu, dass das „System" des hiesigen Wirkungskanals stets engmaschiger wird. Es zeigt sich eine immer stärkere Durchdringung von gesellschaftlich relevanten Themenfeldern. Bestes Beispiel ist der aktuelle Green Deal auf Ebene der EU. Aber auch internationale Rahmen wie die Nachhaltigkeitsziele der Vereinten Nationen oder die Leitprinzipien für Wirtschaft und Menschenrechte führen zu Entscheidungen in den einzelnen Ländern mit dem Ziel der Stärkung der Verantwortungsübernahme durch die Wirtschaft. Regelwerke in Sachen CSR-Berichtspflicht, Vergaberecht oder ebenda aktuell im Kontext eines Lieferkettengesetzes sind aber meiner Ansicht nach immer noch „nur" erste Schritte. Aktuell befinden wir uns in einer Phase der konsequenten Verknüpfung bestehender Rahmenwerke und der gegenseitigen Befruchtung. Die Politik will – und wird – das Thema Nachhaltigkeit weiter mithilfe des Wirkungskanals der Ordnungspolitik forcieren. Die Frage der „freiwilligen" Befassung von Unternehmen mit Nachhaltigkeit ist hierbei im Übrigen aus meiner Sicht lange entschieden. Spätestens seit dem Jahr 2011 und der Definition von CSR durch die Europäische Kommission ist dies überholt – wenngleich zum Beispiel das Thema aus Sicht von Institutionen aus Wirtschaft, Politik und Zivilgesellschaft noch ambivalent diskutiert wird (Genders 2020a, S. 380 ff.).

> **Merke!**
> Regelwerke auf internationaler, europäischer und nationaler Ebene der letzten Jahre zeigen eine immer stärkere Priorisierung von Maßnahmen innerhalb des Wirkungskanals der Ordnungspolitik, um Unternehmen in Richtung nachhaltigem und CSR-konformem Handeln zu aktivieren.

Zum Zweiten zeigt sich meiner Ansicht nach (auch durch dieses engmaschigere „Netz" ordnungspolitischer Regelwerke) eine erhöhte Dynamik des Wirkungskanals Ordnungspolitik. Ordnungspolitik war schon immer Treiber von Nachhaltigkeit und CSR, nicht zuletzt weil sie den Rahmen für Märkte schafft, jedoch hat sich die Intensität, mithilfe derer das Thema Unternehmensverantwortung durch Träger der Wirtschaftspolitik in den letzten Jahren angegangen wurde, meiner Einschätzung nach deutlich beschleunigt. Was im engeren Sinne und in Bezug auf das Thema Compliance als Teil von CSR und Nachhaltigkeit bezogen gilt, das hat auch darüber hinaus in Bezug auf zahlreiche weitere Regelungen und Rahmenwerke Gültigkeit. Es entstehen mehr und mehr Ansatzpunkte, um die CSR-Handlungsfelder Arbeitsplatz, Gemeinwesen, Ökonomie und Ökologie in den Fokus unternehmerischer Entscheidungen zu rücken. Nicht zuletzt durch normative Grundlagen wird Verantwortungsübernahme gefördert. Selbst diejenigen, die CSR infolge einer sich von meinem Verständnis unterscheidenden Definition von CSR als Imageförderung verstehen (Schick 2014, S. 63), anerkennen, dass sich das Kerngeschäft von Unternehmen durch ordnungspolitische Faktoren ändert. Ich möchte zusammenfassend sogar behaupten: Der Wirkungskanal Ordnungspolitik kann als der dominierende Treiber für Nachhaltigkeit und CSR in den letzten Jahren angesehen werden – und aus aktueller Sicht wird sich diese Entwicklung fortsetzen.

Nicht vertiefend eingehen möchte ich infolge der ansteigenden Intensität ordnungspolitischer Aspekte zur Förderung von Nachhaltigkeit auf den Kontext von Bürokratie und Bürokratismus – wenngleich dies naheliegend wäre. Das Betroffenheitsargument und die bürokratische Belastung von Unternehmen sind sicherlich nicht zu vernachlässigen. Hierauf gehe ich jedoch in Kap. 8 ein.

Für Sie ist entscheidend: Der Wirkungskanal Ordnungspolitik zur Förderung von Nachhaltigkeit und CSR gewinnt an Relevanz. Hierbei tangiert Ordnungspolitik nicht nur die Wirkungsmechanismen auf Märkten. Sie wird zusehends auch für Unternehmen zur „Licence to operate", zur Legitimationsgrundlage für unternehmerisches Handeln und zur Existenzgrundlage.

4.4 Wirkungskanal Markt

Im vorherigen Abschn. 4.3 stand der Wirkungskanal Ordnungspolitik im Mittelpunkt. Ich habe Ihnen eine Auswahl an Ansätzen aufgezeigt, die auf Unternehmen einwirken, damit diese sich mit dem Thema Nachhaltigkeit und CSR beschäftigen. Gleichfalls wollte ich Ihnen verdeutlichen, dass meiner Einschätzung nach der Aspekt Unternehmensverantwortung auf allen Ebenen – von international bis national – an Bedeutung gewonnen hat, nicht zuletzt durch eine immer tiefere Durchdringung unterschiedlichster Themenfelder mit Nachhaltigkeit. Durch ordnungspolitische Rahmenbedingungen, Gesetze und Regelungen wird in immer größerem Umfang darauf hingewirkt, dass Unternehmen sich mit Fragen der eigenen Unternehmensverantwortung beschäftigen – ob sie wollen oder nicht. Im Extremfall wird bei Nichtbeachtung die Legitimation entzogen.

Im Mittelpunkt von Abschn. 4.4 steht der zweite Wirkungskanal der Nachhaltigkeit: der Markt.

Wie ich erwähnt habe, besteht ein enger Zusammenhang zwischen beiden Wirkungskanälen nicht zuletzt deswegen, weil mithilfe der Ordnungspolitik Rahmenbedingungen auf Märkten definiert und somit die Aktivitäten auf Märkten beeinflusst werden (vgl. Abb. 4.1). Dennoch lohnt sich, wie ich zuvor erwähnt habe, diese Differenzierung. Neben den bereits erwähnten didaktischen Gründen mit Blick auf die Empfehlungen des Buches (Kap. 8) unterscheiden sich die beiden Wirkungskanäle mit Blick auf die Motivation, die dem verantwortungsvollen Handeln von Unternehmen und somit der Auseinandersetzung mit Nachhaltigkeit und CSR zugrunde liegen. Der Wirkungskanal Ordnungspolitik definiert den Rahmen für Marktmechanismen, ihm liegt mit Blick auf die Motivation stets eine Art Erfüllungsgedanke von Verhaltensregelungen und Erwartungshalten aus Sicht der adressierten Unternehmen zu Grunde. Unternehmen agieren innerhalb des Wirkungskanals Ordnungspolitik nachhaltig aufgrund von Normen, Regelungen und Vorgaben, weil sie sollen bzw. müssen. Die Handlung ist hierbei extrinsisch motiviert.

Anders verhält es sich beim Wirkungskanal Markt. Unternehmen agieren aus unternehmerischen Zielen und Motiven heraus. Diese Frage der Motivation spielt im Übrigen beim Thema des Buches, der Gier, eine nicht unerhebliche Rolle. Egoistisches Verhalten ermöglicht Unternehmen, ihre Ziele zu verwirklichen. Insofern ist das Agieren auf Märkten das natürliche Terrain der Unternehmen, auf dem sie sich freiwillig bewegen, um ihre Gier zu befriedigen. Und eben diese Freiheit im bestehenden Rahmen scheint mir ein Ansatzpunkt, um die Grundprinzipien der beiden Wirkungskanäle Ordnungspolitik und Markt voneinander zu unterscheiden. Erstgenannter motiviert Unternehmen durch gesetzte Rahmenbedingungen (extrinsisch). Zweitgenannter Wirkungskanal wiederum motiviert Unternehmen aus sich heraus, da ein Unternehmen per Definition in Märkten agiert. Der Befassung mit Nachhaltigkeit und CSR liegt im zweiten Fall eine intrinsische Motivation zugrunde.

> **Merke!**
> Der Wirkungskanal Markt wird zum einen durch den Wirkungskanal der Ordnungspolitik gestaltet. Zugleich schafft Ordnungspolitik eine extrinsische Motivation für Unternehmen, sich mit Unternehmensverantwortung zu befassen. Die Motivation zu Nachhaltigkeit und CSR aus Sicht der Unternehmen im Wirkungskanal Markt liegt andererseits ebenda nicht in der Beachtung von Regelungen, sondern in der Ergreifung von Chancen und in einer intrinsischen Motivation begründet.

Wenden wir uns also dem Wirkungskanal Markt zu.

Aber zunächst die Frage: Was sind Märkte eigentlich? Ganz allgemein gesprochen sind Märkte Orte, an denen ein Anbieter auf einen Nachfrager trifft. Beide Marktteilnehmer haben unterschiedliche Interessen und möchten ein Gut (zum Beispiel ein Produkt, eine Ware oder eine Dienstleistung) tauschen. Wenn Sie im Supermarkt an der Kasse stehen, tauschen Sie die Ware in Ihrem Einkaufswagen gegen Geld, welches eine akzeptierte Gegenleistung des Nachfragers für die Ware des Anbieters ist (wir befinden uns ja zumeist nicht mehr in einer Tauschwirtschaft, indem Ware direkt gegen Ware getauscht wird). Dieser Tausch sorgt letztlich für eine Befriedigung beider Marktteilnehmer. Laut der klassischen ökonomischen Theorie sorgt der Marktmechanismus insgesamt für eine Verteilung der Güter zu denjenigen Teilnehmern, die den höchsten Nutzen aus einem Gut ziehen können (und dadurch am meisten dafür zahlen). Und er bedingt im Idealfall eine optimale Verteilung von Gütern. Nun ist diese Funktions- und Wirkungsweise von Märkten eine theoretische Überlegung in den Wirtschaftswissenschaften und sowohl in der Theorie als auch in der Praxis funktioniert dieser Mechanismus nicht immer (man spricht dann zum Beispiel beim Nichtfunktionieren von Märkten vom sogenannten Marktversagen; hierauf gehe ich später an anderer Stelle nochmals ein), hier soll dies jedoch in Sachen Erklärung eines Marktes genügen. Märkte sind also sehr vereinfacht gesagt Tauschorte.

Solche Tauschorte gibt es wiederum in Vielzahl. Man unterscheidet Märkte nach unterschiedlichen Gesichtspunkten. Es gibt zum Beispiel regionale Unterscheidungen. Denken Sie an einen nationalen Markt, an den europäischen Binnenmarkt oder an den globalen Weltmarkt. Die Unterteilung nach ihrer Funktionalität ermöglicht eine zweite Betrachtung von Märkten: Der Beschaffungs- oder der Absatzmarkt sind zwei Beispiele hierfür. Auch Onlinemärkte sind etwas anderes als stationäre Märkte, wenn Sie etwa an den Einzelhandel denken. Märkte lassen sich weiterhin auch nach ihren Typen unterscheiden. Denken Sie einen offenen Markt mit freiem Zugang für Unternehmen oder alternativ an geschlossene Märkte wie mit Zollbarrieren versehene Absatzmärkte in anderen Ländern. Oder denken Sie an ausgewählte Studienplätze, die mittels eines Numerus Clausus eine Barriere, Zutrittsbeschränkung, zur Universität erzeugen. Als weiteres, viertes Unterscheidungskriterium lassen sich Märkte nach ihrer Art unterscheiden, d. h. nach dem dort gehandelten Produkt. Hier möchte ich stellvertretend den Kapitalmarkt, den Arbeitsmarkt, den Konsumgütermarkt oder den Immobilienmarkt nennen.

Auf welchen Märkten spielt nun Unternehmensverantwortung, Nachhaltigkeit oder CSR eine Rolle? Ganz einfache Antwort: auf jedem Markt! Egal welche Definition von Märkten Sie zugrunde legen, immer dann, wenn (in diesem Falle) Unternehmen auf einem Markt agieren, kommen diese nicht um ihre Verantwortung herum.

Ich möchte Ihnen im Folgenden in den Abschn. 4.4.1 bis 4.4.5 – stets mit Blick auf die Frage des Wirkungskanals – einige Beispiele aufzeigen, wie mittels des Marktmechanismus auf unterschiedlichen Märkten Unternehmen quasi unausweichlich mit Nachhaltigkeit, CSR und der eigenen Verantwortung für die relevante Gesellschaft konfrontiert werden. Unternehmen können auf diesen Märkten als Anbieter oder Nachfrager, in Abhängigkeit der aufgezeigten Beispiele, auftreten. Denken Sie immer daran, zwar definiert die Ordnungspolitik unter anderem die Bedingungen auf diesen Märkten, entscheidend ist jedoch mit Blick auf den hiesigen Wirkungskanal Markt die von ihm ausgehende Förderung der Befassung der Unternehmen mit Nachhaltigkeit aus ihrem unternehmerischen Wirken heraus. Für beide Facetten, die Gestaltung der Märkte durch ordnungspolitische Maßnahmen, als auch die Marktwirkungen selbst greife ich aktuelle Themen auf.

Die nachfolgenden Beispiele zeigen, welche Themenvielfalt aus den vier CSR-Handlungsfeldern auf Unternehmen einwirkt.

Konkret möchte ich im Folgenden auf folgende Märkte eingehen:

- Konsumgütermarkt (Beziehung Unternehmen – Konsument)
- Zuliefermarkt (Beziehung Unternehmen – Unternehmen)
- Kapitalmarkt (Beziehung Unternehmen – Kapitalanbieter)
- Arbeitsmarkt (Beziehung Unternehmen bzw. Arbeitgeber – Arbeitnehmer)
- Bildungsmarkt

Diese Auswahl an Märkten bietet eine optimale Gelegenheit, um in wesentlicher Art und Weise zu verdeutlichen, welche Bedeutung Nachhaltigkeit und CSR spielen.

4.4.1 Konsumgütermarkt

Auf dem Konsumgütermarkt stehen sich vereinfacht gesagt Anbieter von Gütern (Unternehmen) und Nachfrager (Konsumenten) gegenüber. Wir haben einen sogenannten B2C-Markt (Business to Customer) vorliegen.

Konsumgüter sind ihrer Art nach hierbei vielschichtig und reichen von Verbrauchsgütern wie Lebensmittel, Körperpflege oder Medikamenten bis hin zu Gebrauchsgütern wie Möbel, Autos, Elektronik oder Kleidung.

Nun überlegen Sie doch einmal für sich selbst: Achten Sie beim Einkauf Ihrer Konsumgüter auf Nachhaltigkeit im Sinne eines der vier Handlungsfelder von CSR (zur Erinnerung: Arbeitsplatz, Gemeinwesen, Ökonomie und Ökologie)? Wo wurden Güter hergestellt und unter welchen Bedingungen? Wie werden die Geschäftspartner vor Ort behandelt? Gab es umwelt- und klimafreundliche Produktionsbedingungen? Sind sie eventuell regional produziert? Wie wurden sie andernfalls nach Deutschland transportiert? Wie ist die Ware verpackt? Was passiert mit dem Produkt nach Ende der Nutzungsdauer? Einerseits achten Sie vielleicht (hoffentlich) bei einigen Gütern auf solche Fragen, bei manch anderen Einkäufen tun Sie dies andererseits sicherlich nicht. Richtig? Auch wenn Sie sich jetzt vielleicht dabei ertappt fühlen, dass Sie vielleicht zu selten „nachhaltig" denken beim Einkauf, dann möchte ich Ihnen zwei Sachen mitgeben: Zum Ersten zeigt schon die Tatsache, dass Sie sich ertappt fühlen, dass Sie im tiefsten Inneren die Thematik erkannt haben. Und zweitens stehen Sie keineswegs alleine dar. Für rund die Hälfte der Konsumenten in Deutschland spielen nachhaltige Aspekte bestenfalls eine geringe Entscheidung bei der eigenen Kaufentscheidung (Statista 2019, S. 10). Hier scheint also noch Luft nach oben.

Aber die Welt verändert sich. Verantwortung, Nachhaltigkeit und die Handlungsfelder von CSR spielen eine immer wichtigere Rolle auf dem Konsumgütermarkt. Die genannten Fragen stellen sich Konsumenten wie Sie und ich immer häufiger bei immer mehr Produkten. Ohne Zweifel greift auch der ordnungspolitische Wirkungskanal auf den Konsumgütermarkt ein – denken Sie an gesetzliche Regelungen zur Rückgabe von Elektrogeräten oder an das Verbot von Einwegplastik in Deutschland ab dem Jahr 2021 – aber auch der Konsument an sich sorgt dafür, dass der Wirkungskanal Markt auf Unternehmen im Sinne einer intrinsischen Motivation von Unternehmen durch das Agieren auf Märkten einwirkt. Die Nachfrage steuert in diesem Fall das Angebot.

Vernachlässigen wir bitte das Argument, dass nur derjenige auf Nachhaltigkeit beim Einkauf Wert legen könne, der ein entsprechendes Einkommen hat. Ja, dies ist richtig. Aber: Nachhaltiger Konsum muss nicht teuer sein. Und Nachhaltigkeit gewinnt an Bedeutung im Konsumgüterbereich. Dies gilt für eine ganze Reihe von Produkten. Klassiker sind hierbei sicherlich Textilien oder Nahrungsmittel. Mediale Berichterstattungen über Fehlverhalten von Unternehmen – bis hin zu menschlichen Tragödien der letzten Jahre – sorgen zu Recht für ein zunehmendes Bewusstsein gerade bei diesen Produkten. Laut einer Umfrage von PricewaterhouseCoopers werden in Deutschland nachweislich Produkte mit weniger Verpackung und ohne Plastik bevorzugt. Ebenso spielt die Herkunft eine Rolle. Und für eine umweltfreundlichere Lieferung wären die Verbraucher ferner bereit, einen höheren Preis zu zahlen (PricewaterhouseCoopers 2020a). Ethik und Moral mit Blick auf Bio-Erzeugung, Tierwohl oder fairer Handel sind in größerem Maße von Bedeutung. Allein in Deutschland hat sich der Umsatz mit Bio-Produkten seit dem Jahr 2000 auf zuletzt knapp 12 Mrd. Euro fast versechsfacht (Bund Ökologische Lebensmittelwirtschaft e. V. 2020, S. 25). Zwar besteht gemessen am Gesamtmarkt des Lebensmittelumsatzes mit einem Marktanteil der Bio-Produkte von in Deutschland zuletzt unter sechs % (Foodwatch 2020) noch Luft nach oben. Der Trend ist jedoch eindeutig. Der Anteil des ökologischen Landbaus steigt, die Umsätze der Bio-Supermarktketten steigen und, und, und. Eine gleiche Erkenntnis zeigt sich beim sozialen Konsum, hierbei im Fairtrade-Bereich. Der Umsatz mit Fairtrade-Produkten steigt weltweit seit Jahren an (Fairtrade International 2019). In Deutschland hat er sich vom Jahr 2000 bis zum Jahr 2019 auf zuletzt 2041,07 Mio. Euro um den Faktor 39 erhöht (TransFair 2020, S. 9). Ziele der Konsumenten wie die Vermeidung von Kinderarbeit, die Bezahlung fairer Preise für Produzenten oder schlicht das eigene Gewissen tragen dazu bei, dass Produkte wie Kaffee, Bananen oder auch Textilien stets mehr auf ihre Verträglichkeit in Sachen Nachhaltigkeit hinterfragt werden. Diese zunehmende Relevanz von Nachhaltigkeit im Konsumgüterbereich gilt selbstverständlich auch für alle weiteren denkbaren Produkte – über die Kosmetikindustrie, den Hausbau, über das eigene Automobil (wo wenn nicht dort, spielt das CSR-Handlungsfeld Ökologie zuletzt eine enorme mediale Rolle) bis hin zu Finanzprodukten.

Die Konsumenten hinterfragen ihre Kaufentscheidung und tragen durch ihre Nachfrageänderung zur Anpassung der Angebote bei. Werden die Erwartungen der Konsumenten nicht erfüllt, reagiert der Nachfrager durch einen Wechsel hin zu einem anderen Angebot, insofern dies möglich ist, oder er verzichtet. Im Übrigen sei hier auch als Reaktion das Konsumentenmodell der sogenannten Sharing Economy zu nennen. Das „Teilen" von Gütern für deren Nutzung hat sicherlich auch einen Einfluss auf das Produktangebot und somit den Erfolg von Unternehmen auf Konsumgütermärkten. Wer heute sein Auto bei einem der Car-Sharing-Anbieter „shared", der tut dies womöglich auch aus Aspekten der Nachhaltigkeit. Und wer sein Buch auf klassischem Wege in der Bücherei ausleiht (ob als Printversion oder E-Book), der schont zugleich Ressourcen.

Ein Thema für sich (gerade im Konsumgüterbereich) ist das der Transparenz. Der Staat tut durch ordnungspolitische Zielsetzungen sein eigenes, um dazu beizutragen. Zugleich setzen auch viele Verbände und Institutionen oder sogar einzelne Unternehmen darauf (Knape und Rohmann 2020, S. 135 ff.), Konsumenten von der Nachhaltigkeit des eigenen Produktes zu überzeugen. Ich denke hier an die Stichworte Siegel, Label usw. Allein für den Bereich „Bio" verzeichnet die Statistik in Deutschland zuletzt rund 84.000 Produkte und fast 5000 Unternehmen, die Bio-Siegel wie Fairtrade, Demeter oder Bioland nutzen (Bundesministerium für Ernährung und Landwirtschaft 2020).

Nachhaltigkeit ist im Konsumgüterbereich angekommen. Nachhaltigkeit beeinflusst das Kaufverhalten heute mehr denn je. Unternehmen reagieren auf die Bedarfe der Konsumenten, indem sie ihrer Verantwortung je nach Produkt gerecht werden. Der Markt sorgt dafür, dass sich Unternehmen intrinsisch durch ihr unternehmerisches Wirken auf Märkten mit dem Thema Nachhaltigkeit und CSR befassen. Das in der Realität ohne Zweifel existierende Greenwashing klammern wir aus (weil wir von stets guten Absichten der Unternehmer im Sinne des ehrbaren Kaufmanns ausgehen und zudem dies kein CSR im hiesigen Verständnis ist).

Eine sehr entscheidende Feststellung mit Blick auf diesen Wirkungskanal Markt und die zuvor geäußerten Inhalte: Dieser Trend wird sich fortsetzen. Nicht zuletzt für die sogenannte „Gen Z" (die heute 18- bis 24-Jährigen) spielen Nachhaltigkeit und CSR eine bedeutsame Rolle. Eine Studie von PricewaterhouseCoopers gibt an, dass fast zwei Drittel der Gen Z einen höheren Preis für regionale oder bioproduzierte Nahrungsmittel zahlen würden (PricewaterhouseCoopers 2020b). Und auch die Corona-Pandemie hat diesen Trend zu mehr Nachhaltigkeit im Konsum weiter verstärkt. Nach einer Studie des Beratungsunternehmens Capgemini (2020) unter rund 7500 Konsumenten sehen 67 % die Verknappung natürlicher Ressourcen kritischer eben aufgrund der Coronakrise und rund zwei Drittel der Befragten wollen sich die Folgen ihres individuellen Konsums zukünftig stärker ins Bewusstsein rufen. Der „Deloitte Global Millennial Survey 2020" bestätigt diese Entwicklung. Nach diesem ist neben dem Verzicht auf Plastiktüten oder einer Änderung des eigenen Mobilitätsverhaltens auch der Verzicht auf „Fast Fashion" im Konsumbereich Textil oder das Hinterfragen von Produktionsbedingungen von bekannten Marken von Bedeutung (Deloitte 2020).

Dass sich Konsumgütermärkte hin zu einem noch höheren Stellenwert von Nachhaltigkeit und CSR ändern, zeigt abschließend der Blick auf die Unternehmer von morgen. Ich kann Ihnen nicht nur aus meiner eigenen Praxis der Beratung von Jungunternehmen berichten, dass gerade bei jungen Menschen Ökonomie und Nachhaltigkeit aus einer Hand gedacht werden. Immer mehr Existenzgründer und Start-ups drängen auf den Markt, die durch die Symbiose von „Tue Gutes und verdiene Geld dabei" erfolgreich sind. Aber hierzu dann an späterer Stelle mehr. Ich möchte vielmehr meine Beratungserfahrung unter Verweis auf den Startup Monitor des Bundesverbandes Deutsche Startups untermauern. Ihm nach gewinnen gerade Themen wie Green Economy oder Social Entrepreneurship in der Start-up-Szene hierzulande zunehmend an Relevanz (Bundesverband Deutsche Startups e. V. 2020, S. 41).

Potenziale mit Blick auf den Konsumgütermarkt gibt es ohne Zweifel auch beim Staat als Nachfrager bzw. als Konsument von Gütern und Dienstleistungen. Auch wenn mit Blick auf die Corona-Pandemie und die erwartbaren Defizite der staatlichen Haushalte mittelfristig viele Projekte mit einem Fragezeichen versehen sein könnten, so können Sie sich vorstellen, welche Potenziale hierin schlummern. Gerade im öffentlichen Beschaffungswesen liegen enorme Ansatzpunkte, um Nachhaltigkeit zu fördern, auch die Politik hat dies – mit Blick auf ordnungspolitische Schritte – bereits erkannt.

4.4.2 Zuliefermarkt

Auf dem Zuliefermarkt stelle ich Anbieter von Gütern (Unternehmen) und Nachfrager (Unternehmen) in den Fokus. Es handelt sich um einen klassischen B2B-Markt (Business to Business). Letztlich sind die Zusammenhänge auf dem Zuliefermarkt analog zum vorab genannten Konsumgütermarkt dahingehend, dass der Nachfrager durch sein Verhalten einen Einfluss auf die Angebotsseite ausüben kann. Eine Besonderheit hat der Zuliefermarkt dann, wenn man die Wertschöpfungskette insgesamt von der Entstehung eines Gutes bis zum Endkonsumenten betrachtet. Die Wertschöpfungskette in ihrer Gesamtheit ist – je nach Produkt oder Dienstleistung – geprägt von Beziehungen zwischen diversen Unternehmen im Anbieter- und Nachfragerverhältnis. Diese Beziehungen von Unternehmen zu Unternehmen sind von besonderer Aktualität, daher möchte ich diesen Aspekt an dieser Stelle in den Mittelpunkt stellen.

Die Besonderheit im B2B-Bereich in der politischen Debatte spiegelt sich im Themenbereich der „Verantwortung innerhalb der Lieferkette" wider. Insbesondere durch ordnungspolitische Instrumente wird versucht, die Wirkungsmechanismen des Zuliefermarktes zu beeinflussen. Die Diskussionen seit dem Jahr 2020 (und auch schon zuvor) drehen sich maßgeblich um das Stichwort Lieferkettengesetz (Bundesgesetz über die Stärkung der unternehmerischen Sorgfaltspflichten zur Vermeidung von Menschenrechtsverletzungen in globalen Wertschöpfungsketten bzw. Sorgfaltspflichtengesetz), wenngleich die Logik von Verantwortung in der Lieferkette beispielsweise auch schon beim Gesetz zur Stärkung der nicht-finanziellen Berichterstattung der Unternehmen in ihren Lage- und Konzernlageberichten (CSR-Richtlinie-Umsetzungsgesetz), oder CSR-Gesetz, eine Relevanz hatte im Jahr 2017.

Beim Lieferkettengesetz bzw. Sorgfaltspflichtengesetz geht es darum, dass Unternehmen im Rahmen ihrer internationalen Lieferkette (im B2B-Bereich) ihrer Verantwortung zur Achtung von Menschenrechten nachkommen. Betriebe sollen verpflichtet werden, Prozesse derart sicherzustellen bzw. zu schaffen, dass keine Menschenrechtsverletzungen in der Lieferkette zustande kommen. Was bewirkt ein derartiges Gesetz in der Lieferkette bzw. auf einem Zuliefermarkt? Das Gesetz zielt auf Unternehmen mit einer bestimmten Betriebsgröße ab, auch um zum Beispiel die vielen kleinen und mittleren Unternehmen ebenda nicht mit einem Mehr an Bürokratie aufgrund der Einführung von Prozessen und Standards, Nachweispflichten, Publizitäts- und Dokumentationsaufgaben usw. zu belasten. Aber Fakt ist – und das könnte ich Ihnen aus meiner Praxis von zahlreichen Zulieferern mit Beispielen belegen: Dominierende Marktteilnehmer in den mit Blick auf die gesamte Wertschöpfungskette nachgelagerten Lieferketten geben die Anforderungen (aus deren Sicht nachvollziehbarer Weise) an die in der Lieferkette vorgelagerten Instanzen weiter. Konkret bedeutet dies: Der Hersteller eines Produktes wird seinem Zulieferer die Verantwortung übertragen, nachzuweisen, dass entsprechende Anforderungen existieren, die der Abnehmer als Endknoten in der Lieferkette und als Schnittstelle zum Konsumenten aufgrund bestehender Gegebenheit erfüllen muss. Tut er dies nicht, nutzt der Abnehmer seine Marktmacht und wechselt den Anbieter. In vielen Branchen, in denen wir auf einer Wertschöpfungsstufe engere Märkte im Sinne oligopolistischer oder gar monopolitischer Strukturen sehen, ist dies gelebte und rational begründbare Praxis. Was glauben Sie, weshalb neben Institutionen, die originär für ein Lieferkettengesetz engagiert sind, insbesondere zahlreiche große Unternehmen sich für eine derartige Regelung aussprechen? Ohne Zweifel unterstelle ich ihnen die feste Überzeugung, das Thema Achtung der Menschenrechte auf die erforderlich beachtete Agenda rücken zu wollen und damit ihrer Verantwortung gerecht zu werden. Aber Fakt ist auch, dass sicherlich entsprechende Prozesse schon etabliert sind, die es braucht, um die Standards einzuhalten (es entsteht kein zusätzlicher Aufwand). Zudem werden die „Kosten" eines Lieferkettengesetzes ebenda von anderen Marktteilnehmern getragen (spätestens von den Zulieferern). Über einen sogenannten Kaskadeneffekt fließt die Verantwortung somit bildhaft gesprochen zu den kleinen Betrieben, zu den Zulieferern. Ohne Zweifel ist dies womöglich auch politisch gewollt, beeinflusst man ohne Zweifel in Erkenntnis der Wirkungszusammenhänge die Nachfrageseite und hierdurch das Angebot. Auch ist dies im Sinne der Sache nicht zwingend falsch, die Frage der Kaskadenwirkung sollte jedoch spätestens bei der Implementierung ordnungspolitischer Regelungen Beachtung finden.

Erlauben Sie mir an dieser Stelle eine persönliche, fachliche Meinung in Sachen Lieferkettengesetz. Der Grundgedanke über Verantwortung von Unternehmen, auch in ganzen Wertschöpfungsketten nachzudenken, ist richtig und verdient Unterstützung. Wichtig ist hierbei aus meiner Sicht jedoch, dass die verfolgten Ziele nicht falsch angegangen werden. Hierzu zwei Anmerkungen:

Zum einen braucht es meiner Einschätzung nach für ein funktionierendes System alles, nur keine nationalen Einzellösungen. Lieferketten sind nicht (mehr) national. Nationale Lösungen hätten die Folge, dass etwaige

Anforderungen, die sich für Unternehmen in einem Land ergeben, bei anderen Unternehmen in anderen Staaten nicht anfallen. Vorausgesetzt, die dem generellen Gedankengang eines Lieferkettengesetzes unterstellte Annahme, eine Nichtbeachtung von Regeln würde zu wirtschaftlichen Vorteilen führen (dies ist meiner Ansicht eine per se falsche Herangehensweise), sei richtig, und es brauche entsprechende Regelungen, sich „gut" zu verhalten, dann würde eine nationale Lösung zur Benachteiligung heimischer Betriebe führen. Unternehmen, die in Deutschland sitzen, wären insofern benachteiligt, weil sie Mehraufwand hätten und in der Annahme des Gesetzes unterstellte vorteilhafte Handlungsweisen durch Nichtbeachtung von Menschenrechten wären untersagt. Diejenigen Unternehmen hingegen, die nach Deutschland zum Beispiel Waren importieren, sind wiederum außen vor, weil sie eben nicht dem Reglement und somit dem Mehraufwand durch das Einhalten von Regelungen unterliegen (das finale Gesetz hierzulande hat dies anders gelöst). Der Ökonom denkt in diesem Zusammenhang sofort an den Wirkungsmechanismus des sogenannten Gefangenendilemmas (Springer Gabler 2020b). Das Gefangenendilemma entstammt der Spieltheorie und zeigt, dass rationales und aus Sicht eines Einzelnen sinnvolles Verhalten für eine Gruppe mehrerer Personen zu nicht optimalen und somit gesellschaftlich nicht wünschenswerten Ergebnissen führt. Denken Sie zum Beispiel an Kooperationsabsprachen von zwei Unternehmen, indem jedoch ein Unternehmen bestimmte, für die Kooperation wichtige Informationen zurückbehält, um durch den Informationsvorsprung einen Vorteil zu besitzen. Halten sich also deutsche Unternehmen an Regelungen, andere Unternehmen tun dies nicht, schädigt dies insgesamt alle. Eine mindestens europäische Lösung ist beim Lieferkettengesetz zu priorisieren.

Ferner – ich betone nochmals meine klare Positionierung für die Achtung der Menschenrechte der Wirtschaft – ist meiner Ansicht zum anderen der Ansatz des Lieferkettengesetzes generell ein falscher. Das Gesetz setzt bei den Unternehmen an. Wäre es nicht sinnvoller, bei den Produkten anzusetzen? Wollen wir nicht „gute" und „saubere" Produkte als Endkonsument? Wäre es kein Ansatz, den Fokus anstelle auf den Anbieter auf den Verkauf von Gütern und Waren zu legen? Dann wäre das Importthema direkt erfasst, denn jedes Unternehmen, das unabhängig seines Sitzes, in Deutschland oder Europa ein Produkt verkaufen möchte, muss wichtige Voraussetzungen erfüllen. Auch wenn der Kaskadeneffekt weiterhin besteht, so stellen wir doch wenigstens sicher, dass die Produkte „gut" sind. Und wollen wir das nicht eigentlich?

Der Zuliefermarkt ist analog zum Konsumgütermarkt geprägt von Nachhaltigkeit und CSR. Die Welt ist global vernetzt, die Wirtschaftsströme sind international verflochten. Produkte und Waren, wie wir sie als Endkunden erwerben, unterliegen im Erstellungsprozess einer internationalen Arbeitsteilung. Nachhaltigkeit und CSR sind insbesondere in diesem Wirkungskanal der Marktseite daher ohne Zweifel zunehmend bedeutsamer. Die Nachfrageseite innerhalb der Zulieferketten wird – wie bereits erwähnt nicht zuletzt durch eine ordnungspolitische Flankierung – zunehmend weiter in Richtung Verantwortungsübernahme drängen. Diejenigen Unternehmen, die mit Endkonsumenten (siehe zuvor) im Markt stehen, dürften dies zumindest weiter in die Breite der Unternehmensstruktur tragen.

4.4.3 Kapitalmarkt

Der Kapitalmarkt ist sehr vielschichtig. Die Ansatzpunkte von Nachhaltigkeit und CSR auf dem Kapitalmarkt sind ebenso vielschichtig. Der Einfachheit halber definiere ich an der Stelle unter anderem Unternehmen als Nachfrager von Kapital. Die Anbieterseite kann hierbei wiederum zum Beispiel ein Kreditinstitut oder jedweder andere Anbieter von Kapital sein, das von einem Unternehmen nachfragt wird.

Nur kurz eingehen möchte ich auf den Trend zu „nachhaltigen" Kapitalanlageprodukten, auf die Nachfrage nach Kapitalanlagemöglichkeiten. Wenn Sie die Börsennachrichten regelmäßig verfolgen, dann dürfte Ihnen aufgefallen sein, dass immer mehr Anlageanbieter mit dem Thema „grüner", „nachhaltiger" oder „ethischer" Geldanlage werben. Dem zunehmenden Interesse von institutionellen oder privaten Akteuren folgend, verantwortungsvoll investieren zu wollen, werden stets neue Produkte und Angebote initiiert. Die sogenannten ESG-Kriterien – für Umwelt (Environmental), Soziales (Social) und Unternehmensführung (Governance) – gewinnen an Bedeutung in der Kapitalanlage und der Markt wächst insbesondere in Deutschland überproportional zum Gesamtmarkt (FNG – Forum Nachhaltige Geldanlagen 2020, S. 9). Die Gründe für den Anstieg der Nachfrage liegen in höheren Renditeerwartungen. Begründet werden diese Renditeerwartungen durch Anlageprodukte, die zum Beispiel auf Unternehmen setzen, die in Zukunftsthemen (Digitalisierung, Automation, neue Energien usw.) investieren und somit womöglich andere Wachstumspotenziale erschließen. Ein Argument ist aus meiner Sicht aber vielmehr die Reduzierung von Risiken in der Unternehmenspolitik, und hierdurch ferner der wiederum größere wirtschaftliche Erfolg und somit auch die Erfüllung erhöhter Renditeerwartungen der Investoren. Wer auf sichere und saubere Lieferketten setzt, wer Nachfrageeinbrüche durch Skandale und Reputationsschäden vermeidet oder schlicht rechtliche Regeln achtet, der dürfte den Fokus stärker auf Ertragschancen legen können.

Fernab der Kapitalanlage möchte ich nun den Blick im Wirkungskanal Finanzmarkt auf Unternehmen legen, die Kapital für Investitionen oder betriebliche Geschäftstätigkeiten beispielsweise bei Kreditinstituten bzw. bei der Finanzwirtschaft nachfragen. Hierbei geht es gar nicht um Ethik und Verantwortung innerhalb der Finanzwirtschaft selbst (der Zusammenbruch der Bank Lehman Brothers 2008 hat der Branche hierbei sicherlich einen Bärendienst erwiesen), sondern um den Hebel innerhalb des Transmissionskanals, den der Anbieter auf den Nachfrager hat und hierdurch wiederum auf dessen Handlungsfähigkeiten in Sachen Nachhaltigkeit und CSR hat.

Die Umsetzungen gesellschaftspolitischer Ziele durch den Finanzmarkt werden seit einigen Jahren auf regulatorischer Ebene massiv vorangetrieben, im weitesten Sinne unter dem Begriff „Sustainable Finance". Im Zuge der Erläuterungen des ordnungspolitischen Wirkungskanals und dessen Gestaltungsmöglichkeiten dieses Finanzmarktes hatte ich das Thema bereits kurz angesprochen. Die Europäische Kommission hat konkret im Jahr 2018 für den Weg zur Finanzierung einer nachhaltigeren Wirtschaft einen Aktionsplan erlassen, der drei Ziele subsumiert (Europäische Kommission 2018):

- Kapitalströme in nachhaltige Investitionen lenken,
- finanzielle Risiken managen, die sich aus ökologischen und sozialen Problemen ergeben,
- und Transparenz und langfristige Nachhaltigkeit in der Finanz- und Wirtschaftstätigkeit fördern.

Mit der erneuerten Sustainable-Finance-Strategie im Rahmen des European Green Deal aus dem Jahr 2020 wurde das Thema noch prominenter platziert. Nationale Schritte wie die in Deutschland erfolgte Einberufung eines Sustainable-Finance-Beirats der Bundesregierung flankieren die Umsetzung. Im Frühjahr 2021 hat dieser Sustainable-Finance-Beirat seinen Bericht mit 31 Empfehlungen an die Bundesregierung vorgelegt, im Mai des Jahres hat die Bundesregierung wiederum die erste deutsche Strategie für Nachhaltige Finanzierung beschlossen. Hinter all dem steckt das Ziel, ein nachhaltiges Finanzsystem in seiner Gesamtheit zu etablieren und hierdurch wiederum auch eine Transformation von Finanz- und Realwirtschaft voranzutreiben (Bassen und Lopatta 2020, S. 3 ff.). Dieser Hebel für die Verwirklichung der Ziele mit Blick auf die Unternehmen soll durch Berichtspflichten für beide Marktteilnehmerseiten oder durch eine Klassifizierung von unternehmerischen Aktivitäten geschehen (die sogenannte Taxonomie). Letztere definiert quasi eine Liste von „guten" und „schlechten" unternehmerischen Aktivitäten und bildet im Zusammenspiel von Ausschlusskriterien (denken Sie an bestimmte, untersagte Arten von „schlechten" Geschäften, Technologien oder Geschäftspraktiken wie Glücksspiel, Rüstungsgüter oder eben die Missachtung von Menschen- oder Arbeitnehmerrechten) sowie Qualitätskriterien (Personalthemen, Umweltbewusstsein oder gesellschaftliche Leistungen) das Grundkonzept verantwortungsvoller Finanzmarkttransaktionen (Friesenbichler 2015, S. 1025 ff.). Insofern ein Unternehmen als Kapitalnachfrager zum Beispiel vorab definierte Umweltziele wie die Reduzierung von Klimaveränderungen, Vermeidung von Abfall oder Schutz des Ökosystems nicht erfüllt, wirkt sich dies nachteilig auf das Ziel der Kapitalmarkttransaktion aus. Konkret kann eine Finanzierung womöglich scheitern oder unrentabel werden. Die Bundesanstalt für Finanzdienstleistungsaufsicht BaFin hat zum Jahreswechsel 2019/2020 ein Merkblatt veröffentlicht, das Banken aufzeigt, welche Anforderungen Unternehmen bei der Kreditbeantragung erfüllen müssen (Bundesanstalt für Finanzdienstleistungsaufsicht 2019).

Sie sehen, dass der Wirkungskanal Markt auch und insbesondere im Zusammenspiel von Kapitalsuchern und Kapitalgebern zunehmend an Relevanz gewinnt.

In Sachen Bewertung der Maßnahmen dieser Schritte rund um die Thematik Sustainable Finance möchte ich die aus meiner Sicht entscheidende Frage stellen: Wer definiert eigentlich, welche Themen „gut" oder „schlecht" sind oder nicht? Was ist beispielsweise mit Kernenergie, die in Deutschland „verboten" ist, international jedoch als „saubere Energie" gilt? Der Präsident des ifo Instituts Clemens Fuest schrieb Ende 2020: „Das Grundproblem liegt darin, dass es sich bei der Taxonomie letztlich um einen planwirtschaftlichen Versuch handelt, alle wirtschaftlichen Aktivitäten in ‚grün' und ‚nicht grün' einzuteilen und Kapitalströme entsprechend zu steuern." Er verweist nicht nur auf die Frage der Definition dessen, was klimapolitisch hilfreich sei oder nicht, sondern insbesondere auch auf die Dynamik und Komplexität der wirtschaftlichen Realität, der man mit einer staatlichen Lenkung stets hinterherlaufe. Zugleich warnt er unter Verweis auf die Historie der Subprime-Kredite in den USA, die zur globalen Finanzkrise des Jahres 2008 beigetragen haben. Damals habe man mithilfe einer Politik des „sozialen Unterstützungsfaktors" Banken zur Kreditvergabe an Menschen animiert, die sich diese Darlehen für deren Hausbau bzw. Hauskauf nicht leisten konnten. Nunmehr erinnere diese Idee des „Grünen Unterstützungsfaktors" an eine gleiche Systematik (Fuest 2020, S. 2).

Auch wenn die Entwicklungen um die Beziehung Unternehmen und Kapitalanbieter originär aus der ordnungspolitischen Gestaltung des Finanzmarktes resultiert, so zeigt auch dies, wie eben letztlich der Markt als Ort des Zusammenwirkens von Unternehmen CSR und Nachhaltigkeit auf die Agenda hebt. Ohne die Befassung mit der eigenen Unternehmensverantwortung ist nämlich die Handlungsfähigkeit in Zukunft immer deutlicher erschwert. Letztlich steht die Marktteilnahme unter Umständen infrage. Dies führt wiederum auch dazu, dass sich Unternehmen auf anderen Ebenen mit ihrer gesellschaftlichen Verantwortung beschäftigen, fernab der reinen Kapitalakquise – unter Führung des Finanzstabilitätsrates der G-20-Staaten überlegen 500 große Unternehmen, wie ihr Investitionsverhalten und die Fähigkeit durch den Klimawandel beeinflusst wird (Pötter 2019, S. 7).

4.4.4 Arbeitsmarkt

Auf dem Arbeitsmarkt treffen sich Anbieter von Arbeitskraft (potenzielle Arbeitnehmer) und Nachfrager selbiger (Unternehmen), um das Gut Arbeitsleistung zu tauschen[3]. Mit Blick auf den Arbeitsmarkt führt insbesondere der Druck seitens der Angebotsseite aus Sicht der Unternehmen zur intrinsischen Befassung mit dem Thema Unternehmensverantwortung.

Den richtigen Mitarbeiter zu finden ist seit langer Zeit und stetig mehr eine enorme Herausforderung für die Wirtschaft. Laut Fachkräfte-Report 2020 des Deutschen Industrie- und Handelskammertags (DIHK) berichtete fast jedes zweite von rund 23.000 befragten Unternehmen hierzulande von Stellenbesetzungsschwierigkeiten. Trotz regionaler oder branchenspezifischer Unterschiede trifft dies laut DIHK insbesondere die zahlreichen mittelständischen Betriebe mit enormer Wucht. 84 % der Unternehmen gehen von langfristigen Negativfolgen durch diesen Engpass Fachkraft in Form von erhöhter Belastung der bestehenden Belegschaft, steigenden Arbeitskosten oder der Einschränkung von Angeboten bzw. der nicht möglichen Erfüllung von Aufträgen aus (Deutscher Industrie- und Handelskammertag (DIHK) e. V. 2020). Wenn Sie die Entwicklung von Angebot und Nachfrage in den einzelnen Berufsgruppe im Detail interessiert, empfehle ich Ihnen im Übrigen einen Blick auf die in vielen Bundesländern angebotenen digitalen Fachkräftemonitore (WifOR 2020).

---

[3]Beachten Sie im Übrigen bitte, insofern Ihnen das zuvor nicht bewusst war, dass entgegen der im üblichen Sprachjargon und in unserem Alltag vorliegenden Verwendungsweise eben nicht ein Unternehmen Arbeit anbietet, sondern ein Arbeitnehmer dies tut, indem er eben seine Arbeitsleistung anbietet; der Arbeitgeber selbst sucht wieder Arbeitskraft bzw. fragt Arbeit nach und tauscht diese beispielsweise gegen Lohnzahlung.

Demografische Entwicklung, Qualifikationsveränderungen, nicht zuletzt strukturelle Änderungen in den Unternehmen und somit in den Arbeitsplatzanforderungen, all dies sind Ursachen für den zu konstatierenden und sich verstärkenden Fachkräftemangel hierzulande. Und laut aller Ökonomen und Experten wird sich diese Situation nicht ändern. Spannend ist in diesem Kontext die Entwicklung durch die Corona-Pandemie. Einerseits kommt der Arbeitsmarkt bereits heute dahingehend unter Druck, dass Unternehmen Personal infolge schwieriger wirtschaftlicher Zeiten freistellen. Andererseits macht gerade die Krise transparent, in welchen Bereichen bereits heute ein akuter Mangel an qualifiziertem Personal herrscht und wo sich dies auch durch die Krise noch weiter verschärft hat – denken Sie an das Pflegepersonal oder auch an IT-Fachkräfte, die durch den Digitalisierungsschub in der Wirtschaft noch mehr zum Mangel wurden als dies bislang schon der Fall gewesen ist. Noch tiefer in die Glaskugel geblickt ist hier jedoch eventuell die Digitalisierung mittelfristig verantwortlich dafür, dass sich die Lage auf dem Arbeitsmarkt (wir hoffen es nicht) womöglich wieder herumdreht. Dahingehend nämlich, dass durch Automatisierung, Robotik, Künstliche Intelligenz & Co. viele Menschen ihre Beschäftigung verlieren bzw. sich deren Beschäftigungsformen verändern. Auch die Debatte rund um das Grundeinkommen spielt oftmals in diesem letztgenannten Zusammenhang eine Rolle.

Unternehmen brauchen qualifizierte Mitarbeiter. Das Gut Mitarbeiter ist knapp (und wird zunehmend knapper), also müssen die Unternehmen als Nachfrager um das Gut Arbeitskraft konkurrieren. Dies wirft wiederum die Frage auf, warum Anbieter bzw. Arbeitnehmer ihre Arbeitsleistung anbieten. Was möchten sie als Gegenleistung für diesen Tausch auf dem Arbeitsmarkt? Eigentlich ganz einfach: eine angemessene Bezahlung, oder? Ja. Ohne Zweifel sind Gehalt und Jobsicherheit nach wie vor – da stimmen Sie mir bestimmt zu – die wesentlichen Faktoren, aus denen heraus sich ein Arbeitnehmer heutzutage für einen Beruf entscheidet (Ernst & Young 2020). Aber es gibt empirische Hinweise darauf, dass Beschäftigte unter anderem bereit sind, auf Gehalt zu verzichten, wenn Unternehmen einen höheren Stellenwert auf ihre unternehmerische Verantwortung legen (Burbano 2015). Hier kommen also Nachhaltigkeit und CSR als Leistung des Arbeitgebers im Tausch gegen die Arbeitsleistung des Arbeitnehmers ins Spiel. Denn – so die Erfahrung – die Verantwortungswahrnehmung der Unternehmen spielt eine immer wichtigere Rolle. Nicht zuletzt definiert sich hierdurch eine Wertekultur und eine positive Ethik im Unternehmen, die die Wettbewerbsfähigkeit von Unternehmen positiv beeinflusst (Hempel 2019, S. 187).

Viele Gründe sprechen dafür, dass CSR von strategischer Bedeutung in Sachen Mitarbeiterfindung ist (Sutter 2015, S. 648 ff.). Ich verzichte hier gerne darauf, Sie mit den unzähligen Studien und Umfragen zu belästigen, die in den letzten Jahren hierzu veröffentlicht wurden. Insofern Sie diese interessieren, schauen Sie doch online einfach mal nach den Themen Employer Branding, New Work & Co. Fakt ist: Sinn und die Möglichkeiten, die eigenen Potenziale zu entfalten (und somit CSR) stehen im Fokus von New Work (Dettling 2020). Und gerade junge Menschen legen zunehmend Wert darauf, eben nicht nur viel Geld zu verdienen, geschweige denn einen Dienstwagen zu erhalten. Spätestens für die Generationen Y (ab den 1980er- bis 1990er-Geborene) gehört Work-Life-Balance, Sinn und Nachhaltigkeit zu den Kriterien bei der Auswahl des Arbeitgebers. Was glauben Sie im Übrigen, weswegen viele Unternehmen unter anderem auch an Preisen und Wettbewerben rund um CSR und Nachhaltigkeit teilnehmen? Dies dient (ein begründeter Erfolg in einem derartigen Wettbewerb vorausgesetzt) zu Recht als Imagefaktor und Werbung mit Blick auf die Akquise für den Mitarbeiter oder die Mitarbeiterin von morgen. Und für die Generation Z (ab dem Ende der 1990er- bzw. 2000er-Jahre Geborene) ist dies meiner Erfahrung nach umso mehr der Fall. So wird bei der Auswahl des Arbeitgebers eine angenehme Arbeitskultur, die Reputation des Arbeitgebers für ethisches Verhalten, Diversität und Inklusion oder die Möglichkeit, in der Gesellschaft etwas zu bewirken mit einem deutlich höheren Stellenwert versehen als bei der Altersgruppe der Millennials, d. h. derjenigen Menschen, die in den späten 1980er- und 1990er-Jahren geboren sind (Deloitte 2018, S. 18). Merken Sie sich: Ein attraktiver Arbeitgeber setzt heute auf Nachhaltigkeit. Unternehmen, die auf Nachhaltigkeit setzen, haben weniger Probleme qualifizierte Mitarbeiter zu finden. Das Institut für Arbeitsmarkt und Berufsforschung hat dies anhand von Betrieben, die auf das CSR-Handlungsfeld Ökologie setzen, in einer Studie 2019 empirisch nachgewiesen (Bellmann und Koch 2019, S. 15 ff.).

Nebst der Gewinnung von Arbeitnehmern wirkt sich die Wahrnehmung von Verantwortung – Sie erinnern sich an das Handlungsfeld Arbeitsplatz im Zuge der aufgezeigten Definition von CSR in Abschn. 3.2.2 – auf die Sicherung von Arbeitskraft für das Unternehmen aus. Nach dem Employer Brand Research 2020, Global Report und dortigen Rückmeldungen von weltweit rund 185.000 Befragten sind für sieben von zehn Mitarbeitern nicht-finanzielle Anreize ausschlaggebend bei der Wahl eines neuen Arbeitgebers (Randstad 2020). Ob es um Möglichkeiten zur Vereinbarkeit von Familie und Beruf geht, sei es zur Versorgung von Kindern oder pflegebedürftigen Angehörigen, um die Aufrechterhaltung der Arbeitsfähigkeit der

Belegschaft aufgrund eines betrieblichen Gesundheitsmanagements, oder um Teamführung, Motivation, Kommunikation oder Werte und Unternehmenskultur. Aus personalpolitischer Sicht ist die Auseinandersetzung mit Nachhaltigkeit und die tatsächliche Wahrnehmung der Verantwortung eines Unternehmens für die eigenen Mitarbeiter ein zentrales Kriterium, auf Dauer bei einem Unternehmen zu bleiben. Wer sich nicht wohl fühlt, der geht (wenn er kann), und immer häufiger unabhängig des Faktors Bezahlung. Selbst wenn ein Arbeitgeber mit Blick auf die ihm geschriebene Arbeitgebermarke attraktiv auf neue Mitarbeiter wirkt, das Halten der Mitarbeiter und die Aufrechterhaltung der Leistung – zum Beispiel auch mit Blick auf die Leistungsfähigkeit der statistisch alternden Belegschaft – ist mindestens gleichwertig wichtig, wenn nicht sogar noch wichtiger. Nachhaltigkeit schafft Verbundenheit und Loyalität.

Der Arbeitsmarkt ist von enormer Bedeutung für Unternehmen. Hierbei gewinnen CSR und Nachhaltigkeit mit Blick auf die Gewinnung und Bindung von Mitarbeitern immer größere Bedeutung. Will ein Unternehmen auf Dauer erfolgreich um das Gut Arbeitskraft wettbewerbsfähig bleiben, so muss es sich diesen Herausforderungen stellen. Das Angebot der Arbeitskraft drängt den Nachfrager zur Reaktion.

4.4.5 Bildungsmarkt

Auf dem Bildungsmarkt lassen sich Bildungsanbieter (Hochschulen, Schulen, sonstige Einrichtungen) identifizieren, Nachfrager sind in der Regel Personen wie Schüler oder Studierende oder sonstige Bildungsadressaten. Denkbar sind Unternehmen, die für ihre Mitarbeiter Leistungen nachfragen.

Der Bildungsmarkt ist aus Sicht der Wirtschaft wichtig, weil er einerseits indirekt den Arbeitsmarkt der Zukunft beeinflusst, auf dem Unternehmen wiederum direkt als Nachfrager aktiv sind. Andererseits liegt gerade im Thema Bildung – ich glaube, dies schon einmal erwähnt zu haben – der wesentliche Hebel, um Nachhaltigkeit und CSR in den Köpfen zu verankern und hierdurch einen Beitrag zu Lösung der Herausforderung der Megatrends leisten zu können. Die Kanäle zur Stärkung von Nachhaltigkeit und CSR – über das Grundverständnis, über die Notwendigkeit, bis hin zur Umsetzung und Anwendung – sind ohne Zweifel vielschichtig. Aber der Gedanke, warum gerade dieser Wirkungskanal Bildungsmarkt essenziell ist, sollte Ihnen allen klar sein: Wandel und Veränderung beginnt in den Köpfen der Menschen. Politische Entscheidungen und die Unterstützung von Maßnahmen erfordert Zustimmung von Menschen. Und in den Unternehmen werden Entscheidungen tagtäglich von Menschen getroffen. Umso wichtiger ist es, eben genau dort anzusetzen. Die Verantwortung der Bildungsakteure ist immens.

Zur Wahrheit gehört, dass dieser Wirkungskanal keine schnelle Rendite verspricht. Was heute investiert wird in das Know-how der nachfolgenden Generationen kann in Form von Wissen, Expertise und Verständnis erst in Jahren geerntet werden. Zugleich scheint es mehr als notwendig, genau dort anzusetzen: Der Bundestag verweist im Jahr 2020 auf eine Befragung junger Menschen, die ergibt, dass mehr als die Hälfte der Auszubildenden (51,3 %) und der Studierenden (51 %) sowie ein Drittel der Schüler (35,2 %) Nachhaltigkeit in den jeweiligen Bildungseinrichtungen nicht wahrnehmen (Bundestag 2020). Demnach ist viel Luft nach oben.

Positiv aus meiner Sicht ist jedoch auch, wenn ich zwei Beispiele in Sachen Bildungsstrukturen herausgreifen darf, dass sich in den letzten Jahren bei aller Kritik am Stellenwert von Nachhaltigkeit in der Bildung oder erwartbarer Wirkungsverzögerung bis zur möglichen Abschöpfung der Bildungsrendite, bereits deutliche Verbesserungen eingestellt haben.

Einerseits haben viele unternehmensnahe Organisationen und Institutionen die Zeichen der Zeit erkannt und setzen auf den Stellenwert von CSR und Nachhaltigkeit. So bieten zum Beispiel die Industrie- und Handelskammern seit einigen Jahren nicht nur Angebote für Arbeitnehmer und Interessierte an, auch konkrete Praxishilfen für Unternehmensinhaber werden stetig erweitert (Purtik und Oswald 2020, S. 39 ff.). Und auch zahlreiche weitere Verbände aus der Wirtschaft bieten entsprechende Angebote (Genders 2020b).

Andererseits erhalten auch die Fachkräfte und Mitarbeiter von morgen zunehmend einen Einblick in das Thema Nachhaltigkeit, da Politik, Hochschulen oder Bildungsträger die Notwendigkeit für Handlungsschritte erkannt haben und zunehmend erkennen. In Deutschland steht das Thema Nachhaltigkeit und Bildung unter dem Titel Bildung für Nachhaltige Entwicklung eindeutig auf der politischen Agenda. Im Jahr 2017 wurde zum Beispiel ein Nationaler Aktionsplan für Nachhaltige Entwicklung (NAP BNE) verabschiedet, mit dem Ziel, in Bildungsstrukturen und -angeboten nachhaltiges Denken zu verankern (Bundesministerium für Bildung und Forschung 2020a). Hierbei stehen alle Bildungsbereiche im Fokus – von frühkindlicher Bildung, über die Schulen, Berufsbildung, bis hin zu Hochschulen und darüber hinaus.

Im Zuge der beruflichen Aus- und Weiterbildung ist es in Deutschland zum Beispiel insbesondere das Ziel der Bundesregierung, berufliche Schulen und Lernorte, gemeinsam mit den Spitzenorganisationen aus Handwerk, Industrie und Handel als „nachhaltige Lernorte" zu etablieren (Bundesministerium für Bildung und Forschung 2020b).

Und auch die Hochschulen selbst erkennen immer mehr die Relevanz von CSR und Nachhaltigkeit in Lehre und Forschung. Erinnere ich mich an meine Zeit an der Hochschule zurück, so gab es in Sachen Nachhaltigkeit – um es positiv zu formulieren – keine allzu große Auswahl. Es gab etwas in Richtung „Wirtschaftsethik", die besagte Vorlesung fand, soweit ich das richtig in Erinnerung habe, jedoch zwei oder drei Semester in Folge nicht statt (und ich hatte mich tatsächlich dafür interessiert). Aber sei es drum. Heute sind die Angebote dafür umso zahlreicher! Selbst in meiner beschränkten Wahrnehmung der Angebote gibt es nicht nur in meiner Heimatregion stetig mehr Angebote in Sachen Nachhaltigkeit, CSR oder Sustainability. Sie finden fast keine Hochschule, die nicht den eigenen Umgang mit Nachhaltigkeit auf ihrer Website kommuniziert, oder die keine Lehrangebote hierzu anbietet. Think Tanks sorgen stetig für neue Erkenntnisgewinne. In Bayern haben sich fast 30 Hochschulen im Jahr 2019 im Rahmen eines Memorandum of Understanding gemeinsam zu Nachhaltigkeit in all ihren Facetten bekannt (Netzwerk Hochschule und Nachhaltigkeit Bayern 2020). Es entstehen Nachhaltigkeitsbeauftragte an den Hochschulen, Projekte schießen ebenso wie Netzwerke mit Unternehmen aus dem Boden (Bolsinger 2020). CSR und Nachhaltigkeit ist bei den Hochschulen auf dem guten Weg dahin, nicht mehr aus der Angebotsseite weggedacht werden zu können. Und zu guter Letzt – und dies zeigt den Wirkungskanal der Bildung – die Themen stoßen auf reges Interesse bei den Studierenden als Nachfragende. Dies kann ich abermals aus eigener Erfahrung berichten. Bei Gastvorträgen an Hochschulen zum Themenfeld CSR herrscht stets eine große Teilnahmepräsenz, im Übrigen zeigt insbesondere die Diskussionsbereitschaft des Auditoriums zu Fragen wie „Welche Rolle spielt Nachhaltigkeit bei Unternehmen in Ihrer Praxis?" das hohe Interesse der jungen Menschen. Springen Sie gedanklich zum Arbeitsmarkt, so sollte spätestens dieser Stellenwert des Themas bei den Studierenden ein Warnschuss für die heutige Unternehmerschaft sein, die sich noch nicht umfänglich mit CSR und Nachhaltigkeit beschäftigt (oder ihr Engagement nicht entsprechend kommuniziert) mit Blick auf das notwendige Gewinnen der qualifizierten Mitarbeiter von morgen, sobald diese die Hochschulen verlassen.

4.4.6 Wirkungskanal Markt: Schlussfolgerungen

Lassen Sie mich zum Ende des Kapitels über den Wirkungskanal Markt kommen. In Einklang mit Abschn. 4.3 war es mir wichtig, Ihnen aufzuzeigen, warum sich Unternehmen bereits in der Vergangenheit, aber in Zukunft umso häufiger mit Nachhaltigkeit und CSR beschäftigen werden (dürfen). Ich hoffe, Sie haben erkannt, wie vielschichtig zum Beispiel die Mechanismen über die verschiedenen Märkte und wie umfangreich zugleich die Ansatzpunkte sind, die dafür Sorge tragen, dass Unternehmen sich mit ihrer eigenen Verantwortung für die relevante Gesellschaft beschäftigen müssen. Auch ohne ordnungspolitischen Rahmen – wenngleich dieser ohne Zweifel die Marktentwicklungen beeinflusst – bestehen Anreize, sich mit der eigenen Verantwortung aus Sicht der Wirtschaft zu befassen. Letztlich allein deswegen, um auf Märkten (erfolgreich) agieren zu können, was wiederum intrinsischer Wesenskern einer Unternehmung ist, sollten Unternehmen auf CSR und Nachhaltigkeit setzen.

> **Fazit**
> - CSR und Nachhaltigkeit entfalten sich durch zwei zentrale Wirkungskanäle: Ordnungspolitik und Markt.
> - Die Wirkungskanäle sorgen dafür, dass Unternehmen sich mit CSR/Nachhaltigkeit befassen müssen/sollten.
> - Beide Wirkungskanäle sind eng verknüpft: der Wirkungskanal Ordnungspolitik beschreibt bestehende Regelungen und Rahmenbedingungen, er schafft zugleich Gestaltungsräume für Marktmechanismen.
> - Die Wirkungskanäle unterscheiden sich durch die mit ihnen einhergehende Anreize für Unternehmen, sich mit CSR/Nachhaltigkeit zu beschäftigen. Während Ordnungspolitik im Schwerpunkt durch direkte Regelungen oder indirekt durch die gestaltenden Rahmenbedingungen für Markte extrinsisch wirkt, so sorgt der Marktmechanismus für aus Perspektive der Unternehmen intrinsische Motivation.
> - Der Wirkungskanal der Ordnungspolitik gewinnt zunehmend an Relevanz, der Wirkungskanal Markt sorgt durch seinen Facettenreichtum für diverse Anknüpfungspunkte der Unternehmen zu CSR/Nachhaltigkeit. Auch dort steigt die Relevanz.

Literatur

Aßländer M (2011) Handbuch Wirtschaftsethik. Metzler, Stuttgart

Auswärtiges Amt (2020) Abschlussbericht – Monitoring des Umsetzungsstandes der im Nationalen Aktionsplan Wirtschaft und Menschenrechte 2016–2020 beschriebenen menschenrechtlichen Sorgfaltspflicht von Unternehmen. https://www.auswaertiges-amt.de/blob/2405080/3e080423f4602580404eaf560a07be3e/201013-nap-monitoring-abschlussbericht-data.pdf. Zugegriffen: 8. Dez. 2020

Bassen A, Lopatta K (2020) Regulatorische Rahmenwerke zur Erreichung gesellschaftlicher Ziele. In: ifo Institut (Hrsg). Sustainable Finance: Neue Strategie im Finanzsektor trotz Coronakrise? Ifo Schnelldienst 10(3):3–6

Bellmann L, Koch T (2019) Ökologische Nachhaltigkeit in deutschen Unternehmen: Empirische Ergebnisse auf Basis des IAB-Betriebspanels 2018. In: Institut für Arbeitsmarkt- und Berufsforschung (IAB), IAB-Forschungsbericht, 08/2019, Nürnberg

Bolsinger H (2020) Mit dem Fakultätsschiff auf hoher See: Wie mit werteorientiertem Fakultätsmanagement die Zukunft verantwortlich gestaltet wird. In: Genders S (Hrsg) CSR und Institutionen – Etablierung unternehmerischer Verantwortung in Wirtschaft, Politik und Gesellschaft. Springer Gabler, Berlin, S 353–362

Bund Ökologische Lebensmittelwirtschaft e. V. (2020) Ökologische Lebensmittelwirtschaft – Branchenreport 2020. Berlin. https://www.boelw.de/fileadmin/user_upload/Dokumente/Zahlen_und_Fakten/Brosch%C3%BCre_2020/B%C3%96LW_Branchenreport_2020_web.pdf. Zugegriffen: 9. Dez. 2020

Bundesanstalt für Finanzdienstleistungsaufsicht (2019) Merkblatt zum Umgang mit Nachhaltigkeitsrisiken. https://www.bafin.de/SharedDocs/Downloads/DE/Merkblatt/dl_mb_Nachhaltigkeitsrisiken.pdf?__blob=publicationFile&v=9. Zugegriffen: 12. Dez. 2020

Bundesministerium für Arbeit und Soziales (2010) Empfehlungsbericht des Nationalen CSR-Forums an die Bundesregierung – beschlossen in Berlin am 22. Juni 2010, Referat Information, Publikation, Redaktion, Bonn, Juli 2010. https://www.bmas.de/SharedDocs/Downloads/DE/PDF-Publikationen/a397-csr-empfehlungsbericht.pdf?__blob=publicationFile. Zugegriffen: 25. Okt. 2018

Bundesministerium für Arbeit und Soziales (2018) Berliner CSR-Konsens zur Unternehmensverantwortung in Liefer- und Wertschöpfungsketten, beschlossen am 25. Juni 2018 in Berlin, Nationales CSR-Forum der Bundesregierung, Berlin

Bundesministerium für Arbeit und Soziales (2020a) VN-Leitprinzipien. https://www.csr-in-deutschland.de/DE/Wirtschaft-Menschenrechte/Ueber-den-NAP/VN-Leitprinzipien/vn-leitprinzipien.html. Zugegriffen: 13. Dez. 2020

Bundesministerium für Arbeit und Soziales (2020b) Nationales CSR-Forum. https://www.csr-in-deutschland.de/DE/Politik/CSR-national/Nationales-CSR-Forum/nationales-csr-forum.html. Zugegriffen: 13. Dez. 2020

Bundesministerium für Arbeit und Soziales (2020c) CSR national – CSR-Strategie der Bundesregierung. https://www.csr-in-deutschland.de/DE/Politik/CSR-national/Strategie/strategie.html. Zugegriffen: 8. Dez. 2020

Bundesministerium für Arbeit und Soziales (2020d) Originalfassung des NAP – III. Erwartungshaltung der Bundesregierung an die unternehmerische Sorgfalt in der Achtung der Menschenrechte. https://www.csr-in-deutschland.de/DE/Wirtschaft-Menschenrechte/Ueber-den-NAP/Originalfassung-des-NAP/3-Erwartungshaltung-Bundesregierung/erwartungshaltung-bundesregierung.html. Zugegriffen: 8. Dez. 2020

Bundesministerium für Arbeit und Soziales (2020e) Meldungen – EU-Mitgliedstaaten fordern erstmals ein europäisches Sorgfaltspflichtengesetz. https://www.csr-in-deutschland.de/DE/Aktuelles/Meldungen/2020/menschenrechte-und-gute-arbeit-in-globalen-lieferketten.html. Zugegriffen: 8. Dez. 2020

Bundesministerium für Bildung und Forschung (2020a) Portal Bildung für nachhaltige Entwicklung. https://www.bne-portal.de/index.html. Zugegriffen: 12. Dez. 2020

Bundesministerium für Bildung und Forschung (2020b) Nachhaltigkeit in der beruflichen Bildung. https://www.bmbf.de/de/nachhaltigkeit-in-der-beruflichen-bildung-3518.html. Zugegriffen: 12. Dez. 2020

Bundesministerium für Ernährung und Landwirtschaft (2020) Entwicklung der Produktanzeigen zur Nutzung des Bio-Siegels 2.Quartal 2020. https://www.oekolandbau.de/fileadmin/redaktion/Bildarchiv/Bio-Siegel/user_upload/Dokumente/Reports/20200703_Quartalsbericht_Juni_2020.pdf. Zugegriffen: 9. Dez. 2020

Bundesministerium für Wirtschaft und Energie (2020a) Alltag erleichtern, Wirtschaft entlasten. https://www.bmwi.de/Redaktion/DE/Dossier/buerokratieabbau.html. Zugegriffen: 8. Dez. 2020

Bundesministerium für Wirtschaft und Energie (2020b) Nationale Kontaktstelle für die OECD-Leitsätze (NKS). https://www.bmwi.de/Redaktion/DE/Textsammlungen/Aussenwirtschaft/nationale-kontaktstelle-nks.html. Zugegriffen: 13. Dez. 2020

Bundesministerium für Wirtschaft und Energie (2020c) Abgeschlossene Beschwerdefälle bei der deutschen Nationalen Kontaktstelle. https://www.bmwi.de/Navigation/DE/Service/NKS-Beschwerdefaelle/beschwerdefaelle.html. Zugegriffen: 13. Dez. 2020

Bundesregierung (2017) Nationaler Aktionsplan – Umsetzung der VN-Leitprinzipien für Wirtschaft und Menschenrechte 2016 – 2020. https://www.auswaertiges-amt.de/blob/297434/8d6ab29982767d5a31d2e85464461565/nap-wirtschaft-menschenrechte-data.pdf. Zugegriffen: 13. Dez. 2020

Bundesregierung (2020a) Bessere Rechtsetzung und Bürokratieabbau. https://www.bundesregierung.de/breg-de/themen/buerokratieabbau. Zugegriffen: 8. Dez. 2020

Bundesregierung (2021) Die Deutsche Nachhaltigkeitsstrategie. https://www.bundesregierung.de/breg-de/themen/nachhaltigkeitspolitik/eine-strategie-begleitet-uns. Zugegriffen: 8. Mai. 2021

Bundestag (2020) Nachhaltigkeit: Bildung und Engagement – Bildung als Schlüssel für nachhaltige Entwicklung stärken – Positionspapier. https://www.bundestag.de/resource/blob/682476/b57794bf7c3b4f7d38dc0fb108351dfc/positions-papier-Bildung-data.pdf. Zugegriffen: 12. Dez. 2020

Bundesverband Deutsche Startups e. V. (2020) Deutscher Startup Monitor 2020 – Innovation statt Krise. https://deutscherstartupmonitor.de/wp-content/uploads/2020/09/dsm_2020.pdf. Zugegriffen: 9. Dez. 2020

Burbano V (2015) Social responsibility messages and worker wage requirements: field experimental evidence from online labor marketplaces. In: Burbano, V (Hrsg) Social responsibility messages and worker wage requirements: field experimental evidence from online labor marketplaces (March 8, 2015). Organization Science, Forthcoming, Columbia Business School Research Paper No. 16–17

Capgemini (2020) Konsumgüter und Einzelhandel: Wie Nachhaltigkeit die Verbraucherpräferenzen grundlegend verändert. https://www.capgemini.com/de-de/wp-content/uploads/sites/5/2020/07/Final-Web-Report-Sustainability-In-CPRD.pdf. Zugegriffen: 9. Dez. 2020

Carroll A (1991) The pyramid of corporate social responsibility. Toward the moral management of organizational stakeholders. Bus Horiz 34(4):39–48

Coase R (1937) The nature of the firm. Economica. Blackwell Publishing 4(16):386–405

Deloitte (2018) The 2018 Deloitte Millennial survey. https://www2.deloitte.com/content/dam/Deloitte/global/Documents/About-Deloitte/gx-2018-millennial-survey-report.pdf. Zugegriffen: 9. Dez. 2020

Deloitte (2020) The Deloitte Global Millennial survey 2020. https://www2.deloitte.com/content/dam/Deloitte/global/Documents/About-Deloitte/deloitte-2020-millennial-survey.pdf. Zugegriffen: 9. Dez. 2020

Dettling D (2020) Next CSR: Mehr Politik wagen! In: Genders S (Hrsg) CSR und Institutionen – Etablierung unternehmerischer Verantwortung in Wirtschaft, Politik und Gesellschaft. Springer Gabler, Berlin, S 363–373

Deutsches Global Contact Netzwerk (2020a) 10 Prinzipien des Global Compact. https://www.globalcompact.de/de/ueber-uns/Dokumente-Ueber-uns/DIE-ZEHN-PRINZIPIEN-1.pdf. Zugegriffen: 13. Dez. 2020

Deutsches Global Contact Netzwerk (2020b) Deutsches Global Contact Netzwerk. https://www.globalcompact.de/de/ueber-uns/deutsches-netzwerk.php. Zugegriffen: 13. Dez. 2020

Deutscher Industrie- und Handelskammertag (DIHK) e. V. (2020) DIHK-Report Fachkräfte 2020 – Fachkräftesuche bleibt Herausforderung. https://www.dihk.de/resource/blob/17812/f1dc195354b02c9dab098fee4fbc137a/dihk-report-fachkraefte-2020-data.pdf. Zugegriffen: 9. Dez. 2020

Deutscher Nachhaltigkeitskodex (2020a) DNK-Kriterien. https://www.deutscher-nachhaltigkeitskodex.de/de-DE/Home/DNK/Criteria. Zugegriffen: 13. Dez. 2020

Deutscher Nachhaltigkeitskodex (2020b) Kriterien. https://www.deutscher-nachhaltigkeitskodex.de/de-DE/Home/DNK/Criteria. Zugegriffen: 21. Dez. 2020

Deutscher Nachhaltigkeitskodex (2020c) Der Nachhaltigkeitskodex. https://www.deutscher-nachhaltigkeitskodex.de/de-DE/Home/DNK/DNK-Overview. Zugegriffen: 13. Dez. 2020.

Ernst & Young (2020) EY Studierendenstudie 2020. https://assets.ey.com/content/dam/ey-sites/ey-com/de_de/news/2020/10/ey-studierenden-studie-2020-ziele-werte-perspektiven.pdf. Zugegriffen: 9. Dez. 2020

Europäische Kommission (2001) Europäische Kommission KOM (2001) 366 endg., Grünbuch, Europäische Rahmenbedingungen für die soziale Verantwortung der Unternehmen, Europäische Kommission, Brüssel

Europäische Kommission (2011) Europäische Kommission KOM (2011) 681 endg., Mitteilung der Kommission an das Europäische Parlament, den Rat, den Europäischen Wirtschafts- und Sozialausschuss und den Ausschuss der Regionen, Eine neue EU-Strategie (2011–14) für die soziale Verantwortung der Unternehmen (CSR), Europäische Kommission, Brüssel

Europäische Kommission (2016) Mitteilung der Kommission an das Europäische Parlament, den Rat, den Europäischen Wirtschafts- und Sozialausschuss und den Ausschuss der Regionen, Auf dem Weg in eine nachhaltige Zukunft, Europäische Nachhaltigkeitspolitik, Straßburg, den 22.11.2016, COM (2016) 739 final

Europäische Kommission (2018) Frequently asked questions: Commission proposals on financing sustainable growth. https://ec.europa.eu/commission/presscorner/detail/en/MEMO_18_3730. Zugegriffen: 12. Dez. 2020

Europäische Kommission (2020) Ein europäischer Grüner Deal. https://ec.europa.eu/info/strategy/priorities-2019-2024/european-green-deal_de#manahmen. Zugegriffen: 13. Dez. 2020

Europäischer Rat (2017) Eine nachhaltige Zukunft für Europa: Reaktion der EU auf die Agenda 2030 für nachhaltige Entwicklung – Schlussfolgerungen des Rates (20. Juni 2017), Rat der Europäischen Union, Brüssel, den 20. Juni 2017, 10370/17

Fairtrade International (2019) Choosing a fairer future through trade – annual report 2018–2019. https://files.fairtrade.net/publications/2018-19_FI_AnnualReport.pdf. Zugegriffen: 9. Dez. 2020

FNG – Forum Nachhaltige Geldanlagen (2020) Marktbericht Nachhaltige Geldanlagen 2020, Deutschland, Österreich & Schweiz. https://fng-marktbericht.org/wp-content/uploads/2020/05/FNG_Marktbericht2020.pdf. Zugegriffen: 12. Dez. 2020

Foodwatch (2020) Bio-Branche: Zahlen, Daten, Fakten – foodwatch. https://www.foodwatch.org/de/informieren/bio-landwirtschaft/zahlen-daten-fakten/. Zugegriffen: 9. Dez. 2020

Friesenbichler R (2015) Socially responsible investment. In: Schneider A, Schmidpeter R (Hrsg) Corporate Social Responsibility – Verantwortungsvolle Unternehmensführung in Theorie und Praxis. Springer Gabler, Berlin, S 1023–1041

Fuest C (2020) Vorteile der Arbeitsteilung gelten auch in der Wirtschaftspolitik: Der Green New Deal. In: ifo Institut (Hrsg) ifo Standpunkte 221, Auszug aus der Hayek-Vorlesung mit dem Titel „Liberale Wirtschaftspolitik in Zeiten der Coronakrise" am Walter Eucken Institut in Freiburg (online), Montag, 30. November 2020. Erschienen in der Frankfurter Allgemeinen Zeitung, 11. Dezember 2020

Genders S (2020a) CSR & Institutionen – Eine Zusammenfassung. In: Genders S (Hrsg) CSR und Institutionen. Etablierung unternehmerischer Verantwortung in Wirtschaft, Politik und Gesellschaft. Springer Gabler, Berlin, S 375–383

Genders S (2020b) CSR und Institutionen. Etablierung unternehmerischer Verantwortung in Wirtschaft, Politik und Gesellschaft. Springer Gabler, Berlin

Global Reporting Initiative (2020) GRI standards. https://www.globalreporting.org/. Zugegriffen: 13. Dez. 2020

Grüninger S (2017) CSR in der Unternehmerpraxis – Management von Soft Law und Unternehmensintegrität. In: Falta R, Dueblin C (Hrsg) Praxishandbuch Legal Operations Management. Springer Gabler, Berlin, S 795–809

Hempel A (2019) Ethische Unternehmenskultur – warum gelebte Werte die Zukunft sichern. In: Buchenau P (Hrsg) Chefsache Zukunft – Was Führungskräfte von morgen brauchen. Springer Gabler, Wiesbaden, S 185–207

Hößle U (2018) Compliance im UN Global Compact. In: Kleinfeld A, Martens A (Hrsg) CSR und Compliance – Synergien nutzen durch ein integriertes Management, Management-Reihe Corporate Social Responsibility. Springer Gabler, Berlin, S 105–120

Internationale Arbeitsorganisation (1998) Erklärung der IAO über grundlegende Prinzipien und Rechte bei der Arbeit und ihre Folgemaßnahmen, angenommen von der Internationalen Arbeitskonferenz auf ihrer 86. Tagung, Genf, 18. Juni 1998. https://www.ilo.org/wcmsp5/groups/public/---europe/---ro-geneva/---ilo-berlin/documents/normativeinstrument/wcms_193727.pdf. Zugegriffen: 13. Dez. 2020

Internationale Arbeitsorganisation (2008) Erklärung der IAO über soziale Gerechtigkeit für eine faire Globalisierung, angenommen von der Internationalen Arbeitskonferenz auf ihrer siebenundneunzigsten Tagung, Genf, 10. Juni 2008. https://www.ilo.org/wcmsp5/groups/public/---europe/---ro-geneva/---ilo-berlin/documents/genericdocument/wcms_100192.pdf. Zugegriffen: 13. Dez. 2020

Internationale Arbeitsorganisation (2019) Jahrhunderterklärung der IAO für die Zukunft der Arbeit. https://www.ilo.org/wcmsp5/groups/public/---europe/---ro-geneva/---ilo-berlin/documents/publication/wcms_748746.pdf. Zugegriffen: 13. Dez. 2020

Internationale Arbeitsorganisation (2020a) ILO-Arbeits- und Sozialstandards. https://www.ilo.org/berlin/arbeits-und-standards/lang--de/index.htm. Zugegriffen: 13. Dez. 2020

Internationale Arbeitsorganisation (2020b) Ziele und Aufgaben. https://www.ilo.org/berlin/ziele-aufgaben/lang--de/index.htm. Zugegriffen: 13. Dez. 2020

Knape B, Rohmann J (2020) CSR in der Druckindustrie: Greenprinting statt Greenwashing. In: Genders S (Hrsg) CSR und Institutionen – Etablierung unternehmerischer Verantwortung in Wirtschaft, Politik und Gesellschaft. Springer Gabler, Berlin, S 127–141

Martens A, Kleinfeld A (2018) CSR und Compliance im Kontext ihrer Bedeutungsentwicklung. In: Kleinfeld A, Martens A (Hrsg) CSR und Compliance – Synergien nutzen durch ein integriertes Management. Springer Gabler, Berlin, S 3–33

Netzwerk Hochschule Bayern (2020) Memorandum of understanding. https://www.nachhaltigehochschule.de/mou/. Zugegriffen: 12. Dez. 2020

Organisation für wirtschaftliche Zusammenarbeit und Entwicklung (2011) OECD-Leitsätze für multinationale Unternehmen – Ausgabe 2011. https://mneguidelines.oecd.org/48808708.pdf. Zugegriffen: 13. Dez. 2020

Pötter B (2019) Die Klimapolitik. In: Mahlke S (Hrsg) Atlas der Globalisierung – Welt in Bewegung. Le Monde diplomatique/taz Genossenschaft, Berlin, S 4–7

PricewaterhouseCoopers (2020a) Surviving the retail apocalypse – What to learn from "Clicks-to-bricks". https://www.pwc.de/de/human-resources/studie-surviving-the-retail-apocalypse.pdf. Zugegriffen: 9. Dez. 2020

PricewaterhouseCoopers (2020b) Gen Z is talking. Are you listening – #3 of PwC Europe consumer insights series. https://www.pwc.de/de/handel-und-konsumguter/gen-z-is-talking-are-you-listening.pdf. Zugegriffen: 9. Dez. 2020

Purtik H, Oswald G (2020) Den Ehrbaren Kaufmann leben: Die Angebote der bayerischen Industrie- und Handelskammern zum Thema verantwortungsvolles Wirtschaften. In: Genders S (Hrsg) CSR und Institutionen – Etablierung unternehmerischer Verantwortung in Wirtschaft, Politik und Gesellschaft. Springer Gabler, Berlin, S 35–46

Randstad (2020) Employer brand research 2020, Global Report. https://workforceinsights.randstad.com/global-employer-brand-research-2020. Zugegriffen: 9. Dez. 2020

Rat für Nachhaltige Entwicklung (2020) Leitfaden zum Deutschen Nachhaltigkeitskodex. https://www.deutscher-nachhaltigkeitskodex.de/de-DE/Documents/PDFs/Sustainability-Code/Leitfaden-zum-Deutschen-Nachhaltigkeitskodex-Orien. Zugegriffen: 13. Dez. 2020

Schick G (2014) Machtwirtschaft Nein Danke! Für eine Wirtschaft, die uns allen dient. Campus, Frankfurt

Schöttl L (2018) Integrity Management als Brücke zwischen CSR- und Compliance Management. In: Kleinfeld A, Martens A (Hrsg) CSR und Compliance – Synergien nutzen durch ein integriertes Management. Springer Gabler, Berlin, S 35–47

Springer Gabler (2020a) Ordnungspolitik. https://wirtschaftslexikon.gabler.de/definition/ordnungspolitik-44735. Zugegriffen: 27. Dez. 2020

Springer Gabler (2020b) Gefangendilemma. https://wirtschaftslexikon.gabler.de/definition/gefangenendilemma-35414/version-258895. Zugegriffen: 20. Dez. 2020

Statista (2019) Ethischer Konsum in Deutschland. Statista DossierPlus zum ökologisch und sozial nachhaltigen Konsum in Deutschland. Statista, Hamburg

Statistischen Bundesamt (2020) Bürokratiekostenindex. https://www.destatis.de/DE/Themen/Staat/Buerokratiekosten/Buerokratiekostenindex/buerokratiekostenindex.html. Zugegriffen: 8. Dez. 2020

Sutter G-S (2015) CSR und Human Ressource Management. In: Schneider A, Schmidpeter R (Hrsg) Corporate Social Responsibility – Verantwortungsvolle Unternehmensführung in Theorie und Praxis. Springer Gabler, Berlin, S 647–665

TransFair (2020) Mit Fairtrade zu mehr Nachhaltigkeit. Jahres- und Wirkungsbericht 2019/2020. https://www.fairtrade-deutschland.de/service/mediathek.html. Zugegriffen: 9. Dez. 2020

United Nations (2011) Guiding principles on business and human rights. Implementing the United Nations "Protect, Respect and Remedy" framework. https://www.ohchr.org/Documents/Publications/GuidingPrinciplesBusinessHR_EN.pdf. Zugegriffen: 13. Dez. 2020

United Nations (2015) Transformation unserer Welt: die Agenda 2030 für nachhaltige Entwicklung. Vereinte Nationen. Resolution der Generalversammlung, verabschiedet am 25. September 2015. https://www.un.org/Depts/german/gv-70/band1/ar70001.pdf. Zugegriffen: 13. Dez. 2020

United Nations (2020) Global compact. https://www.unglobalcompact.org/. Zugegriffen: 13. Dez. 2020

Wieland J (2010) Compliance-Management als Corporate Governance – konzeptionelle Grundlagen und Erfolgsfaktoren. In: Wieland J, Steinmeyer R, Grüninger S (Hrsg) Handbuch Compliance-Management – Konzeptionelle Grundlagen, praktische Erfolgsfaktoren, globale Herausforderungen. Erich Schmidt, Berlin, S 15–38

WifOR (2020) Fachkräftemonitor. https://www.fk-monitoring.de/. Zugegriffen: 9. Dez. 2020

Wöhe G, Döring U, Brösel G (2016) Einführung in die Allgemeine Betriebswirtschaftslehre, 26. Aufl. Vahlen, München

5

Gelebte Nachhaltigkeit – warum eigentlich?

Nachhaltigkeit bzw. CSR ist vielsichtig. Es gibt zwei maßgebliche Wirkungskanäle, die sicherstellen, dass Unternehmen sich mit CSR und Nachhaltigkeit beschäftigen. In diesem Kapitel möchte ich die Frage aufgreifen, warum Unternehmensverantwortung wichtig ist. In einem Exkurs möchte ich den Begriff Verantwortung in den ökonomischen Kontext setzen. Anschließend gehe ich auf den im Zuge der Nachhaltigkeits- und CSR-Diskussion relevanten Begriff des Shared Value ein, um den gesellschaftlichen Mehrwert von Nachhaltigkeit aufzuzeigen. Dies soll der inhaltliche Schwerpunkt dieses Kapitels sein.

5.1 Verantwortung aus ökonomisch-ethischer Sicht

Ich möchte Ihnen gerne erläutern, weshalb Verantwortung und Vertrauen wichtig und aus meinem Verständnis heraus auch in der ökonomischen Gedankenwelt nicht deplatziert ist.

Sie hatten im Verlaufe des Buches bereits gelernt, dass es in der Ökonomie um den Tausch geht. Der Tausch erfolgt auf Märkten.

Es besteht die Möglichkeit, dass Märkte versagen, man bezeichnet dies als Marktversagen. Typische Beispiele sogenannter Marktversagenstatbestände sind ungleich verteilte Informationen. Diese liegen vor, wenn zum Beispiel ein Bewerber in einem Bewerbungsgespräch seine eigene Arbeitsfähigkeit oder Motivation besser einschätzen kann als sein potenzieller Arbeitgeber. Oder denken Sie an Ihren Informationsnachteil, wenn Sie als Nichtfachmann einen Gebrauchtwagen vom Händler erwerben und Sie schlicht die Qualität vor dem Kauf nicht einsehen können. Eine zweite Art von Marktversagenstatbeständen sind externe Effekte in unterschiedlicher Form, wenn Sie zum Beispiel aufgrund der Fahrt mit Ihrem Auto jeden Tag Schadstoffe in die Luft absondern, von der schlechteren Luft jedoch nicht nur Sie, sondern alle Ihre Mitmenschen negativ betroffen sind. Marktversagenstatbestände führen dazu, dass unter Umständen Transaktionen auf Märkten nicht stattfinden – zum Beispiel wird jemand nicht eingestellt, weil der Arbeitgeber über dessen Leistung nach Vertragsabschluss nicht sicher ist oder Sie kaufen Ihr gewolltes bzw. benötigtes Auto nicht, weil Sie Angst vor verdeckten Schäden haben. Das ist nicht gewollt aus ökonomischer Sicht, denn der Markt sollte, wenn Anbieter und Nachfrager da sind, nicht versagen.

Lösen lassen sich solche Sachverhalte: im Fall des Bewerbers mit Informationsvorsprung zum Beispiel durch ein Bewerbungsverfahren oder eine Probearbeitszeit, im Falle des Autos mittels einer Garantie durch den Händler oder den Kfz-Brief, der zeigt, wer bislang Besitzer war. Und die Kosten für die durch Ihr Auto verursachte Luftverschmutzung versucht man Ihnen durch höhere Steuern auf Fahrzeug oder Benzin in Rechnung zu stellen. In der Ökonomie spricht man von Begriffen wie Signaling oder Anreizeffekte zur Reduzierung von Informationsasymmetrien, oder von der Internalisierung externer Effekte, wenn die Kosten oder Erträge einer Leistung dem Verursacher zugerechnet werden. Tausche finden statt, jedoch verursacht dies Kosten (beispielsweise zur Informationsanbahnung oder zur Vertragsabstimmung). Je geringer diese Kosten, desto besser.

Erlauben Sie mir nun einen kleinen Einblick in den Bereich der Unternehmensethik. Unternehmensethik hinterfragt unter anderem das Tauschen von Gütern. In der Ethik geht es anders formuliert um „ein gutes Miteinander beim Tauschen" bzw. um Gerechtigkeit beim Tausch (Schüz 2017, S. 22). Es wird diskutiert, „… wie Marktakteure ihre Handlungen (…) gestalten können, dass deren Folgen weder wettbewerbliche Nachteile mit sich bringen noch zu Schäden des Individual- und Gemeinwohls führen" (Aßländer 2011, S. 188).

Und hier kommt das Thema Verantwortung ins Spiel: Könnten Sie einem Bewerber glauben, dass er stets (verantwortungsvoll) vollen Arbeitseinsatz und höchste Motivation bringt, zuzüglich der passenden Fähigkeiten, könnten Sie auf Bewerbungsgespräche und Befristung eines Arbeitsvertrags verzichten, oder? Wenn Sie wüssten, dass ein Produkt alle notwendigen Qualitätsstandards erfüllt und dass der Händler dieses ohne Anstand (verantwortungsvoll) umtauschen würde, bräuchte man keine Garantie- und Gewährleistungszeiten, richtig? Und wenn man sichergehen könnte, dass jeder, bei dem was er tut, nicht nur den eigenen Nutzen betrachtet, sondern (verantwortungsvoll) stets alle potenziell Betroffenen in den Blick nimmt, wäre auch alles gut, korrekt? Dies alles fußt demnach auf dem Vertrauen darauf, dass ein Marktakteur verantwortungsvoll handelt. Vertrauen und „Glaube" sowie Zutrauen in etwas oder jemanden sind entscheidend. Die glaubhafte und dauerhaft konsequente Übernahme von Verantwortung in dem Sinne, die Folgen des Handelns im positiven wie negativen Sinne tragen zu wollen bzw. zu können, schafft Vertrauen. Verantwortungsübernahme steigert Vertrauen. Durch Vertrauen im ethischen Sinne, d. h. den Glauben an Gerechtigkeit beim Tausch, kommt entweder ein Tausch zustande oder die Kosten des Tausches reduzieren sich.

Vertrauen ist ein hohes Gut. Stellen Sie sich vor, man kann alles und jedem zu 100 % vertrauen, brauchen wir dann noch Verträge? Nun ist dies alles (leider) unrealistisch. Wir brauchen Regelungen, Verträge und klare Verantwortlichkeiten. Aber Sie erkennen hoffentlich, was ich sagen möchte: Vertrauen entsteht durch Verantwortung. Und Vertrauen durch Verantwortung wirkt sich positiv auf die Tauschgerechtigkeit aus und führt letztlich zum Wesentlichen, denn die Kosten für die Nutzung von Märkten sinken. Vertrauen und Verantwortung liefern somit einen Mehrwert für die Gesellschaft.

> **Merke!**
> Die Übernahme von Verantwortung schafft Vertrauen. Durch Vertrauen entsteht Verbindlichkeit und diese schafft Vorteile auf Märkten.

5.2 Gesellschaftlicher Mehrwert

Was bringt es uns, wenn Unternehmen nachhaltig handeln? Eine einfache Antwort wäre mit Blick auf die bisher genannten Inhalte des Buches folgende: Unternehmen lösen die Herausforderung der Megatrends. Diese Zielsetzung der Wirtschaft zuzuschreiben wäre aber unrealistisch und utopisch. Und wenn Sie sich exakt erinnern an das zuvor Geschriebene, habe ich auch geschrieben, dass die Wirtschaft ihren „Beitrag" zur Lösung der Probleme leisten kann.

Nach dem ökonomisch-ethischen Exkurs zu Verantwortung lege ich den Schwerpunkt auf das Konzept des gesellschaftlichen Mehrwerts von Nachhaltigkeit und CSR. Die Definition von Unternehmensverantwortung sieht bereits die Antwort vor, dass ein Mehrwert für das Unternehmen (auch materiell) und die relevante Gesellschaft durch nachhaltiges Handeln geschaffen werden soll. Diese Sichtweise möchte ich gerne inhaltlich vertiefen:

Gesellschaftlicher Mehrwert durch nachhaltiges Handeln von Unternehmen bedeutet, dass Unternehmen, indem sie ihre eigenen Ziele verfolgen, zugleich einen Mehrwert für relevante Interessensgruppen bzw. die relevante Gesellschaft schaffen.

Ich möchte nochmals kurz den Gedankengang aufgreifen, in dem ich erwähnt habe, dass aus meiner Praxiserfahrung heraus oftmals über nachhaltige Themen ohne die Wirtschaft bzw. ohne Unternehmen diskutiert und entschieden wird: Wenn Unternehmen durch ihr Wirken einen Mehrwert schaffen für Dritte, so ist dieses Ausklammern der Wirtschaft aus Sicht der Entscheidungsfindungen fatal. Mehr noch: Unternehmen und die Wirtschaft sind nicht nur wesentliche Partner (Stakeholder) mit Blick auf die Erreichung politischer Zielsetzungen zur Gestaltung einer nachhaltigen Welt (siehe Nachhaltigkeitsziele, Stakeholder-Dialoge usw.), sie bieten durch den ihnen obliegenden Hebel vielmehr enorme Potenziale, die ohne ihre Einbeziehung brachliegen. Häufig wird über die unentschuldbaren Negativbeispiele gesprochen: Denken Sie an einstürzende Textilfabriken mit vielen Toten, an Selbstmorde von überarbeiteten Managern, an Bilanzmanipulationen oder Schummeleien bei Emissionswerten von Automobilen. Ihnen fallen vermutlich sofort Unternehmen ein, die Sie mit diesen Ereignissen verbinden. Aber: Welche positiven Beispiele für „gutes Unternehmertum" sind Ihnen präsent? Logischerweise wird über Negatives schneller berichtet, weil es vielleicht auch ein breiteres Publikum interessiert, Sensationsmeldung werden gerne konsumiert. Aber gerade die vielen positiven Beispiele – und dies sind die deutliche Mehrzahl – sollten es meiner Ansicht nach wert sein, in den Fokus der Öffentlichkeit zu rücken. Wirft man nämlich einen Blick auf diese große Mehrheit, wird klar, was ich mit Hebel, Kraft oder Potenzialen der Unternehmen bzw. der Wirtschaft beschrieben habe, um die Welt nachhaltig zu gestalten. Zur Gestaltung einer nachhaltigen Welt braucht es, meiner Ansicht nach Unternehmen eben nur nicht als Beiwerk (was zumindest eine Mindestforderung wäre), sondern als Treiber der Nachhaltigkeit. Ohne Unternehmen geht es nicht! Diejenigen, die Unternehmen als Problem oder zu meisternde Hürde auf dem Weg zur Nachhaltigkeit sehen, liegen meiner Ansicht nach falsch – so viel möchte ich mit Blick auf die weiteren Inhalte gerne vorwegnehmen. Unternehmen sind nicht das Problem, sondern vielmehr Teil der Lösung.

Um das Konzept des Mehrwertes durch Nachhaltigkeit und CSR für Unternehmen bzw. Wirtschaft und Gesellschaft zu beschreiben, beziehe ich mich auf die hierzu in Deutschland im positiven Sinne omnipräsenten Ausführungen des Nachhaltigkeitsexperten René Schmidpeter (2015, S. 140) bzw. auf Abb. 5.1.

5 Gelebte Nachhaltigkeit – warum eigentlich?

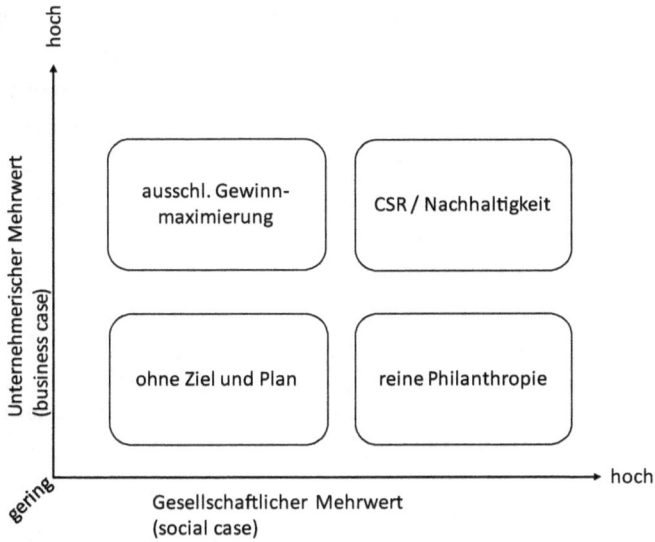

Abb. 5.1 Unternehmerischer und gesellschaftlicher Mehrwert. Quelle: eigene Darstellung, in Anlehnung an Schmidpeter (2015, S. 140)

Abgebildet finden Sie unternehmerische Handlungen, die nach dem unternehmerischen Mehrwert (Erfolg) und dem gesellschaftlichen Mehrwert beurteilt werden können. Auf der horizontalen Achse ist von links nach rechts ansteigend der gesellschaftliche Mehrwert (ein sogenannter „social case") abgetragen. Auf der vertikalen Achse verbleibt der unternehmerische Mehrwert („business case"). In dieser Systematik definiert Schmidpeter vier mögliche Fallkonstellationen im Zusammenspiel von unternehmerischem und gesellschaftlichem Mehrwert:

- Der Fall „ohne Ziel und Plan" ist nicht relevant. Ein Unternehmen, das keinen eigenen Mehrwert erwirtschaftet, ist meiner Logik nach auf Dauer nicht wettbewerbsfähig.
- Der Fall „ausschließliche Gewinnmaximierung" ist gesellschaftlich nicht wünschenswert.
- Die „reine Philanthropie" ist aus unternehmerischer Sicht nicht optimal, da das Unternehmen nicht wettbewerbsfähig ist.
- Wenn unternehmerischer Mehrwert bzw. Erfolg mit einem hohen gesellschaftlichen Mehrwert einhergeht, liegt „echte" CSR bzw. Nachhaltigkeit vor: Nämlich dann, wenn ein Unternehmen nicht nur den eigenen Erfolg fokussiert, sondern zugleich einen Mehrwert für relevante Dritte schafft.

Profitieren Unternehmen und relevante Gesellschaft von verantwortungsvollem Wirtschaften, entsteht ein Mehrwert für beide Seiten – Unternehmen und Gesellschaft – so spricht man vom sogenannten Shared Value – also einem gemeinschaftlichen Wert unternehmerischen Handelns (Schmidpeter 2015, S. 137). Als Sweet Spot wird hierbei der Umstand bezeichnet, wenn die Interessen von Unternehmen und Gesellschaft in Einklang stehen (Schmidpeter 2015, S. 137).

> **Merke!**
> Durch Nachhaltigkeit und CSR werden verschiedene Interessen in Einklang gebracht (hier: von Unternehmen und relevanter Gesellschaft). Durch verantwortungsvolles Handeln der Unternehmen entsteht ein doppelter Mehrwert – für Unternehmen und relevante Gesellschaft.

Verdeutlichen lässt sich dieser Sweet Spot an einigen Beispielen: Fördern Sie als Unternehmen zum Beispiel eine Stiftungsprofessur, liefert dies einen gesellschaftlichen Mehrwert durch neues Wissen oder ein Lehrangebot für Studierende, zugleich sichern Sie sich womöglich Kooperationsvorteile mit der Hochschule. Bietet eine Autovermietung Sicherheitstraining für ihre Kunden an, so verringert dies Verkehrsunfälle und möglicherweise Verletzungen, zugleich profitiert das Unternehmen, weil die eigenen Leihfahrzeuge seltener in die Reparatur müssen. Und wenn ein Telefon- und IT-Unternehmen in Entwicklungsländern in den Aufbau einer Breitbandinfrastruktur investiert, so ermöglicht dies nicht nur Wachstumspotenziale für die Bevölkerung inklusive Wohlstand in allen Facetten. Das Unternehmen sichert sich zugleich mögliches Marktwachstum durch neue Käuferschichten. Relevante Gesellschaft und Unternehmen profitieren beide. Es entsteht ein gemeinsamer Wert.

Während der Wert für Unternehmen in den unternehmerischen (auch materiellen) Zielen bzw. in deren Erfüllung liegt, so profitiert die Gesellschaft durch einen nachhaltigen Wandel. Nehmen Sie die Megatrends, die uns vor enorme Herausforderungen stellen wie Klimawandel, Umweltverschmutzung, Armut, Demografie und so weiter und so fort. Wenn es gelingt, dass Unternehmen sich dieser Themen annehmen, wenn sie durch den Einsatz für die Gesellschaft und die Schaffung eines Mehrwertes, der ihnen selbst dient, dazu beitragen, diese Themen anzupacken und hierbei auch ihre eigenen, egoistischen Ziele zu verwirklichen, dann sind wir der Lösung einen gewaltigen Schritt näher.

Der US-amerikanische Ökonom Michael E. Porter beschreibt diesen Zusammenhang treffend dahingehend, dass „Unternehmen … bereits (erkennen), dass Engagement für Nachhaltigkeit, … sich positiv auf ihre Produktivität … und Kosten …" auswirkt (Porter und Kramer 2015, S. 147). Und er fasst weiterführend treffend zusammen, dass „Shared-Value-Unternehmen innovative Pfade (verfolgen) …, um grundlegende Probleme anzugehen und dadurch gleichzeitig ihre Marktanteile und ihre Gewinne zu vermehren" (Porter und Kramer 2015, S. 147) (vgl. Abb. 5.2).

Nach Schmidpeter trägt das Konzept des Shared Value im Sinne eines gesellschaftlichen und eines unternehmerischen Mehrwertes dazu bei, dass sich neue Wachstumsdynamiken ergeben. Durch die Komplementarität oder Zielharmonie von gesellschaftlichem Mehrwert und unternehmerischem Mehrwert entstehen neue Geschäftsmodelle und Marktlösungen (Schmidpeter 2016, S. 92 f.). Diese Innovationen tragen dazu bei, dass individuelle und gesellschaftliche Interessen befriedigt werden können.

Welche Geschäftsmodelle können dies sein? Konkret möchte ich Ihnen zum Beispiel drei Ideen nennen (Schmidpeter 2016, S. 93):

- Inclusive Business
- Sharing Economy
- Social Entrepreneurship

Inclusive Business bzw. integrative Geschäftsmodelle beschreiben Produkte oder Dienstleistungen, die zum Beispiel einer einkommensschwachen Bevölkerung angeboten werden. Durch die Deckung von Grundbedürfnissen entsteht Wohlstand, was wiederum neue Käuferschichten hervorbringt. Denkbar sind zum Beispiel die Themenfelder Energie, Bildung, Gesundheit oder Ernährung.

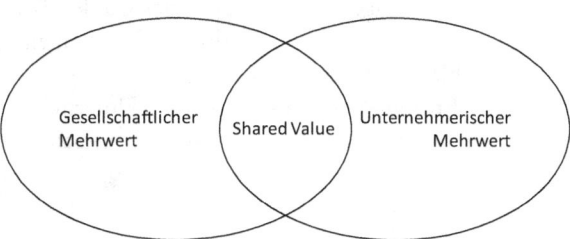

Abb. 5.2 Konzept des Shared Value. Quelle: eigene Darstellung

Das Konzept der Share oder Sharing Economy beruht auf dem Grundsatz der Trennung von Besitz und Nutzung eines Gutes. Vom Auto, über Maschinen, den Arbeitsplatz oder Musik – das Thema ist Ihnen allen bekannt und setzt hierbei gesellschaftlich insbesondere bei der Mindernutzung von Ressourcen bzw. einer erhöhten Effizienz derer an.

Social Entrepreneurship meint die mithilfe von unternehmerischen Instrumenten beabsichtigte Lösung eines „identifizierten sozialen Problems" (Schwarz 2014, S. 90).

> **Fazit**
> - Die Wahrnehmung von Verantwortung fördert Vertrauen.
> - Die Befassung mit CSR/Nachhaltigkeit führt zu einem Shared Value im Sinne eines Mehrwertes für Unternehmen bei komplementärem Mehrwert für die relevante Gesellschaft.

Literatur

Aßländer M (2011) Handbuch Wirtschaftsethik. J.B. Metzer, Stuttgart

Porter M, Kramer M (2015) Shared Value – Die Brücke von Corporate Social Responsibility zu Corporate Strategy. In: Schneider A, Schmidpeter R (Hrsg) Corporate Social Responsibility – Verantwortungsvolle Unternehmensführung in Theorie und Praxis. Springer Gabler, Berlin, S. 145–160

Schmidpeter R (2015) CSR, Sustainable Entrepreneurship und Social Innovation – Neue Ansätze der Betriebswirtschaftslehre. In: Schneider A, Schmidpeter R (Hrsg) Corporate Social Responsibility – Verantwortungsvolle Unternehmensführung in Theorie und Praxis. Springer Gabler, Berlin, S. 135–144

Schmidpeter R (2016) CSR als strategischer Ansatz der Organisationsentwicklung. In: Schram B, Schmidpeter R (Hrsg) CSR und Organisationsentwicklung – Die Rolle des Qualitäts- und Changemanagers. Springer Gabler, Berlin, S. 89–100

Schüz M (2017) Angewandte Unternehmensethik – Grundlagen für Studium und Praxis. Pearson Deutschland, Hallbergmoos

Schwarz S (2014) Social Entrepreneurship Projekte – Unternehmerische Konzepte als innovativer Beitrag zur Gestaltung einer sozialen Gesellschaft. Springer VS, Wiesbaden

6

Gewinne oder „Gutes" – aus Unternehmenssicht (k)ein Widerspruch (?)

Sie haben gelernt, was CSR bzw. Nachhaltigkeit ist. Sie kennen die beiden Wirkungskanäle unternehmerischer Verantwortung – Ordnungspolitik sowie den Markt –, die dafür Sorge tragen, dass sich Unternehmen mit ihrer eigenen Verantwortung beschäftigen. Ich habe Ihnen das Konzept des Shared Value nähergebracht, das erklären soll, wie und weshalb nicht nur Unternehmen von nachhaltigem Handeln profitieren, sondern auch eine relevante Gesellschaft. Werfen wir nun einen Blick auf das Unternehmen selbst.

Ich möchte betrachten, welcher Zusammenhang zwischen Unternehmenserfolg einerseits und CSR und Nachhaltigkeit andererseits besteht. Hierbei möchte ich zunächst die mehrfach getätigte Aussage aufgreifen, dass Nachhaltigkeit und CSR im hiesigen Verständnis eine betriebswirtschaftliche Relevanz besitzen (Abschn. 6.1). Anschließend (Abschn. 6.2) gehe ich auf Entscheidungsdilemmata in der Praxis ein. Hierzu möchte ich nicht nur unter Verweis auf die Systematik des Shared Value im vorherigen Kapitel abstrakt den Zusammenhang zwischen Moral und Geld thematisieren (Abschn. 6.2.1), sondern insbesondere als Schwerpunkt dieses Kapitels konkret aus Sicht eines Unternehmens hinterfragen, ob „Gutes tun" im Sinne des hiesigen Nachhaltigkeitsverständnisses und Unternehmenserfolg Hand in Hand gehen (können) (Abschn. 6.2.2). Über die betriebswirtschaftliche Relevanz hinaus geht es also um die Frage einer positiven Wirkung auf den (betriebswirtschaftlichen) Unternehmenserfolg. Eine finale Einschätzung zum (vermeintlichen) Widerspruch beendet das Kapitel (Abschn. 6.2.3). Ein Hinweis sei erlaubt: Wenn Sie konkrete Praxisbeispiele auf den nachfolgenden Seiten erwarten, muss ich Sie enttäuschen. Ich möchte Ihnen gerne theoretisch und abstrakt zeigen, ob CSR und Nachhaltigkeit betriebswirtschaftliche Relevanz haben und wenn ja, ob diese sich auch positiv auf den Unternehmenserfolg auswirken können. Nicht mehr, aber auch nicht weniger.

6.1 Betriebswirtschaftliche Relevanz von Nachhaltigkeit

Unternehmen agieren in Märkten. Um in diesen Märkten auf Dauer erfolgreich zu sein, müssen sie ökonomisch erfolgreich sein. Ich möchte nochmals klar sagen, Erfolg bedeutet für mich immer auch mit Blick auf ein Unternehmen, dass es betriebswirtschaftlich erfolgreich ist. Vereinfacht gesagt muss ein Unternehmen auf Dauer Gewinne erwirtschaften, um im Wettbewerb zu bestehen, dies setzt eine Gewinnerzielungsabsicht voraus.

> **Merke!**
> Ziel eines Unternehmens ist der Unternehmenserfolg, hierzu bedarf es einer Gewinnerzielung (mindestens als Mittel zum Zweck). Nur bei hinreichendem (materiellem) Erfolg ist ein Unternehmen langfristig wettbewerbsfähig.

Letztlich kann auch nur das Unternehmen auf Dauer, im wahrsten Sinne des Wortes nachhaltig seiner Verantwortung gerecht werden, das Gewinne erwirtschaftet. Die Verantwortungspyramide von Carroll nennt nicht ohne Grund die Verpflichtung zu Profitabilität und zur Erwirtschaftung von Gewinnen als Fundament von CSR.

Ein Unternehmen im Sinne des hiesigen Verständnisses von CSR braucht Erfolg, aber beeinflussen CSR und Nachhaltigkeit auch das betriebswirtschaftliche Ergebnis, haben CSR und Nachhaltigkeit eine betriebswirtschaftliche Relevanz? Die einfache Antwort lautet: ja!

Alle Aktivitäten eines Unternehmens, egal welcher Art und Weise, beeinflussen deren betriebswirtschaftliches Ergebnis. Das tut schlichtweg jede Maßnahme, weil keine dieser ohne Aufwand stattfindet – ob finanziell, materiell oder personell. Und demnach beeinflussen unternehmerische Aktivitäten in den vier Handlungsfeldern von CSR – Ökonomie, Ökologie, Arbeitsplatz und Gemeinwesen – logischer Weise die Aufwandsseite eines Unternehmens. Nachhaltigkeit kostet Geld! Wenn Sie mir hierbei zustimmen, dann sind Sie schon weiter in Ihren Gedankengängen als all diejenigen, die sich mangels Zeit oder Interesse nicht ernsthaft mit dem Thema

CSR und Nachhaltigkeit befassen und dies als Gutmenschentum oder Altruismus abtun. Denn: Sie anerkennen, dass CSR eine betriebswirtschaftliche Komponente beinhaltet. Aber ich verstärke meine Aussage inhaltlich dahingehend, dass ich behaupte, dass Nachhaltigkeit und CSR nicht nur Kosten beeinflussen, sondern auch den Umsatz und somit auch das betriebswirtschaftliche Ergebnis.

Auf die Frage des Einflusses auf den Unternehmenserfolg gehe ich später detailliert ein. Aber lassen Sie mich trotzdem kurz in das Thema vorgreifend einsteigen: Was ist Unternehmenserfolg? Wenn Sie sich den Erfolg bzw. Gewinn eines Unternehmens anschauen, so entsteht er – so viel Betriebswirtschaft sei erlaubt –, wenn die Erlöse in einer Periode größer sind als die gesamten Kosten. Es ergibt sich die bekannte und vereinfachte Gleichung:

> **Merke!**
> Gewinn/Unternehmenserfolg entspricht dem Umsatz/Erlös einer Periode abzüglich der gesamten Kosten.

Wenden wir uns zunächst der Kostenseite zu. Kosten in einem Unternehmen werden definiert als „bewerteter Verzehr von wirtschaftlichen Gütern materieller und immaterieller Art zur Erstellung und zum Absatz von Sach- und/oder Dienstleistungen sowie zur Schaffung und Aufrechterhaltung der dafür notwendigen Teilkapazitäten" (Springer Gabler 2020a). Konkret sind dies beispielsweise Kosten für Personal, für den Einkauf von Waren und Dienstleistungen, für Kapitalnutzung, für Vertrieb usw. Ich hoffe, Sie sehen nicht nur den direkten Bezug zu den angesprochenen Teilmärkten im Wirkungsfeld Markt, sondern erkennen auch bereits die zahlreichen Ansatzpunkte und möglichen Aktivitäten von Unternehmen, die in den Handlungsfeldern CSR bzw. Nachhaltigkeit eine Rolle spielen können (vgl. Tab. 3.1).

Schauen wir nun auf die Erlösseite. Der Umsatz bzw. der Erlös eines Unternehmens wird definiert als die „Summe der in einer Periode verkauften, mit ihren jeweiligen Verkaufspreisen bewerteten Leistungen" (Springer Gabler 2020b). Durch den Erlös wird der Unternehmenserfolg direkt bzw. unmittelbar beeinflusst. Mittels unternehmerischer Entscheidungen kann ein Betrieb umsatzsteigernde Schritte unternehmen, ergo kann ein Unternehmen umsatzsenkende Schritte tätigen. Beides beeinflusst den Unternehmenserfolg unmittelbar oder mittelbar.

Mittels unternehmerischer Aktivitäten können Unternehmen die Kostenentwicklung sowie die Erlösentwicklung in beide Richtungen (Mehrung, Minderung) steuern. Hierdurch wird der Unternehmenserfolg beeinflusst. Fragt man sich nun, ob und inwieweit durch Aktivitäten im Sinne von

Nachhaltigkeit und CSR der Unternehmenserfolg beeinflusst wird, so liegt die Antwort meiner Ansicht nach auf der Hand!

Betrachten Sie an der Stelle die verschiedenen Maßnahmen innerhalb der CSR-Handlungsfelder (Abb. 3.1) und fragen Sie sich, ob die unserem Verständnis nach dem Bereich von Nachhaltigkeit bzw. CSR zugeordneten Maßnahmen aus den CSR-Handlungsfeldern Ökologie, Ökonomie, Arbeitsplatz oder Gemeinwesen (und es gibt sicherlich noch weitere als diejenigen, die in Abb. 3.1 notiert sind) Einfluss auf den Unternehmenserfolg und somit eine betriebswirtschaftliche Relevanz haben. Die konkrete Beantwortung erspare ich mir gerne an dieser Stelle – dazu in Kürze mehr.

> **Merke!**
> Nachhaltigkeit und CSR sind betriebswirtschaftlich relevant und definieren den Unternehmenserfolg.

6.2 Entscheidungsdilemmata in der Praxis

Nun möchte ich mich intensiver auf den Kernaspekt der Diskussion rund um die Wahrnehmung von Verantwortung in der Wirtschaft konzentrieren: Es geht um die Frage, ob sich Unternehmenserfolg und „Gutes tun" in Einklang bringen lassen. Hierzu möchte ich auf zwei (vermeintliche) Dilemmata eingehen:

- Geld und Moral
- Nachhaltigkeit und Unternehmenserfolg

6.2.1 Geld und Moral

Lassen Sie mich wie folgt einsteigen. Es existiert die Annahme, es gibt keine „guten" Unternehmen. Die Einstiegsfrage lautet demnach „Kann ein Unternehmen gut sein?". Diese Unterstellung (diejenige, dass es eben diese Unternehmen nicht gebe) meint, dass Unternehmen ihren Fokus ausschließlich auf Gewinn legen, ebenda auch zulasten von gutem Verhalten. Dies unterstellt letztlich einen Trade-off zwischen gutem Verhalten und Erfolg. Wenn dem so ist, dann haben wir (und auch Unternehmen) ein Entscheidungsproblem: Soll sinnvollerweise Gutes getan oder doch der Fokus auf die reine Gewinnerzielungsabsicht gelegt werden? Es geht um Moral und Erfolg.

Wenn Sie Diskussionen, Tagespresse und sonstige Quellen rund um Unternehmensverantwortung verfolgen, dann können Sie rasch dem Eindruck unterliegen, es gibt eigentlich nur schlechte Unternehmer. Der Unternehmer ist immer der Böse – nicht nur (meist) in der sonntäglichen TV-Serie „Tatort". Dieses eher schlechte Image hängt nicht nur mit dem Fehlverhalten einiger Unternehmen zusammen (das in der heutigen Zeit zugleich auch gerne medial „verwertet" wird), insbesondere in Sachen Bildung kommt die Befassung mit Unternehmertum deutlich zu kurz. Letzteres hat nicht zuletzt auch Folgen für die Wertschätzung für Unternehmertum durch nachwachsende Generationen – so ebenda für die aktuellen Generationen. Laut Global Entrepreneurship Monitor landet Deutschland beim Faktor „Unternehmerische Bildung in der Schule" auf Rang 36 von insgesamt 54 Plätzen. Und auch darüber hinaus ist der Kontakt zu Unternehmern von Erwachsenen im persönlichen Umfeld und somit die Chance, unternehmerisches Denken kennenzulernen, mit Rang 37 im unteren Mittelfeld mehr als ausbaufähig (Global Entrepreneurship Research Association 2020, S. 108). Wer weder in der Bildung noch im persönlichen Kontakt von Unternehmertum erfährt, der kann sich keine eigene Meinung bilden und ist im Zweifelsfalle voreingenommen.

Auch wenn es in der Breite der Unternehmerschaft wie in jeder Gesellschaftsschicht gute und schlechte Beispiele gibt, so scheint mir dies in der persönlichen Erfahrung doch bei Unternehmen in Sachen der ihnen zugeteilten Wertschätzung in den letzten Jahren eindeutig in eine negative Richtung auszuschlagen. Sicherlich ist auch dies nicht zuletzt ein Kriterium dafür, dass immer weniger Menschen selbst unternehmerisch tätig werden wollen – wahrgenommene Vorbilder sind Unternehmer viel zu selten. Sicher sind auch nicht zuletzt diese Sichtweise und Wertigkeit von Unternehmertum ausschlaggebend für die meiner Ansicht vorliegende und zuvor bereits erwähnte Fokussierung der Politik auf ordnungspolitische Ansätze, um Verantwortung in der Wirtschaft zu implementieren. Es mangelt an Vertrauen.

Die Tatsache, dass der Unternehmer zunächst in der Wahrnehmung in den letzten Jahren ein eher negatives Image hat, wird erweitert durch den bei den meisten Menschen verankerten Gedanken, dass es ja nicht sein kann, dass jemand nicht nur sich selbst, sondern auch jemand anderem etwas Gutes gönne. „Gutes tun" für Dritte, das scheint unwahrscheinlich. Und auch ich spreche ja vom generellen Egoismus eines jeden (auch wenn dieser in Fülle nach meinem Verständnis auch Dritte miteinbezieht).

Schauen wir auf die Wirtschaft: In der Unternehmensethik existiert eine Reihe von Ansätzen zur Beurteilung von moralisch gutem sowie moralisch schlechtem Verhalten (vgl. beispielsweise Schüz 2017, S. 73 ff.). So kann zum Beispiel argumentiert werden, welche Konsequenzen einer Handlung gewünscht oder unerwünscht sind, welche Regeln und Pflichten eingehalten oder unterlassen werden sollten oder es wird definiert, welche Handlung gut oder schlecht ist. Wie aber hängt nun Moral (im Sinne von Gutem) mit Unternehmenserfolg zusammen?

In der Ökonomie kennt man den Begriff der Zielkonflikte. Ein Zielkonflikt liegt dann vor, wenn zwei Ziele nicht gleichzeitig erreicht werden können, weil sie per Definition unvereinbar miteinander sind: Jeden Tag bis spät in die Nacht zu arbeiten und früh aufzustehen am Folgetag als persönliches Ziel ist eher unvereinbar mit dem Ziel, ausreichend Schlaf zu bekommen. Die Suche nach einer bestmöglichst hohen Rendite bei der Geldanlage und zugleich das Bestreben nach möglichst geringem Investitionsrisiko stellt zudem einen klassischen Zielkonflikt dar. In der Wirtschaftspolitik tauchen klassische Zielkonflikte beim sogenannten magischen Viereck auf: Die volkswirtschaftlichen Ziele von Preisniveaustabilität, angemessenem Wirtschaftswachstum, einem außenwirtschaftlichen Gleichgewicht sowie einem hohen Beschäftigungsstand können sich durchaus als Konflikte darstellen. So ist zum Beispiel eine Maßnahme zur Stärkung des Importes zulasten der Exportwirtschaft, um bei hohem Exportanteil ein außenwirtschaftliches Gleichgewicht zu erreichen, womöglich schädlich für das Ziel des Wirtschaftswachstums. Und als weiteres Beispiel für einen Zielkonflikt aus dem Bereich der Ökonomie sei ein politisches Engagement für eine grüne Innenstadt und die Förderung des Radwegverkehrs benannt, das mit einem zeitgleich intensiven Online-Kaufverhalten und des meist üblichen Lieferdienstverkehrs in den Innenstädten ohne Zweifel nur schwer vereinbar ist.

Vielleicht kennen Sie den Literaturklassiker „Der Besuch der alten Dame" des Schweizer Schriftstellers Friedrich Dürrenmatt (1921–1990). Worum geht es darin? Um eben diesen Zielkonflikt zwischen Geld einerseits und „gutem" Verhalten, sprich Moral, andererseits. Eine Milliardärin kehrt in ihre Heimat zurück, aus der sie vor langer Zeit wegen Armut und Prostitution vertrieben wurde. Um ihre heute verarmte Heimatstadt zu retten, bietet sie Geld als Gegenleistung für einen Mord an derjenigen Person, die für ihre eigene Vertreibung verantwortlich war. Der Zielkonflikt ist perfekt für die Einwohner – was also tun?

Geld und wirtschaftliche Stärke steht im Werk von Dürrenmatt als Gegenpol zu moralisch-ethischem Verhalten. Ein Mord wird als Gegenleistung für finanziellen Wohlstand gehandelt. Hierin liegt die Abwägungserfordernis. Geld oder Moral? Dieses Drama von Dürrenmatt ist sinnbildhaft für die weit verbreitete Sichtweise, dass „Wirtschaft und Ethik im Grunde unvereinbare Gegensätze seien" (Korff et al. 1999,

S. 21). Wirtschaftlicher Erfolg und „gutes" Verhalten sind nur schwer zu kombinieren – so die Hypothese.

Es existiert ein Entscheidungsdilemma zwischen Geld und Moral. Karl Homann und Franz Blome-Dress haben vor rund 30 Jahren diese Problematik strukturiert (Homann und Blome-Dress 1992, S. 102). Schreck setzt in Anlehnung hieran unternehmerische Aktivitäten in Relation zu deren ökonomischen Wirkungen (Abb. 6.1) (Schreck 2015, S. 72 ff.). Die Gegenüberstellung von ökonomischer Sinnhaftigkeit und gesellschaftlicher Akzeptanz verdeutlicht den Zusammenhang von Geld und Moral.

Der Fall „unerwünscht, unprofitabel" liegt vor, wenn das Verhalten eines Unternehmens sowohl unmoralisch bzw. unethisch ist und zugleich kein unternehmerischer Erfolg damit einhergeht. Nehmen Sie als Beispiel ein Unternehmen, das (bei bestehender Legalität) seinen Kunden minderwertige Ware anbietet, seine Mitarbeiter nicht regelmäßig bezahlt oder vor Ort keine Steuern zahlt. Zugleich erwirtschaftet das Unternehmen keine Gewinne. In der logischen Konsequenz bliebe diesem nur die Einstellung der Geschäftstätigkeit und der Austritt aus dem Markt.

Ein zweiter Fall ist die Variante „unerwünscht, profitabel". Hierbei arbeitet ein Unternehmen hochprofitabel, hat zugleich aber Defizite in Sachen

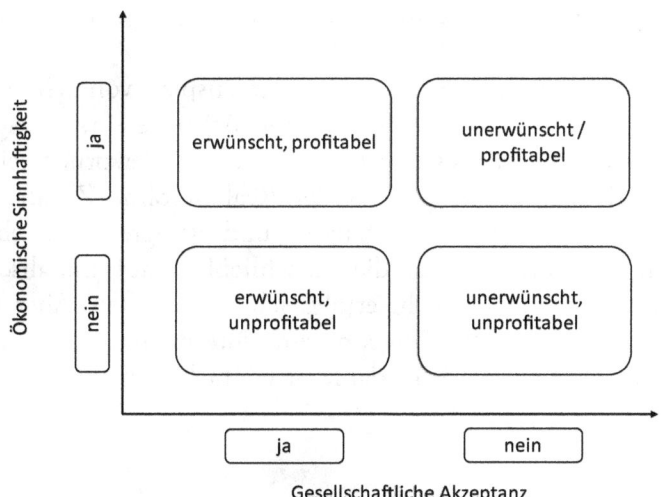

Abb. 6.1 Entscheidungsmatrix Geld und Moral. Quelle: eigene Darstellung, in Anlehnung an Schreck (2015, S. 73)

Moral. Typische Beispiele der öffentlichen Wahrnehmung dieser Kategorie sind zum Beispiel Rüstungs- oder Energieversorgungsunternehmen.

Der dritte Fall ist das gedankliche Gegenstück zum zweiten Fall. Es handelt sich um die Variante „erwünscht, unprofitabel". Hierbei arbeitet ein Unternehmen in hohem Maße nach moralisch-ethischen Standards, erfüllt Erwartungen der Gesellschaft in vollem Umfang, ist jedoch in Sachen Unternehmenserfolg abgehängt. Denken Sie hierbei vielleicht an Unternehmen aus den Bereichen der erneuerbaren Energie, die mit Blick auf die eigene Tragfähigkeit zu Beginn nicht in den Märkten bestehen konnten. Für Unternehmen, die sich in der Konstellation „unerwünscht, profitabel" oder „erwünscht, unprofitabel" bewegen, braucht es in der Regel ordnungspolitische Maßnahmen, um entweder bei bestehendem Erfolg moralische Ansprüche zu erfüllen (im Falle der Rüstungskonzerne zum Beispiel Ausfuhrregelungen für den Export) oder um betriebswirtschaftlichen Erfolg sicherzustellen (im Falle des Sektors der erneuerbaren Energie waren dies Subventionszahlungen). Faktisch dürften beide genannten Konstellationen auf den Großteil der real existierenden Unternehmensbeispiele zutreffen, die Sie kennen.

Der Idealzustand wird beschrieben durch den vierten und letzten Fall, durch die Konstellation „erwünscht, profitabel". In diesem Falle ist ein Unternehmen auf einem Markt erfolgreich, erwirtschaftet eine positive Rentabilität. Zugleich handelt es moralisch nach hohen Standards und erfüllt die Erwartungen in Gänze. In diesem Falle herrscht Zielharmonie. Geld und Moral gehen Hand in Hand.

Sie kennen nun die vier Fälle des Zusammenspiels von „Gutes tun" und „gutes Geld verdienen". Sicher fallen Ihnen Beispiele ein, richtig? Wichtig ist, Sie erkennen, dass Gutes und Gewinn kein Widerspruch sein müssen. Konflikte sind möglich, es gibt in der Realität ohne Zweifel Gegebenheiten, dass jemand ohne Moral handelt und erfolgreich ist, ebenso wird es Handlungsabsichten geben, die ausschließlich auf moralisch-ethische Konformität legen, jedoch nicht erfolgreich sein dürften. Aber wichtig ist die Antwort auf die gestellte Frage, ob ein Unternehmen gut sein kann. Ja, es kann moralisch gut handeln, dann ist es im besten Falle auch zugleich erfolgreich.

> **Merke!**
> Moral-akzeptiertes Verhalten und Unternehmenserfolg müssen kein Widerspruch sein.

6.2.2 Nachhaltigkeit und Unternehmenserfolg

Alle unternehmerischen Aktivitäten und Tätigkeiten haben eine betriebswirtschaftliche Relevanz. Sie wirken sich über die Kosten- oder die Erlösseite auf den Erfolg eines Unternehmens aus. Dasselbe gilt für die Maßnahmen innerhalb der CSR-Handlungsfelder.

In Abschn. 6.2.1 haben Sie gesehen, dass Geld und Moral kompatibel sein können. Da es thematisch in diesem Kapitel nun um einen (vermeintlichen) Widerspruch von Nachhaltigkeit und Gewinnen geht, werfen wir den Blick auch hierbei auf mögliche Zielkonflikte oder Zielharmonien im Unternehmen. Ziel von Unternehmen muss Erfolg sein. Also ist nach Harmonie mit CSR und Nachhaltigkeit zu suchen. Ohne Zweifel existieren Zielkonflikte mit Blick auf die CSR-Handlungsfelder – und zwar immer dann, wenn die Maßnahmen innerhalb eines der vier Handlungsfelder stattfinden, die (vermeintlich) dem Ziel des Unternehmens entgegenstehen, Erlöse (in maximaler Höhe) zu erwirtschaften. Der Konflikt hieße für ein Unternehmen konkret: In einem Markt erfolgreich zu sein und zugleich seine eigene Verantwortung wahrzunehmen, ist nicht möglich. Die Frage lautet daher: Wirkt sich Nachhaltigkeit positiv auf den Unternehmenserfolg aus?

Um möglichst konkret zu bleiben, wie dies aussieht, komme ich auf den Zusammenhang von Kosten, Erlösen und Erfolg zurück.

Starten wir mit der Kostenseite. Wichtig ist meiner Ansicht nach festzuhalten, dass Kosten mittels unternehmerischer Entscheidung und einzelner Maßnahmen erhöht oder gesenkt werden können. Dies kann sich – den Erlös ausgeblendet – positiv oder negativ auf den Unternehmenserfolg auswirken. Tab. 6.1 zeigt alle relevanten Fallkonstellationen auf, inwieweit eine Anhebung oder eine Senkung von Kosten den Erfolg eines Unternehmens beeinflussen kann. Wichtig ist, dass wir innerhalb der betrachteten Periode zwischen einer unmittelbaren und einer mittelbaren Wirkung der Kostenänderung auf den Erfolg unterscheiden. Unmittelbar kann eine Kostenreduzierung zu einem Anstieg des Erfolgs führen. Eine Kostenerhöhung

Tab. 6.1 Fallkonstellationen Kostenwirkung auf Unternehmenserfolg

Kosten	Unmittelbar	Mittelbar
1. Reduzierung	Positiv	Positiv
2. Reduzierung	Positiv	Negativ
3. Erhöhung	Negativ	Positiv
4. Erhöhung	Negativ	Negativ
5. Neutral	Nicht relevant	Nicht relevant

bewirkt unmittelbar Gegenteiliges. Betrachtet man innerhalb einer bestimmten Periode eine mittelbare Wirkung einer Kostenänderung, so kann sich dies zugleich entweder positiv oder negativ auf den Unternehmenserfolg auswirken. Hierbei ist wichtig, dass auch eine unmittelbare positiv wirkende Kostenreduzierung (beispielsweise Einsparung) mittelbar negativ wirken kann, nämlich dann, wenn sich die Erlösseite verändert (beispielsweise führen Einsparungen zu Mindereinnahmen).

Mittels unternehmerischer Aktivitäten können Unternehmen die Kostenentwicklung in beide Richtungen steuern. Positiv in Sachen des Unternehmenserfolgs sind derartige Maßnahmen, die mittelbar und unmittelbar positive Wirkung entfalten (Zeile „1. Reduzierung"). Ferner fallen meiner Ansicht nach auch diejenigen Maßnahmen darunter, die kurzfristig eine negative Wirkung haben, diese jedoch mittelbar positiv ist (Zeile „3. Erhöhung"). Eine unmittelbar positive Wirkung mit mittelbar negativer Wirkung (Zeile „2. Reduzierung") sehe ich ebenso wie eine Kostenerhebung mit unmittelbarer und mittelbarer negativer Wirkung (Zeile „4. Erhöhung") als nicht relevant an, da die Wirkung auf den Erfolg per se negativ oder nur kurzfristig positiv ist. Relevant sind nach meinem Verständnis eines bestenfalls mittelbar positiven Effektes auf den Erfolg die Konstellationen „1. Reduzierung" und „3. Erhöhung".

Betrachten wir nun die Erlösseite: Folgende Fallkonstellationen sind denkbar, die über die Gestaltung des Umsatzes Einfluss auf den Unternehmenserfolg haben (Tab. 6.2).

Unternehmensentscheidungen, die sowohl unmittelbar als auch mittelbar durch eine Erhöhung des Umsatzes auf den Erfolg einwirken, sind ohne Zweifel das unternehmerische Ziel (Zeile „3. Erhöhung"). Aktivitäten, die dies bewirken, sind sicherlich ideal. Ergibt sich kurzfristig bzw. unmittelbar eine Reduzierung des Umsatzes und hierdurch ein negatives Ergebnis, mittelbar ist er aber positiv, ist dies zur Findung derjenigen Beispiele, die Nachhaltigkeit und unternehmerischen Erfolg in Einklang bringen, sicherlich gleichfalls eine zu beachtende Fallkonstellation (Zeile „2. Reduzierung").

Tab. 6.2 Fallkonstellationen Erlöswirkung auf Unternehmenserfolg

Erlös/Umsatz	Unmittelbar	Mittelbar
1. Reduzierung	Negativ	Negativ
2. Reduzierung	Negativ	Positiv
3. Erhöhung	Positiv	Positiv
4. Erhöhung	Positiv	Negativ
5. Neutral	Nicht relevant	Nicht relevant

Wichtig ist anzumerken, dass in der Theorie auch eine Senkung des Umsatzes Sinn machen kann, nämlich dann, wenn durch entsprechende Maßnahmen die Kosten ebenfalls sinken – im besten Falle sogar überproportional, sodass der Gesamteffekt auf den Unternehmenserfolg sogar positiv ist. Maßnahmen, die sowohl unmittelbar als auch mittelbar durch eine Umsatzreduzierung einen negativen Beitrag zum Unternehmenserfolg beitragen, sehe ich als nicht relevant an (Zeile „1. Reduzierung"), ebenso wie kurzfristige Umsatzsteigerungen ohne Rücksicht auf den zukünftigen Ertrag (Zeile „4. Erhöhung"). Ich habe klar mehrfach artikuliert, dass Unternehmen betriebswirtschaftlich erfolgreich sein müssen und sollen. Relevant sind nach meinem Verständnis eines bestenfalls mittelbar positiven Effektes auf den Erfolg die Konstellationen „2. Reduzierung" und „3. Erhöhung".

Im Übrigen ließe sich ohne Zweifel argumentieren, dass eine exorbitante Gewinnhöhe vielleicht kritisch sei. Meiner Ansicht nach ist dies aber – bei aller Kritik – der falsche Ansatz. Unternehmen haben rein aus ihrem Kern heraus den Anspruch, Spitzenleistung zu erbringen. Eine ex-ante Gewinndeckelung widerspricht dieser Grundlogik. Ausdrücklich betonen möchte ich, da das Thema in der öffentlichen Diskussion durchaus ambivalent diskutiert wird, jedoch durchaus den richtigen Gedanken, die Frage der Gewinnverwendung und insbesondere die der Gewinnerzielung zu thematisieren. Hierüber zu diskutieren ist wichtig und lohnt sich. Die ausschließliche „Bändigung" der (auch materiellen) Gier ist jedoch meiner Ansicht nach falsch.

Kommen wir nun zur Frage, ob Zielkonflikte zwischen Nachhaltigkeit und Unternehmenserfolg innerhalb eines Unternehmens bestehen müssen.

Schauen wir uns hierfür diejenigen zuvor genannten Fallkonstellationen in Sachen Kosten und Umsätze an, die einen mindestens mittelbaren positiven Effekt auf den Unternehmenserfolg haben. Es bleiben folgende vier Konstellationen übrig, die wir mit Blick auf mögliche CSR- und Nachhaltigkeitswirkung betrachten sollten (Tab. 6.3). Unter der Annahme, Unternehmen müssen Gewinne erwirtschaften, gibt es diese vier Varianten

Tab. 6.3 Fallkonstellationen Erlös-/Kostenwirkung auf Unternehmenserfolg

Kosten/Erlöse	Unmittelbar	Mittelbar
1. Kostenreduzierung	Positiv	Positiv
2. Kostenerhöhung	Negativ	Positiv
3. Umsatzreduzierung	Negativ	Positiv
4. Umsatzerhöhung	Positiv	Positiv

(ceteris paribus, ohne auf das Zusammenwirken von Kosten und Erlösen einzugehen), die wir betrachten sollten.

Wenn wir nun hinterfragen, inwiefern durch nachhaltiges Handeln eben der Erfolg beeinflusst wird, dann müssen wir die CSR-Handlungsfelder betrachten (vgl. hierzu die Inhalte aus Tab. 3.1), die wir dem Thema Unternehmensverantwortung zuordnen. Insofern sich argumentieren lässt, dass diese CSR-Handlungsmöglichkeiten zu einer der vier Fallkonstellationen führen, wirkt sich Nachhaltigkeit positiv auf den Unternehmenserfolg aus. Dann herrscht Zielharmonie. Richtig? Lassen Sie uns doch mal schauen.

In Tab. 6.4 finden Sie in einer Matrix-Form die notwendige Entscheidungsgrundlage. Um die Frage zu beantworten, ob Nachhaltigkeit und Unternehmenserfolg (und hiermit die Frage der betriebswirtschaftlichen Relevanz, Letztere definiert über die beiden Ansatzpunkte Kosten und Erlöse) Hand in Hand gehen, müssen Sie schlicht die nach den vier CSR-Handlungsfeldern unterteilten Maßnahmen (vertikale Achse) betrachten und überlegen, ob und wie sich die genannten Maßnahmen in eine der vier Kategorien der Erfolgswirkung einordnen lassen (horizontale Achse).

Lassen Sie mich Ihnen vorweg bereits die Antwort geben! Sie tun es! CSR und Nachhaltigkeit kann in all seinen Facetten eine positive Auswirkung auf den Unternehmenserfolg haben (im wenigstens mittelbar positiven Sinne). Und Sie dürfen hierbei auch nicht vergessen, dass die hier aufgeführten Beispiele der Konkretisierung der CSR-Handlungsfelder nicht abschließend sind, sondern lediglich wenige ausgewählte Beispiele darstellen.

Ich verzichte darauf (alleine der Platz gibt es nicht her), die Tabelle mit Inhalt zu befüllen. Auch habe ich in der vertikalen Achse die Inhalte innerhalb der einzelnen Handlungsfelder nicht mit konkreten Beispielen gefüllt

Tab. 6.4 Bewertungsmatrix CSR-Handlungsfelder (Beispiele)

	Kostenreduzierung		Kostenerhöhung		Erlös-/Umsatzreduzierung		Erlös-/Umsatzerhöhung	
	Unmittelbar/ positiv	Mittelbar/ positiv	Unmittelbar/ negativ	Mittelbar/ positiv	Unmittelbar/ negativ	Mittelbar/ positiv	Unmittelbar/ positiv	Mittelbar/ positiv
1. Ökonomie								
...	–	–	–	–	–	–	–	–
2. Arbeitsplatz								
...	–	–	–	–	–	–	–	–
3. Gemeinwesen								
...	–	–	–	–	–	–	–	–
4. Ökologie								
...	–	–	–	–	–	–	–	–

(diese finden Sie in Tab. 3.1). Nutzen Sie die Matrix doch einfach selbst in einer ruhigen Minute einmal, und überlegen sich, welche Effekte die einzelnen Punkte aus den CSR-Handlungsfeldern konkret auf den Unternehmenserfolg haben. Fallen Ihnen Beispiele ein? Welche sind dies? Schauen Sie doch einfach mal in Ihr Unternehmen!

An der Stelle möchte ich Ihnen lediglich ein paar ausgewählte praktische Beispiele aufzeigen, die meine Aussage bestätigen, dass die Maßnahmen der CSR-Handlungsfelder aus Tab. 3.1 innerhalb der aus Sicht des Unternehmenserfolgs sinnhaften Fallkonstellationen aus Tab. 6.4 die relevanten Wirkungen auf Erlös und/oder Kosten entfalten können:

Fallbeispiel 1: Nehmen Sie Zeile „3. Gemeinwesen". Die Förderung in wissenschaftliche Forschung erhöht ohne Zweifel die Kosten unmittelbar in einem Unternehmen. Auch wenn die mittelbaren Effekte unsicher sind, so entstehen womöglich neue Innovationen für das Unternehmen, indem eine Hochschule vor Ort unterstützt wird. Durch das Netzwerken von Wirtschaft und Wissenschaft werden zudem vielleicht zukünftige High Potentials für den eigenen Führungskräftenachwuchs generiert. Mittelbar steigert dies zudem die Chancen, neue Märkte und Umsatzpotenziale zu erschließen. CSR wirkt positiv auf den Unternehmenserfolg.

Fallbeispiel 2: Die Einführung eines betrieblichen Gesundheitsmanagements, die Schaffung von Homeoffice-kompatiblen Arbeitsplätzen oder vielleicht sogar die Investitionen mit anderen Betrieben in eine eigene Kantine oder eine Kindertagesstätte verursachen Kosten. Wir bewegen uns in Zeile „2. Arbeitsplatz". Aber mittelbar danken es Mitarbeiter durch weniger Krankentage, eine geringere Fluktuation oder positive Berichterstattung im privaten Umfeld über ihren tollen Arbeitgeber. In der Folge sinken zumindest mittelbar die Kosten, Erlöse steigen womöglich direkt durch eine höhere Produktivität und bessere Motivation der Belegschaft. Alles Investitionen, die sich lohnen können.

Fallbeispiel 3: Ressourceneffizienz, die Verringerung von Abfall oder Energieeinsparungen, dies wirkt sogar unmittelbar auf die Kosten in der Form einer Senkung. Richtig, wir sind in der Zeile „4. Ökologie". Und wer regelmäßige Auditierungen seiner Lieferanten betreibt, der erkennt frühzeitig, wo er reagieren muss, um womöglich geschäftsschädigende Entwicklungen aus Auslandsmärkten von Beginn an zu verhindern.

Fallbeispiel 4: Zeile „1. Ökonomie" lässt sich zum Beispiel auf den Bereich der Lieferketten anwenden. Durch die Beachtung von Prozessstandards in den Lieferketten mit vor- oder nachgelagert agierenden Betrieben können zum Beispiel Kosten reduziert werden. Standardisierung oder

Digitalisierungen von ganzen Wertschöpfungsketten, zum Beispiel im Beschaffungswesen, steigern die Produktionseffizienz, erhöhen den Umsatz und können zudem einen gesellschaftlichen Mehrwert schaffen.

Diese wenigen Beispiele aus der langen Liste der CSR-Handlungsfelder und deren Konkretisierung (und die vielen weiteren, hier nicht genannten Ansätze) belegen: CSR und Nachhaltigkeit können eine unmittelbare, zumeist jedoch eine mittelbare (positive) Relevanz für den Unternehmenserfolg eines Unternehmens haben. Es muss kein Zielkonflikt bestehen!

> **Merke!**
> Nachhaltigkeit und CSR haben Potenziale, positiv zum betriebswirtschaftlichen Unternehmenserfolg beizutragen.

Mit Blick auf die Wirkungskanäle Ordnungspolitik sowie Märkte, die dafür Sorge tragen, dass Unternehmen sich aufgrund vielschichtiger Faktoren mit der eigenen Verantwortung befassen sollten bzw. müssen, lässt sich schlussfolgern, dass es im Umkehrschluss eben diese Wirkungskanäle sind, die den Unternehmen ermöglichen, dass CSR und Nachhaltigkeit betriebswirtschaftliche Relevanz haben. Das Ergreifen von Chancen und Wachstumspotenzialen auf Märkten ist das eine (welche Märkte dies sind, haben Sie gesehen). Die Beachtung von ordnungspolitischen Ansätzen, auch im Sinne einer Reduzierung von Risiken für die eigene Licence to operate und etwaige Kosten ohne mittelbare Positivwirkung auf das Ergebnis, ist die andere Herangehensweise. Diese sorgen dafür, dass CSR und Nachhaltigkeit per se eine (auch positive) betriebswirtschaftliche Relevanz haben. Die Relevanz von Nachhaltigkeit und CSR für die Betriebswirtschaft bietet Unternehmen die Chance, durch unternehmerisches Wirken einen positiven Mehrwert für sich zu generieren. Aufgabe der Unternehmen ist es, die für sie – denken Sie stets an die Stichworte strategischer Ansatz und Kerngeschäft – Maßnahmen und Kriterien zu definieren, die eine positive Relevanz mit sich bringen und auf den Unternehmenserfolg einwirken.

Nachhaltigkeit und Unternehmenserfolg müssen aus Sicht eines Unternehmens kein Zielkonflikt sein. Unternehmen müssen dafür Sorge tragen, dass sie innerhalb der bestehenden Rahmenbedingungen diese Harmonie sicherstellen.

6.2.3 Harmonie statt Konflikte

Zunächst einmal möchte ich für mich feststellen, dass die eingangs gestellte Frage „Ist ein Unternehmen gut?", bezogen auf seine Handlung, der falsche Ansatz ist (ebenso wie die, ob ein Unternehmen „schlecht" ist). Entscheidend ist die Frage, ob ein Unternehmen erfolgreich ist.

Betrachtet man das einzelne Unternehmen an sich, so zeigt sich aufgrund der betriebswirtschaftlichen Relevanz von Nachhaltigkeit und CSR, dass eine Zielharmonie zwischen nachhaltigem Denken und Handeln und finanziellem Erfolg möglich ist (Abschn. 6.2.2). Wir haben in Kap. 4 gesehen, dass infolge der beiden Wirkungskanäle Ordnungspolitik und Markt unternehmerisches Handeln bereits heute unabkömmlich ist – und zumindest bezogen auf den Aspekt der Ordnungspolitik immer unabkömmlicher wird. Will ein Unternehmen erfolgreich sein, muss es sich mit den betriebswirtschaftlich bedeutsamen Fragen rund um Nachhaltigkeit und CSR beschäftigen. Hierbei muss es aus Unternehmenssicht darum gehen, nicht die Frage von „Entweder" bzw. „Oder" mit Blick auf Nachhaltigkeit und Erfolg zu stellen. Es geht ausschließlich um das „Und" in Bezug auf Nachhaltigkeit und Erfolg. Unternehmen werden nur erfolgreich aufgrund der Treiber Markt und Ordnungspolitik bleiben und sein, wenn sie sich mit ihrer eigenen Verantwortung befassen. Und ein Unternehmen hat hierbei aufgrund des eigenen Egoismus nicht die Absicht, gut oder schlecht zu sein. Es will und muss unternehmerisch erfolgreich sein. Hierzu muss es nachhaltig denken und handeln. Seine Absicht ist es erfolgreich zu sein – dies gelingt durch eine Harmonie im Denken und Handeln von Nachhaltigkeit und Erfolg.

Werfen wir den Blick auf den Shared Value (Abschn. 5.2) und den vermeintlichen Zielkonflikt zwischen unternehmerischem und gesellschaftlichem Mehrwert, so liegt die Erfolgsformel darin, den Trade-off zu überwinden. Positiv im Sinne von CSR und Nachhaltigkeit (und wiederum erfolgreich) sind hierbei nur diejenigen Unternehmen, die im Sinne des Shared Value bereits eine Zielharmonie zwischen Unternehmenszweck und gesellschaftlichem Mehrwert herstellen. In der Realität gibt es ohne Zweifel Unternehmen, die diesen Aspekt nicht erfüllen. In diesem Fall geht entweder unmoralisches Handeln mit hohem Unternehmenserfolg einher oder moralisch-akzeptiertes Handeln bringt keinen Erfolg. Entscheidend ist es, diese Konflikte zu überwinden, um auch hier im Sinne der Zielharmonie zwischen unternehmenseigenen und gesellschaftlich wichtigen Zielen zu schaffen. Aufgabe der Politik – lassen Sie mich an der Stelle bereits kurz auf Kap. 8 blicken – muss es sein, die beiden Wirkungskanäle Markt und Ordnungspolitik in deren Zusammenwirken derart zu gestalten, dass sowohl Unternehmen Zielharmonie anstreben, als auch dass dadurch eine Zielharmonie zwischen Unternehmen und Gesellschaft entsteht.

Gelingt dies durch ein adäquates Rahmenwerk, dann müssen Unternehmen „nur" erfolgreich wirtschaften. Erfolgreich sind sie, wenn sie nachhaltig denken und handeln. Und wenn sie dies tun, dann bewirken sie zugleich einen gesellschaftlichen Mehrwert. Wie man erfolgreich wird? Indem die Gier geweckt wird. Meine Empfehlungen hierzu gibt es später.

Fazit
- CSR/Nachhaltigkeit haben eine betriebswirtschaftliche Relevanz.
- Es gibt mögliche Zielkonflikte zwischen „gutem" Wirken und Unternehmenserfolg, im Umkehrschluss kann jedoch zugleich Zielharmonie bestehen.
- Zielkonflikte zwischen Nachhaltigkeit bzw. CSR mit Unternehmenserfolg gilt es, durch ordnungspolitische Maßnahmen und den Wirkungskanal Markt zu beseitigen.

Literatur

Global Entrepreneurship Research Association (2020) Global Entrepreneurship Monitor 2019/2020 Global Report. London Business School. https://www.gemconsortium.org/file/open?fileId=50443. Zugegriffen: 15. Dez. 2020

Homann K, Blome-Dress F (1992) Wirtschafts- und Unternehmensethik. UTP, Stuttgart

Korff W et al (1999) Handbuch der Wirtschaftsethik (Bd 1–4). Gütersloher Verlagshaus, Gütersloh

Schreck P (2015) Der Business Case for Corporate Social Responsibility. In: Schneider A, Schmidpeter R (Hrsg) Corporate Social Responsibility – Verantwortungsvolle Unternehmensführung in Theorie und Praxis. Springer Gabler, Berlin, S 71–88

Schüz M (2017) Angewandte Unternehmensethik – Grundlagen für Studium und Praxis. Pearson Deutschland, Hallbergmoos

Springer Gabler (2020a) Kosten – Gabler Wirtschaftslexikon. https://wirtschaftslexikon.gabler.de/definition/kosten-39327/version-262738. Zugegriffen: 15. Dez. 2020

Springer Gabler (2020b) Kosten – Gabler Wirtschaftslexikon. https://wirtschaftslexikon.gabler.de/definition/umsatz-48634/version-271885. Zugegriffen: 15. Dez. 2020

7

Wachstums- und Systemkritik – kein Königsweg!

Die Wirtschaft und wir alle stehen vor enormen Herausforderungen, die sich aus sieben Megatrends ergeben. Zunehmend sind es Unternehmen, deren Verantwortung eine Rolle zu spielen scheint bei der Lösung gesellschaftlicher Themen, und es auch tut. Sie haben die Wirkungskanäle der Ordnungspolitik und des Marktes kennengelernt, die Unternehmen zu Nachhaltigkeit und CSR aktivieren. Verantwortungsvolles Unternehmertum ist hierbei kein Selbstzweck, sondern hat nicht zuletzt aufgrund seiner betriebswirtschaftlichen Relevanz Einfluss auf den unternehmerischen Erfolg. Hierbei gilt, dass sowohl nachhaltiges Handeln und Geschäftserfolg aus Sicht eines Unternehmens als auch unternehmerischer und gesellschaftlicher Mehrwert kein Widerspruch sein müssen. Vielmehr kommt dem Streben eines Unternehmens (seiner Gier) nach unternehmerischem Erfolg eine Schlüsselrolle dabei zu, durch nachhaltiges Denken und Handeln einen Mehrwert für viele zu schaffen. Dies wird die Herausforderung der Megatrends nicht abschließend lösen können, aber ohne Zweifel in nicht unerheblichem Umfang zu deren Folgenabmilderungen beitragen.

Bevor ich Ihnen in Kap. 8 aufzeigen möchte, wie ich denke, dass wir die Gier in den Unternehmen wecken können, möchte ich auf einen weiteren spannenden Aspekt zu sprechen kommen, den Sie gerade mit Blick auf die Herausforderungen unserer Zeit – hierbei meist im Kontext mit wirtschaftlichen Fragestellungen – sehen, getreu dem Motto „besondere Zeiten brauchen besondere Lösungen". Wovon rede ich? Von all dem, was ich im Folgenden unter „Wachstums- und Systemkritik" subsummieren möchte.

Üblicherweise können Sie im ökonomischen, volkswirtschaftlichen Kontext der Nachhaltigkeits-, CSR- und Verantwortungsdebatte sowie auf unsere existierenden gesellschaftlichen Herausforderungen folgende Reflexe beobachten: „Die Unternehmen sind schuld, sie agieren nicht nachhaltig (genug) und wollen nur Gewinne maximieren." Oder: „Unser Wirtschaftssystem ist schuld und wir halten an einem falschen Wachstumsfetisch fest." Sie stimmen mir in dieser Einschätzung nicht zu? Dann recherchieren Sie doch bitte aktuelle Buchveröffentlichungen, Talkshows oder im Internet. Der Ruf nach einem Systemwechsel oder einer neuen Ökonomie ist allgegenwärtig, nicht zuletzt ist er Gegenstand zahlreicher politischer Zielsetzungen. Immer dann, wenn wir uns über Nachhaltigkeit im Kontext mit Unternehmen und Wirtschaft beschäftigen, finden Sie diese Stimmungslage. Meine eigene Erfahrung in Diskussionen und zahlreichen Gesprächen rund um das Thema Unternehmensverantwortung bestätigt diese Aussage. Da das Ihnen vorliegende Buch von Verantwortung und Unternehmen handelt, möchte ich selbstverständlich auch diesen Inhaltsbereich aufgreifen, konkret auf die Kritik am (vermeintlichen) Festhalten am Ziel des Wirtschaftswachstums generell oder (umfassender gedacht, aber mit Ersterem einhergehend) auf die Kritik am Wirtschaftssystem bzw. an unserer Wirtschaftsordnung eingehen.

Auf das Argument einzugehen, Unternehmen seien nicht nachhaltig, verzichte ich, dies habe ich im gesamten Verlauf des Buches immer wieder versucht zu widerlegen. Nicht zuletzt das Kapitel der Wirkungskanäle sollte verdeutlichen, das dem beileibe nicht so ist.

Ohne die Dramaturgie dieses Kapitels vorwegzunehmen – letztlich verrät dessen Überschrift bereits eine gewisse Tendenz –, die ohne Zweifel interessanten Diskussionen um Wachstum und Wirtschaftssystem sind sicher richtig, notwendig und auch sachlich begründbar. Aber: Sie lösen die bestehenden, heutigen Herausforderungen nicht in adäquater Art und Weise. Auch wenn dies von den zahlreichen Verfechtern dieser Themen – die ich in hohem Maße schätze und respektiere – wohl kaum bezweckt wird: Aus meiner Perspektive handelt es sich insbesondere dann, wenn gar von neuen Wirtschaftssystemen gesprochen wird, die man brauche, oder gar umfassende Systemwechsel propagiert werden, um intellektuelle Nebelkerzen. Sie helfen uns heute nicht! Wir brauchen aus meiner Sicht realistischere Lösungen.

Um es nochmals klar zu betonen: Mittel- und langfristig sind diese Ansätze und Ideen bezüglich der Wachstums- und Systemkritik, die ich nachfolgend anspreche, alle wichtig, und deren Diskussion ist in höchstem Maße gerechtfertigt und erforderlich. Wenn wir in zwei Geschwindigkeiten denken, dann verdienen sie sicherlich Beachtung. Ich werde Ihnen in diesem Kapitel jedoch aus meiner Sicht drei Argumente nennen, die verdeutlichen, dass wir uns nicht allein auf diese Wachstums- und Systemkritik konzentrieren dürfen. Wir brauchen zeitnah realisierbare, bewährtere und praktikablere Konzepte.

Im Folgenden möchte ich zunächst auf den Begriff des Wirtschaftswachstums eingehen (Abschn. 7.1). Auch die Definition und Messung des Wirtschaftswachstums greife ich auf, da dies gleichfalls ein beliebtes Thema der genannten Literatur in Sachen Systemkritik ist (Abschn. 7.2). Da die Systemfrage immer auch auf das Verhältnis von Markt und Staat abzielt, findet auch dieser Aspekt Beachtung (Abschn. 7.3). Nachdem ich wesentliche Kritikpunkte am Wirtschaftswachstum aufgreife (Abschn. 7.4), möchte ich kurz auf einige wenige Vorschläge im Reigen der Vielfalt an alternativen Lösungsvorschlägen eingehen (Abschn. 7.5). Abschließend und als Fazit dieses Kapitels möchte ich Ihnen beschreiben, was ich bereits angesprochen habe: Je abstrakter und umfassender Wachstums- und Systemkritik ist und je weiter entfernt sie vom Status quo ist – so meine Meinung – desto weniger hilft dies uns heute bei der Lösung der Herausforderungen unserer Zeit (Abschn. 7.6).

7.1 Wirtschaftswachstum

Die Diskussion um das Wirtschaftssystem oder die Wirtschaftsordnung beginnt mit derjenigen über Wirtschaftswachstum. In nahezu allen ökonomischen Denkschulen spielt Wachstum eine wesentliche Rolle zur Funktionsfähigkeit von Volkswirtschaften.

Aber was ist Wachstum eigentlich? Lassen Sie uns beim Begriff der Wirtschaftsleistung starten, die bemessen wird durch das Ihnen sicherlich bekannte Bruttoinlandsprodukt (BIP). Das BIP umfasst vereinfacht alle Güter und Dienstleistungen, die innerhalb eines bestimmten Zeitraums in einer bestimmten Region abzüglich Vorleistungen entstehen (Springer Gabler 2020). Wenn Sie so wollen, beschreibt die Wirtschaftsleistung, gemessen in Form des BIP, einen Wohlstandskuchen, der sich aus verschiedenen hergestellten Faktoren wie Gütern, Dienstleistungen, Importen und Exporten zusammensetzt. Verwendet wird dieser Kuchen wiederum zum Beispiel für Investitionen oder Konsumtätigkeiten in einer Volkswirtschaft. (Wirtschaftliches) Wachstum beschreibt nun die Veränderung bzw. im positiven Falle die Zunahme der Wirtschaftsleistung. Wachstum beschreibt einen Anstieg des Wohlstands einer Volkswirtschaft. Durch Wachstum wird der zu verteilende Kuchen größer[1].

> **Merke!**
> Wirtschaftswachstum beschreibt die Zunahme an Wirtschaftsleistung in einer Volkswirtschaft innerhalb eines Zeitraums.

Nach einer vereinfachten Daumenregel lässt sich die Zeit bis zu einer Verdopplung des Wohlstands im Übrigen errechnen, indem Sie die Zahl 70 durch die jährliche Wachstumsrate in Prozent dividieren (Bofinger 2007, S. 568): Bei einer Wachstumsrate von 5 % des BIP hat sich die Wirtschaftsleistung demnach nach 14 Jahren verdoppelt.

Dass das Wirtschaftswachstum hierzulande eine bedeutende Rolle spielt, erkennen Sie, da der Gesetzgeber in Deutschland nach dem „Gesetz zur Förderung der Stabilität und des Wachstums der Wirtschaft" für Bund und Länder mit Blick auf deren wirtschafts- und finanzpolitische Maßnahmen die expliziten Anforderungen vorsieht, neben hohem Beschäftigungsstand oder einem stabilen Preisniveau auch auf ein angemessenes Wirtschaftswachstum hinzuwirken (Bundesministerium für Justiz und Verbraucherschutz 2020).

Der Vollständigkeit halber möchte ich zudem darauf hinweisen, dass der Begriff Wachstum nicht nur für Volkswirtschaften an sich, sondern auch für Unternehmen selbst eine wichtige Rolle spielt. Durch produktiveres Arbeiten oder neue Produkte und Dienstleistungen werden nicht nur Entwicklungspotenziale für die Betriebe ermöglicht oder neue Märkte erschlossen, sondern es werden zum Beispiel auch Investitionen oder Beschäftigungspotenziale geschaffen.

Schauen wir uns das strukturelle Wirtschaftswachstum einer Volkswirtschaft in der Realität an, so zeigt sich zunächst, dass es uns (in Deutschland) an sich ganz gut geht – laut den Statistiken. Pro Kopf und pro Jahr erzielten wir zuletzt eine Wirtschaftsleistung von über 40.000 Euro (Statistisches Bundesamt 2020). Hinzu kommen weitere positive Wohlstandsindikatoren: Die Beschäftigtenzahl war vor der Coronakrise hoch wie nie. Der Arbeitsmarkt kannte schon lange keine wirkliche Krise mehr. Und bislang sind wir im Großen und Ganzen

---

[1] Bitte beachten Sie: Ich sage bewusst nicht, für wen bzw. welchen Personenkreis dieser Wohlstand entsteht bzw. wer davon profitiert.

doch ganz gut durch die Coronakrise gekommen. Aber Fakt ist auch: Die langfristigen Wachstumsraten sinken – auch in Deutschland. In allen Industrienationen, ferner auch in einigen Schwellenländern, sind die Zeiten hohen Wirtschaftswachstum Vergangenheit und der Trend geht zu weniger Wachstum. Die globalen Wachstumsraten insgesamt werden – trotz Trends und Krisen – geringer.

Warum sinkt das Wachstum? Eine Studie des Berlin-Instituts für Bevölkerung und Entwicklung fasst folgende vier Ursachen für die Wachstumsschwäche zusammen (Berlin-Institut für Bevölkerung und Entwicklung 2017, S. 15 ff.):

Zum ersten sorgt der demografische Wandel für massive strukturelle Änderungen in der Gesellschaft. Die Bevölkerung altert aufgrund der steigenden Lebenserwartung. Zugleich schrumpft sie aufgrund geringerer Geburtenraten. Wir werden weniger, zugleich im Durchschnitt älter. Hierdurch ändern sich Bedürfnisse der Bevölkerung sowie Konsumverhalten oder notwendige Unterstützungsleistungen des Staates – von Kinderziehung bis Pflegebedürftigkeit, von Anzahl der Erwerbstätigen bis zu Leistungsbeziehern im Alter.

Zweitens sinkt die Produktivität in den Industriestaaten, auch insbesondere mangels bahnbrechender neuer Technologien. In Deutschland zum Beispiel lag die durchschnittliche Veränderung der Arbeitsproduktivität (Wirtschaftsleistung je Anzahl geleisteter Arbeitsstunden) in den 2010er-Jahren bei durchschnittlich 0,8 %. In den 2000er-Jahren betrug die Veränderung 1,0 %, in den 1990er 2,2 %. Infrastrukturen, Köpfe, aber eben auch Innovationen und technologischer Fortschritt tragen zu dieser Entwicklung bei (Böhmer 2020, S. 89). Und auch Veränderungen innerhalb der Wirtschaftsstrukturen, in Deutschland insbesondere durch den Übergang zur Dienstleistungsgesellschaft, führen zu abnehmender Produktivität.

Die wachsende Ungleichheit zwischen Arm und Reich und damit eine wegfallende Konsumstütze durch die Menschen mit geringeren Einkommen innerhalb der Bevölkerung wird als dritter Grund für eine Wachstumsschwäche genannt – entweder weil kein Konsum möglich ist mangels Vermögen oder auch weil bereits eine Sättigung durch Wohlstand erreicht ist.

Zu guter Letzt werden als vierte Wachstumsbremse ökologische Schäden genannt.

Wichtig ist an der Stelle zu verstehen: Abnehmendes Wirtschaftswachstum ist nicht schlecht. Abnehmendes Wirtschaftswachstum ist fatal für unsere

Volkswirtschaft(en) und unser bestehendes Wirtschaftssystem. Die Gründe hierfür sollten Ihnen allen ersichtlich sein:

- Die Sozialsysteme, Renten-, Gesundheits- und Pflegesysteme sind auf Wachstum ausgelegt. Um die Ausgaben der Systeme sicherstellen zu können, die nicht zuletzt im Zuge der demografischen Entwicklung unvermeidbar sind, braucht es einen ansteigenden Wohlstand.
- Zudem ist anzumerken, dass infolge von Wachstumskrisen oftmals politische Wachstumsimpulse getätigt werden, zum Beispiel durch Konjunkturpakete, die die Staatsverschuldung erhöhen. Das bestehende System ist somit auf Wachstum angewiesen.
- Hinzu kommt weiterhin, dass ein Mehr an Schulden und ein Mehr an Ausgaben die Möglichkeiten für Investitionen in Infrastruktur und Bildung reduziert: Der Staat sitzt in einer „Wachstumsfalle" (Berlin-Institut für Bevölkerung und Entwicklung 2017, S. 45).

> **Merke!**
> Ohne Wirtschaftswachstum ist die (Wirtschafts-)Welt, wie wir sie kennen, nicht tragbar.

Gerade diejenigen, die – darauf kommen wir noch zu sprechen – argumentieren, man solle zum Beispiel mit Blick auf die Umweltbelastungen auf Wachstum durch Wirtschaftsleistung verzichten, vergessen meiner Ansicht nach – bei aller Relevanz des Klimaschutzes –, dass ohne Wachstum unser System nicht tragbar ist. Ohne Wohlstand und ökonomische Handlungsspielräume gibt es keinen Klimaschutz, vor allem nicht ohne massive sozialpolitische Sprengkraft, so einfach ist die Logik. Um es klar zu betonen: Wachstum ist definitiv nur ein Mittel zum Zweck und hat keinen eigenen Selbstzweck. Aber es braucht dieses Mittel aus meiner Sicht im bestehenden System. Es muss vielmehr gelingen, Klimaschutz (um bei dem Beispiel zu bleiben) und Wachstum gemeinsam sicherzustellen. Ein Wachstumsverzicht ist der falsche Weg. Ich hoffe, Ihnen diese Relevanz im Verlaufe dieses Kapitels klar machen zu können.

7.2 Messung von Wirtschaftswachstum

Lassen Sie mich auf den Indikator des Bruttoinlandsprodukts (BIP) zu sprechen kommen. Im Zusammenhang der Auseinandersetzung mit Wirtschaftswachstum ist dieses Thema nicht fremd. In der öffentlichen Debatte rund um Nachhaltigkeit und Wirtschaft können Sie mit regelmäßiger Sicherheit davon ausgehen, dass auch dieses Thema immer wieder präsent ist. Auch wenn meist vergessen wird, dass es sich beim Indikator des BIP lediglich um eine Methodik zur Erhebung des Wirtschaftswachstums handelt und die Kritiker des BIP meiner Ansicht nach zumeist das Wirtschaftswachstum selbst hinterfragen (und hierfür das Vehikel des Indikators nutzen), so möchte ich den Punkt an dieser Stelle dennoch gerne aufgreifen.

Wie zuvor beschrieben umfasst das BIP alle Güter und Dienstleistungen, die innerhalb eines bestimmten Zeitraums in einer bestimmten Region abzüglich Vorleistungen entstehen. Ein erster, wenngleich eher technischer Kritikpunkt am Indikator des BIP ist jener, dass diejenigen Aktivitäten, die nicht über Märkte abgebildet, im BIP auch nicht als Leistung und Wert einer Gesellschaft berücksichtigt werden. Denken Sie an das Stichwort Ehrenamt, das nicht direkt Eingang findet als „produzierte" Leistung. Auch Fragen von Lebensqualität, Glück oder Zufriedenheit finden nicht direkt Eingang in die Betrachtung des Indikators. Im Gegenteil: Gesellschaftlich schädliche Maßnahmen wie Umweltzerstörung wirken sich womöglich sogar positiv auf den Indikator des BIP aus, wenn zum Beispiel die Exportleistungen dadurch steigen. Letztlich wird, wie ich zuvor schon erwähnt habe, bei der reinen Betrachtung der Größe des Wohlstandskuchens nicht berücksichtigt, wer welche Stücke bekommt und wie groß diese wiederum sind. Die Einkommensverteilung ist nicht Gegenstand der Wachstumsbetrachtung des BIP. Alles dies sind begründbare Argumente gegen den Indikator des BIP in der heutigen Form.

Diese Diskussion – und damit auch die Kritik am BIP – ist nicht neu und entfacht immer wieder Streit, nicht nur in den Medien, sondern auch zwischen Ökonomen (Kroker et al. 2011, S. 3 ff.). Nun ist die Auseinandersetzung mit alternativen Wirtschaftsindikatoren eine Wissenschaft für sich und mehr als tagesfüllend. Daher sehen Sie es mir bitte nach, wenn ich nicht im Detail auf diese eingehe. Mitgeben möchte ich Ihnen jedoch, bei aller zum Teil berechtigten Kritik am Indikator BIP, dass die Frage nach einer „besseren" Alternative meines Erachtens nach nicht einfach beantwortet werden kann.

Neben der Zeitkonsistenz und Verfügbarkeit der vorliegenden Daten über eine sehr lange Zeitperspektive hinweg sprechen für mich zwei Argumente für den Indikator des BIP in der hiesigen Form: Der Indikator ist international anerkannt und liefert somit auch hier eine hohe Vergleichbarkeit. Ferner sind die im BIP berücksichtigen Parameter weitgehend frei von Subjektivität und Fehleinschätzungen: Wie hoch die Investitionen oder der Konsum sind, lässt sich vergleichsweise einfach bestimmen. Aber wie messen Sie Zufriedenheit? Was ist Glück? Ist dieses nicht für jeden etwas anderes? Gibt es da nicht gerade international unterschiedliche Einschätzungen? Ich halte es für mehr als schwierig, etwas in der Gesamtheit Besseres zu finden, um die Wirtschaftsleistung zu messen, als den bestehenden Indikator des BIP und gehöre daher zu den Befürwortern in der bestehenden Grundlogik.

Ohne Zweifel umfasst Wohlstand im weiteren Sinne mehr als harte objektive Fakten – eben auch zum Beispiel Glück oder Zufriedenheit, Sicherheit oder politische Stabilität – aber die genannten Argumente sprechen für mich bestenfalls für eine additive Methodik, zum Beispiel durch eine Erweiterung des heutigen BIP-Indikators.

7.3 Stellenwert von Markt oder Staat

Bevor wir im nächsten Abschn. 7.4 auf Kritikpunkte am Wachstum eingehen, die letztlich auch immer wieder die Wirtschaftsordnung an sich infrage stellt, möchte ich in einem kleinen Exkurs das Thema Wirtschaftssystem dahingehend vertiefen, dass man sich in dieser inhaltlichen Materie in der Diskussion von Wachstums- und Systemkritik stets rasch zu einer Gegenüberstellung von Markt und Staat bewegt, oder zur Debatte von Marktwirtschaft und Planwirtschaft. Erlauben Sie mir nur wenige Sätze hierzu, um Ihnen die bunte und komplexe Vielfalt der sich hieraus ergebenden Fragestellungen dieses Zusammenspiels von Markt und Staat aufzuzeigen.

Der Nukleus der Frage nach dem Stellenwert von Markt oder Staat liegt vereinfacht gesagt im richtigen Verhältnis von Markt einerseits und dem Staat andererseits. Ausführlicher formuliert stehen Themen im Fokus wie das Marktverständnis und die Bedeutung des Marktmechanismus. Es geht um das freie Spiel der Marktkräfte von Angebot und Nachfrage und eine dem entgegenstehende, gelenkte Planung und Steuerung. Es geht um Fragen des Eigentums im Sinne von Privat- oder Staatseigentum. Es geht um Anreize und um die Schaffung sowie Sicherstellung von Wettbewerb und Konkurrenz (mit Gewinnern und Verlierern). Nach den Gedanken des Ökonomen Friedrich August von Hayek (1899–1992) ist die Marktwirtschaft bekanntlich das System, das mit einem Entdeckungsprozess vergleichbar erforderliche Anreize schafft, stets Neues zu erzeugen. Wettbewerb und der Zugang zu Märkten sind Treiber für Wachstum und Wohlstand. Und es geht in der Frage Markt oder Staat auch um die Durchsetzbarkeit der Marktregeln. Zusammenfassend kann man sagen: Je mehr Markt, desto mehr liegt der Fokus auf der Gewinnorientierung von Unternehmen, auf freiem Marktzugang und ermöglichtem Wettbewerb. Je mehr Markt, desto weniger Bedeutung kommt einer zentralen Planung zu.

Zur Beurteilung der Frage des richtigen Verhältnisses von Staat und Markt verweise ich auf die in der klassischen Ökonomie dominierenden Antworten der Theorie des Marktversagens und der Public-Choice-Theorie (Fuest 2020a, S. 246): Nach dem Konzept des Marktversagens sind Märkte an sich geeignet, größtmöglichen Wohlstand für alle zu schaffen. Jedoch versagen sie unter bestimmten Voraussetzungen. Hier bedarf es dann einer Art Gegensteuerung durch den Staat. Da jedoch zugleich der Staat nicht allwissend ist, er zum Beispiel von Interessensgruppen in seiner Entscheidungsfindung beeinflusst wird, oder weil auch Politiker eigene Interessen (beispielsweise einen Wahlsieg) verfolgen, ist auch dies nicht die Ideallösung.

Die Corona-Pandemie hat die grundlegende Diskussion von Markt- und Planwirtschaft wieder deutlich auf die Agenda gehoben. Aus Sicht nicht weniger hat die Krise sogar – in der Abwägung zwischen den beiden Gegenpolen Staat und Markt – mit Blick auf die staatlichen Unterstützungsangebote zu einem zunehmenden Staatskapitalismus geführt (Manager Magazin 2020). Denken Sie an die Verstaatlichung von Unternehmen im Zuge von Staatshilfen, den Ausbau von staatlichen Unterstützungsmaßnahmen und die Ausschaltung von sonst üblichen Marktmechanismen (ich denke zum Beispiel an die Aussetzung der Insolvenzantragstellung, die, bei aller Rechtfertigung im Zuge der Sondersituation der Corona-Pandemie, den Prozess ausgeschaltet hat, dass im Vergleich zum Status quo nicht wettbewerbsfähige Unternehmen aus einem Markt ausscheiden müssen). In diesem Kontext der Staatswirtschaft denken historisch bewanderte Personen unter Ihnen sicherlich auch an den Leviathan von Thomas Hobbes (1588–1679) im Sinne eines die Kontrolle übernehmenden Staates. Viele sehen durchaus eine Verstärkung planwirtschaftlicher Tendenzen durch die Krise.

Mit diesen kurzen Ausführungen zur Frage Markt oder Staat möchte ich das Thema gerne auch abschließen. Ich wollte Ihnen, wie eingangs formuliert, auch nur die Vielfalt der Diskussionspunkte im Zuge einer Befassung der Fragen von Staat oder Markt vergegenwärtigen. Auf die Art des Zusammenspiels komme ich in Abschn. 7.4 nochmals zurück.

Lassen Sie mich Ihnen abschließend noch zwei Gedankengänge nahebringen:

Die Welt ist erstens auch in der an sich sehr vereinfachten Systematik zwischen Markt- und Planwirtschaft alles, nur eben nicht schwarzweiß. So gibt es zum Beispiel auch innerhalb der Marktwirtschaft unterschiedliche Konzepte. Einem sehr hohen Freiheitsgrad in Sachen Wirkung der Marktkräfte im Geiste der ultraliberalen Ökonomen Ludwig von Mises (1881–1973), Friedrich August von Hayek (1899–1992) oder Milton Friedman (1912–2006) stehen diejenigen Vertreter gegenüber, die trotz klarem Bekenntnis zu den Marktkräften für einen staatlichen Ordnungsrahmen eingetreten sind bzw. eintreten. Hierzu zählt zum Beispiel der ordoliberale Ökonom Walter Eucken (1891–1950), einer der Begründer der Sozialen Marktwirtschaft, die dann durch den ehemaligen Wirtschaftsminister und Bundeskanzler Ludwig Erhard (1897–1977) bis in die heutige Zeit hinein Berühmtheit erlangte.

Ferner gibt es zweitens bei der generellen Debatte zwischen Staat und Markt auch diejenigen, die darauf verweisen, dass man nicht der Irreführung erliegen soll, dass es überhaupt einen freien Markt als Gegenpol zum Konstrukt Staat gebe. Demnach existiere jeder Markt nur deswegen, weil er Spielregeln durch den Staat habe, weil der Staat gewissermaßen den Markt schaffe durch Spielregeln (Reich 2016, S. 27). Faktisch gehe es in der öffentlichen Diskussion ergo auch nicht um das Verhältnis Markt oder Staat im Sinne von mehr oder weniger Staat (oder Markt), sondern vielmehr lediglich um andere Regeln des Staates (und um die Frage, wie diese Regeln entstehen). Dieser Gedanken liegt im Übrigen auch den Ausführungen in Sachen der beiden Wirkungskanäle Ordnungspolitik und Markt zugrunde.

7.4 Kritik an Wachstum und Wirtschaftssystem

Gerne möchte ich nun von der abstrakten Systemfrage Markt versus Staat auf eine argumentativ andere Flughöhe navigieren und das Thema Wirtschaftswachstum in den Vordergrund stellen. Hierbei möchte ich einige Punkte ansprechen, die Wirtschaftswachstum in ein kritisches Licht stellen. Eine Auseinandersetzung mit der Kritik an Wirtschaftswachstum ist vielschichtig. Neben Kapitalismus- oder Globalisierungskritiken, die in diesem Kontext Beachtung finden, stehen Fragen im Raum, ob Wachstum weiterhin möglich ist oder ob es überhaupt erstrebenswert ist. Letzteres hatte ich Ihnen bereits zuvor beantwortet, lassen Sie uns aber ins Detail schauen.

Da wir in diesem Buch über Nachhaltigkeit sprechen, möchte ich zunächst auf die Argumentation eingehen, dass Wirtschaftswachstum und Nachhaltigkeit auf Dauer schlicht nicht funktionieren bzw. nicht möglich seien. Aus den Naturwissenschaften herleitend wird argumentiert, dass ein kontinuierliches Wachstum der Wirtschaft im Sinne eines dauerhaften Mehr an Gütern und Dienstleistungen durch die Nutzung von Ressourcen (beispielsweise fossiler Brennstoffe) in einem geschlossenen System wie dem der Erde nicht möglich sei. Anders formuliert – Sie mögen mir meine formalen Ungenauigkeiten in Sachen Umwelt- bzw. Ingenieurwissenschaften nachsehen – ist kein Wachstum ohne Ressourcenverbrauch möglich, weil in einem geschlossenen System keine Veränderung ohne Aufwand möglich sei. Begrenzte Ressourcen wiederum ermöglichen kein unbegrenztes Wachstum, wenn dieses auf Ressourcen beruht. Setze man im Umkehrschluss weiterhin auf Wachstum, würde dies den weiteren Verbrauch von Ressourcen beinhalten – im Kontext der Nutzung fossiler Brennstoffe mit den bekannten Negativfolgen. Infolge dieser Argumentationslogik sei Wirtschaftswachstum ohne Ressourcenverbrauch und somit im Einklang mit einer nachhaltigen Lebensweise auf globaler Ebene nicht möglich. Die vorherrschenden Kapazitäten der Erde sind begrenzt und insofern kann auch Wachstum nicht unbegrenzt bestehen. Absolute Entkopplung von Wachstum und Ressourcenverbrauch sei ein Traum (Schick 2014, S. 157). Der Ihnen sicherlich bekannte ökologische Fußabdruck ist übrigens ein Indikator zur Messung Ihres Ressourcenverbrauchs infolge Ihrer Lebensweise.

Verlassen wir die Argumentation eines möglichen (oder eben nicht möglichen) Wachstums, so gibt es fernab dessen kritische Sichtweisen mit Blick auf das Wirtschaftswachstum und die mit ihm einhergehenden Effekte. Wenn Sie in den letzten Jahren und Monaten Wirtschaftszeitungen und entsprechende Literatur gelesen haben, stolpern Sie immer wieder über Themen wie „Wir brauchen ein neues Wirtschaftsmodell!". Es wird von dem von Wohlstand und guten Leben entkoppelten Wachstumsfetisch gesprochen, der vergleichbar Junkfood nicht zufriedener mache, sondern schlicht nach immer mehr verlange (Schick 2014, S. 19). Es gibt Transformationsdialoge mit Politik und Institutionen dahingehend, wie es gelingen kann, Nachhaltigkeit und Wettbewerbsfähigkeit der Wirtschaft in Einklang zu bringen, und, und, und. Im Kern geht es nicht selten um Kritik am Wachstum per se und an der Wirtschaftsordnung. Von diesen Kritikpunkten möchte ich gerne einige Facetten inhaltlich anreißen.

Ein Kritikpunkt beruht auf der sich stetig verstärkenden Agglomeration und Akkumulation von Kapital. Dieses Argument ist ein Kern der Kapitalismuskritik. Derjenige, der bereits Kapital besitzt, kann einfacher noch mehr Kapital beziehen. Sie alle kennen das Sprichwort „Die erste Million ist die schwerste". Wer bereits ein Vermögen besitzt, kann sein

Kapital einfacher vermehren, zum Beispiel durch andere Anlagemöglichkeiten, durch bessere Diversifikation und damit eine vorteilhaftere Risikostreuung. Sie alle wissen, dass Wohlstand hierzulande nicht zuletzt durch Vererbung entsteht. Ihnen ist auch bekannt, dass man durch seine reine Arbeitskraft in der Regel nicht zum Multimillionär wird – wenngleich es selbstredend Ausnahmen gibt und schon die Chance hierauf für viele Menschen Antrieb ist. Fakt ist: Wenn Sie erstmal ein kleines Vermögen angehäuft haben, öffnen sich Ihnen ganz andere Türen zur weiteren Kapitalansammlung. Was für den Einzelnen hierbei vorteilhaft sein kann, das ist gesamtgesellschaftlich eventuell negativ. Ein Mehr an Kapital führt womöglich auch zu risikobereiteren Investitionen, es können unter Umständen Spekulationsblasen entstehen.

Wirtschaftswachstum und die bereits genannte Kapitalkonzentration führe auch zu einem Auseinanderdriften der Schere zwischen Arm und Reich. Eine Polarisierung in der Gesellschaft als Folge dessen ist ein Argument im Rahmen der Wachstumskritik. Eine zunehmende Ungleichheit führt wiederum zu politischen, wirtschaftlichen und sozialen Katastrophen. Insbesondere die zunehmende globale Zuteilung von Vermögen in private Hände hat hierbei zu deutlichen Problemen in den letzten Jahren geführt (Alvaredo et al. 2018, S. 20 ff.): International haben nicht alle Menschen (zumindest in gleichem Maße) vom globalen Wachstum der letzten Jahrzehnte profitiert. Die Folgen sind Armut, Hunger, (vermeidbare) Krankheiten, Kriege und Zerstörungen, Raubbau an Menschen und Natur, Zerstörung von Lebensräumen und so weiter und so fort.

Ein anderes Argument der Wachstumskritik fokussiert sich auf die mit zunehmender Wirtschaftskraft einhergehende Konzentration von Marktmacht von Unternehmen. Dies kann wiederum nicht zuletzt für den Wettbewerb aufgrund des möglichen Missbrauchs marktbeherrschender Stellungen zu Nachteilen für Wettbewerber, zu Marktabschottungen oder höheren Preisen für Verbraucher und Konsumenten führen. Denken Sie an die immer lauter werdenden Stimmen, die eine Zerschlagung der GAFA-Unternehmen (Google, heute Alphabet, Amazon, Facebook und Apple) fordern, da sie eine dominierende Marktmacht der genannten Akteure sehen (Handelsblatt 2020).

Auch Staaten bzw. deren Verhalten ist von der Wachstumskritik nicht befreit. Es wird zum Beispiel kritisiert, dass Staaten im Streben nach Wachstum selbst in vermeintlich negative Verhaltensweisen verfallen, beispielsweise dann, wenn sie im Wettbewerb um Unternehmen zu Unterbietungswettbewerben in der Steuerpolitik übergehen. Subventionen als

7 Wachstums- und Systemkritik – kein Königsweg!

Anreize für Investitionen oder handelspolitische Schritte, wie wir sie im Zuge des global erstarkenden Protektionismus sehen, sind Beispiele.

Ein auf dem Ansatz des Verhaltens fundamentierter Kritikpunkt in der Wachstumsdebatte sind Anreizwirkungen, die sich durch das Streben nach Wirtschaftswachstum ergeben können. Das blinde Streben nach Mehr hatten wir bereits zu Beginn des Buches erwähnt, zugleich scheint es allgegenwärtig. Auf einen berühmten Satz aus dem Hollywood-Klassiker „Wall Street" verzichte ich an der Stelle (Insider wissen, welchen Satz ich meine). Aber die Kritik in Sachen Wachstum mit dem Fokus Anreizwirkung ist weitaus vielschichtiger: Denken Sie zum Beispiel an die Tatsache, dass der Mehrwert jedes Gutes in der Regel abnimmt, je mehr Sie davon haben. Das erste Auto hat noch einen sehr großen Nutzen für Sie (ohne Auto sind Sie womöglich immobil), das zehnte Auto ist in der Regel nur noch Dekorationsgegenstand oder Sammelobjekt (denn fahren können Sie im Regelfall ohnehin nur mit einem Auto). Wenn Sie bereits alles besitzen, was Sie brauchen, für was brauchen Sie dann denn noch mehr? Auch dies sind Fragen der Wachstums- und Kapitalkritik. An der Stelle passt der Verweis auf das Buch „Wohlstand ohne Wachstum" des Ökonomen Tim Jackson, der argumentiert, dass der Wohlstand im Sinne von Lebenserwartung oder Bildungssystem nur bis zu einem bestimmten Einkommensniveau steige, danach finde durch ein Mehr an Wachstum keine weitere Verbesserung des Wohlstandes statt (Jackson 2011).

Eine letzte nennenswerte Facette der Wachstumskritik ist, dass der Fokus auf „immer Mehr" im Sinne des Wachstums auch den psychischen Druck für uns alle steigert, er schädigt das persönliche Miteinander durch Wettbewerbsstreben, erzeugt oder beschleunigt einen Moral- und Werteverfall oder wirkt sich negativ auf die Gesundheit aus. Individuen leiden unter Wachstum. Und auch die Gesellschaft insgesamt leidet. Mit Stichworten wie Konsum- und Wegwerfgesellschaft sind weitere Beispiele negativer Entwicklungen im bestehenden Wirtschaftssystem genannt.

Sie sehen, mit Wirtschaftswachstum werden viele negative Dinge assoziiert. Aber ich betone nochmals meine Aussage von zuvor: Ohne Wachstum ist die Welt, wie wir sie kennen, nicht tragbar. Unser Wirtschaftssystem funktioniert nicht ohne Wirtschaftswachstum. Dass eine Änderung des Systems meiner Ansicht nach nicht den praxisnahen und realistischen Weg darstellt, habe ich erwähnt und greife ihn an späterer Stelle nochmals explizit auf. Es ist wichtig, sich diese Negativentwicklungen und Kritikpunkte von Wachstum bewusst zu machen und sich mit Lösungen auseinanderzusetzen. Es gibt ohne Zweifel (massive) Probleme mit, in und durch die mit dem Wirtschaftswachstum und der Wirtschaftsordnung einhergehenden Effekten. Mit dieser Einschätzung stehe ich auch nicht allein da: Manche vergleichen die Ökonomie gar (wenngleich eher mit einem Augenzwinkern versehen) mit einem Patienten mit schwerwiegenden mentalen Krankheiten auf der Couch eines Psychoanalytikers. Denn obwohl das bestehende Wirtschaftssystem viele Vorteile biete und geschaffen habe und die „Wirtschaftsordnung … ein System (sei), das die Welt und die Menschheit nicht nur reicher, sondern auch besser gemacht hat" (Sedláček und Tanzer 2015, S. 22), haben sich Krankheitssymptome in das System eingeschlichen (Sedláček und Tanzer 2015, S. 20 ff.).

Neben der Argumentation, dass Wachstum und Nachhaltigkeit nicht kompatibel seien und das Wachstum an sich negativ sei, gibt es stete Systemkritik dahingehend dass das Zusammenspiel von Markt und Staat nicht angemessen sei. Dies sei mit dafür verantwortlich, dass die genannten Negativeffekte entstünden. Allgemeine Fragestellungen in dem Kontext hatte ich Ihnen in Abschn. 7.3 aufgezeigt. Insbesondere wird die Funktionsfähigkeit des Marktes infrage gestellt. Konkret geht mit dieser Diskussion zumeist die Forderung nach mehr Staat einher, da der Markt diesen in den letzten Jahren verdrängt habe. Der deutsche Ökonom Clemens Fuest argumentierte hierzu einerseits unter Verweis auf die Staatsquote und den sogenannten Fraser-Index, der den Grad ökonomischer Freiheit ermittelt, dass ein Rückzug des Staates nicht erkennbar sei. Mehr noch: Er verweist auf eine „schleichende Verbreitung des Neodirigismus" mit fatalen Folgen (Fuest 2020b, S. 12). Unter Neodirigismus versteht Fuest hierbei ein geringes Vertrauen in die Funktionsfähigkeiten von Märkten bei dem diesem entgegenstehender Überlegenheit staatlicher, steuernder Eingriffe. Ferner spielen ökonomische Anreize keine bedeutsame Rolle und letztlich sei nach Sicht des Neodirigismus der Staat in der Lage, in Marktmechanismen ohne gravierende Nebenwirkungen eingreifen zu können. Fuest argumentiert hierbei, dass die intelligente Nutzung der Märkte anstelle staatlicher Eingriffe bessere Ergebnisse bringe, auch und gerade in der Umweltpolitik, die er als Beispiel nennt. Vielmehr bringe der „Neodirigismus …, die Gefahr mit sich, dass ideologisch motivierte, über die erforderlichen Rahmenbedingungen hinausgehende Interventionen Wachstum und Beschäftigung, aber (eben) auch das Erreichen umweltpolitischer Ziele untergraben" (Fuest 2020b, S. 16).

Ich möchte an der Stelle mit Blick auf die Kritik an System und Wirtschaftsordnung abschließend einen anderen Gedankengang aufwerfen, den ich beachtenswert finde. Dieser dreht sich darum, dass diese Probleme eventuell gar keine Probleme des Systems an sich sind, sondern vielleicht andere Ursachen haben. Konkret liegen sie eventuell in den Menschen oder in den durch ihn gemachten Regeln begründet. „Was, wenn diese Kritik eigentlich die Beschaffenheit des Menschen im Fokus hat und nicht den Kapitalismus?" (Sedláček und Tanzer 2015, S. 42). Denken Sie also bei aller Systemkritik einmal darüber nach, wer diese Systeme macht.

7.5 Beispiele für Lösungskonzepte

Es gibt Kritik an Wirtschaftswachstum und System. Ich möchte an der Stelle festhalten und wiederholen: Es gibt Fehlentwicklungen und zahlreiche Negativentwicklungen. Nun ist dies bei Weitem nicht das erste Buch, das sich mit diesen Fragen beschäftigt, ebenso wie mit denen rund um Nachhaltigkeit und Wachstum.

Wo es Fragen und Herausforderungen gibt, da existieren Lösungsvorschläge. Das Positive vorweg: Es mangelt nicht an Ideen. Es gibt zahlreiche Vorschläge, wie unser Wirtschaftssystem besser oder anders gestaltet werden kann. Hierbei ist die Bandbreite der Vorschläge, wie Sie sich vorstellen können, enorm, vielschichtig und heterogen. Von Argumenten nach dem Motto, es sei alles gut so wie es laufe und es liege nicht am Wirtschaftssystem, sondern an den Menschen (siehe zuvor) und deren Mindset (Rotter 2020), über Vorschläge zu Anpassungen an einzelnen Stellen zur Korrektur von Fehlentwicklungen im Sinne eines Feintunings bis hin zur kompletten Abkehr von vorherrschenden Ordnungen und einem Neustart der Welt, wie wir sie kennen: Für jedes Interesse findet sich ein Angebot. Und nicht zuletzt in den Printmedien und Sozialen Medien, in Talkshows, sogar in den Programmen der politischen Parteien finden Sie Ansätze in diesen diversen Richtungen.

Ich möchte Ihnen im Folgenden aus der potenziellen Klaviatur an Lösungsvorschlägen und dem breiten Spektrum mit Blick auf die Änderungsintensität zwei Themen vorstellen, die medial in letzter Zeit enorme Aufmerksamkeit erfahren: Ich greife das Stichwort Green New Deal (Abschn. 7.5.1) auf, ferner den Gedankengang der sogenannten Gemeinwohlökonomie (Abschn. 7.5.2).

7.5.1 Green New Deal(s)

Unter dem Stichwort „Green New Deal" sind Konzepte gemeint, die eine ökologische Fokussierung der Wirtschaft anstreben. Hierzu gibt es eine ganze Reihe an Lösungsansätzen, Experten und Literatur.

Aufbauend auf dem New Deal des ehemaligen amerikanischen Präsidenten Franklin D. Roosevelt (1882–1945) und dessen Wirtschaftspolitik nach der Weltwirtschaftskrise in den 1920er- und 1930er-Jahren geht es beim Thema „Green New Deal" um die Transformation der Wirtschaft hin zu einer nachhaltigen Wirtschaft.

Die Politik hat dieses Thema seit Langem auf ihrer Agenda. Bereits erwähnt wurde der European Green Deal mit dem Ziel, den europäischen Kontinent klimaneutral zu machen. Darüber hinaus gibt es eine ganze Reihe weiterer Konzepte auf unterschiedlichsten Ebenen – national bis global.

So vielfältig wie die politischen Konzepte, so umfangreich auch die intellektuell vorliegenden Vorschläge. Ich möchte an der Stelle stellvertretend zwei Vertreter kurz nennen.

Ich verweise gerne auf das interessante Buch „Warum nur ein Green New Deal unseren Planeten retten kann" der kanadischen Journalistin und Klimaschutz-Aktivistin Naomi Klein (2019). Sie beschreibt in ihrem Buch ihren Weg zur Erzeugung von Klimagerechtigkeit. Klein formuliert klar die notwendige Verabschiedung von einem Wirtschaftsmodell, um die „schwierige Aufgabe des Umbaus unserer Gesellschaft… und (den) Verzicht auf verschwenderischen Konsum" (Klein 2019, S. 38), indem nicht an einzelnen Stellschrauben des Wirtschaftsraums mit dem Ziel kleinerer Korrekturen im bestehenden System gedreht wird, sondern durch eine „Generalüberholung des Betriebssystems" (Klein 2019, S. 43). Sie regt eine Restart des Systems an. Die Ziele einer Reduzierung der Emissionen im erforderlichen Umfang und notwendiger Zeit können ihrer Aussage nach nicht erreicht werden, „ohne dass … Industrie und Infrastruktur grundlegend umgebildet werde(n)" (Klein 2019, S. 318). Konkret schlägt sie sechs Bereiche vor (Klein 2019, S. 96 ff.), beispielsweise eine Ausweitung der öffentlichen Mobilitätsinfrastrukturen und deren kostengünstige Nutzung, energieeffizienten und bezahlbaren Wohnraum, mehr Planung mit Blick auf Industrie, Flächennutzung oder Gemeinwohl anstelle des Marktfundamentalismus, eine Bändigung der Konzerne durch Regulierung der Privatwirtschaft, eine enorme Regionalisierung inklusive Produktion, ein Ende des Shopping-Kults durch Reform des Freihandels oder eine Steuer für die „Stinkreichen" (Klein 2019, S. 104).

Ich verweise gerne auch auf den Ökonomen und Bestseller-Autoren Jeremy Rifkin (2019). Rifkin greift in seinem neuen Buch „Der globale Green New Deal" die seiner Ansicht nach notwendigen Schritte für den Wandel hin zu einer notwendigen grünen Infrastruktur auf. Er legt mit Blick auf die USA einen dezidierten Maßnahmenkatalog mit in Summe 23 Schlüsselinitiativen vor (Rifkin 2019, S. 257 ff.), wobei im Grundsatz eine Mischung aus neuen Kommunikationstechnologien, neuen Energiequellen und neuen Formen von Mobilität und Logistik erforderlich seien (Rifkin 2019, S. 42).

Gemein ist diesen beiden und nahezu allen weiteren Ansätzen im Kontext eines Green New Deal, dass eine Transformation der Wirtschaft hin zu mehr Nachhaltigkeit gelingen soll. Die Ansätze und Vorschläge unterscheiden sich hierbei in der Art der notwendigen Maßnahmen und deren Eingriffsintensität, wenngleich – wie insbesondere der hier detaillierter aufgezeigte Ansatz von Klein gut zeigt – per se eine hohe Veränderungsbereitschaft im bestehenden Status quo vonnöten sein dürfte, sollten die Maßnahmen in die Realität umgesetzt werden.

7.5.2 Gemeinwohlökonomie

Ein anderer Ansatz, der neben der Diskussion um den Green New Deal in den letzten Jahren insbesondere in Deutschland eine besondere Aufmerksamkeit gewonnen hat, ist der Gedankengang der sogenannten Gemeinwohlökonomie. Erstmals wurde hierüber schon in den 1990er-Jahren in Deutschland diskutiert, medial besondere Aufmerksamkeit bekam das Thema aber gerade durch den Start des „Gesamtprozess Gemeinwohl-Ökonomie" im Jahr 2010.

Ziel der Gemeinwohlökonomie ist es, ein ethisches Wirtschaftsmodell zu etablieren, in der das „Wohl von Mensch und Umwelt (…) zum obersten Ziel des Wirtschaftens" wird (International Federation for the Economy for the Common Good e. V. 2020). Erreicht werden soll dies in dem auch vom österreichischen Autoren Christian Felber beschriebenen Wirtschaftsmodell durch Kooperation der Betriebe statt durch Konkurrenz, durch soziale Verantwortung, ökologisches, demokratisches und solidarisches Engagement der Unternehmen. Hierzu bedarf es einer Umstellung der „gegenwärtigen Systemweichen der Marktwirtschaft von Gewinnstreben und Konkurrenz auf Gemeinwohlstreben und Kooperation" (Felber 2018, S. 28). Anstelle von Eigennutzen gehe es vielmehr um die Berücksichtigung von Faktoren wie Menschenwürde, Solidarität und Gerechtigkeit, ökologische Nachhaltigkeit oder Transparenz und Mitentscheidung.

Felber betont ausgehend von der von ihm beschriebenen „chronischen Instabilität" von Märkten und der durch diese erzeugten Krisen (Felber 2019, S. 42) und der weiterführenden kritischen Auseinandersetzung mit der ökonomischen Lehre ferner, dass es eines generellen neuen Ansatzes der Ökonomie bedarf. Er spricht mit Blick auf die nach wie vor in der angelsächsischen Lehre dominierende neoklassische Lehre von einem „ideologischen Glaubenssystem" (Felber 2019, S. 194) und schlägt eine „ganzheitliche Wirtschaftswissenschaft" vor (Felber 2019, S. 257 ff.). Nebst der Beachtung der Wirtschaftswissenschaft als eine Hilfswissenschaft im Gleichklang mit Disziplinen wie Ökologie, Ethik, Psychologie oder Pädagogik, der aus seiner Sicht erforderlichen Erweiterung des ökonomischen Methodenkastens, einem angedachten aristotelischen Eid zur Berücksichtigung von Ethikgrundsätzen oder einer Umbenennung des Nobelpreises für Wirtschaftswissenschaften schlägt er vor, in der Wirtschaft und in den Wirtschaftswissenschaften ebenda nicht nur auf materielle Bedürfnisse abzustellen, sondern auch Aspekte wie Glück, Zufriedenheit und Lebensqualität gleichfalls zu berücksichtigen.

Das Konzept der Gemeinwohlökonomie betont ebenso wie das der Green New Deals, dass es mehr oder weniger einen Wechsel des bestehenden Wirtschaftssystems brauche. Diese beiden relativ aktuellen und durchaus interessanten Ansätze mit gewisser Präsenz in der öffentlichen Diskussion zeigen, welche Fragen im Zusammenhang von Wirtschaftswachstum und Ökonomiesystem diskutiert werden. Letztlich verdeutlichen diese beiden Ansätze die Kritikpunkte an Wirtschaftswachstum und Wirtschaftsordnung.

Inhaltlich möchte ich die beiden Ansätze nicht bewerten. Bitte sehen Sie sie als das, als was sie gedacht sind: als Darstellung vorliegender Systemkritiken und Vorschläge zur Optimierung der Wirtschaft. Eine Auseinandersetzung mit verschiedenen Ordnungen und Systemen unserer (Wirtschafts-)Welt überlasse ich anderen Autoren. Ich ziele in meiner Argumentation – auch durch die Darstellung einiger Details von Green New Deal und Gemeinwohlökonomie – auf etwas anderes ab und komme nachfolgend zum Kern des Kapitels: meine Einschätzung bezüglich der Wachstums- und Systemkritiken und deren Mehrwert bei der Lösung unserer Herausforderungen der Megatrends.

7.6 Kritische Würdigung

Nachdem ich Ihnen erläutert habe, was Wirtschaftswachstum ist und weshalb unser System auf Wachstum angewiesen ist, habe ich Ihnen Kritikpunkte am Wachstum und der Wirtschaftsordnung gezeigt. Es existieren diverse Lösungsansätze, die von „kleineren Reparaturen" am System, bis zu einem Restart des Gesamtsystems mit Neuausrichtung und Abkehr vom Wachstum reichen. Zwei Gedankengänge habe ich Ihnen etwas detaillierter vorgestellt – stellvertretend für viele Ideen. Alle diese Anregungen sind mit Blick auf ihre Impulse für die gesellschaftliche Auseinandersetzung und Diskussion wertvoll und wichtig. Es braucht die stete Wachstums- und Systemkritik. Dennoch möchte ich meiner Ansicht nach einen wesentlichen Aspekt betonen, den ich zu Beginn des Kapitels bereits erwähnt habe: Wir müssen parallel denken und handeln. Systematische Fragen verdienen Beachtung. Aber einen Systembruch wird es nicht geben – vor allem nicht in adäquater Zeit. Es braucht meiner Ansicht nach realistischere und praktikablere Konzepte. Wir müssen vielmehr in bestehenden Strukturen und Systemen denken (was gemeint ist, erfahren Sie später). Wachstums- und Systemkritiken helfen uns kurzfristig nicht, mittel- bis langfristig ist deren Beitrag für eine nachhaltigere Welt (zumindest) nicht sicher. Das sind Scheindiskussionen. Womöglich sind dies optimale Lösungen. Aber die Welt ist keine Idealwelt. Wir müssen die Welt so nehmen wie sie ist. Wir sollten uns auf andere Fragestellungen konzentrieren! Lassen Sie mich diese Hypothese, dass Wachstums- und Systemkritiken Scheindiskussionen mit Blick auf zeitnahe Lösungen der Herausforderungen der Megatrends sind, anhand von vier Argumenten untermauern:

- Komplexität
- Unsicherheit
- Akzeptanz
- Realisierbarkeit

Wachstums- und Systemkritiken sind – wenn wir über Alternativen und Lösungsansätze sprechen – von enormer Komplexität geprägt. Dies gilt für Systemänderungen als auch Alternativsysteme. In der Folge ergeben sich Unsicherheit über die Wirkungsweise und Folgen. Letztlich verhindern meiner Ansicht nach fehlende Akzeptanz und Realisierbarkeit deren Eintreten. Dies möchte ich Ihnen nachfolgend gerne erklären. In Abschn. 7.6.4 fasse ich zusammen und erweitere meine Argumentation um einige Facetten.

7.6.1 Komplexität

Die Welt ist komplex, die Wirkungszusammenhänge sind vielschichtig. Dies gilt insbesondere mit Blick auf die Wirtschaft. Ebenso sind die Herausforderungen der Megatrends enorm und zum Teil eng miteinander verflochten. Niemand sagt, dass es einfach ist, die bestehenden Herausforderungen zu lösen. Wir haben enorme Aufgaben, die es zu verwirklichen gilt, aber sind wir überhaupt in der Lage, die Komplexität der Vorschläge vollständig zu durchdringen? Denn komplex sind diejenigen Vorschläge, die Änderungen des bestehenden Wachstums- und Wirtschaftssystems per se anregen. Dies gilt ebenso für die Wirkungszusammenhänge und deren Folgen.

Veränderungsvorschläge für und innerhalb unsere/r Wirtschaftsordnung sind je nach Ideen und Ansätzen und den hierdurch notwendigen Umsetzungsschritten mehr oder weniger ambitioniert. Die Komplexität in Sachen Eingriffsintensität in das bestehende System fällt unterschiedlich aus. Die Förderung einer bestimmten Industrie oder ein Verkaufsverbot einzelner Produkte im Bereich des CSR-Handlungsfeldes Ökologie hat eine andere Wirkung auf Prozesse und Verfahren in der Realität als zum Beispiel die Einführung eines Grundeinkommens für die gesamte Bevölkerung mit Blick auf die Einkommensverfügbarkeit im CSR-Handlungsfeld Arbeitsplatz. Ferner dürften Sie mir zustimmen, dass nationale Maßnahmen bei aller Schwierigkeit deutlich leichter zu realisieren sind als international abgestimmte Schritte. Dabei gilt: Je komplexer die Systemeingriffe bzw. Maßnahmen als auch deren Effekte und Wirkungen sind, desto erschwerter ist deren Umsetzbarkeit in die Praxis. Viele Vorschläge sind meiner Ansicht viel zu komplex, um überhaupt umsetzbar zu sein (siehe hierzu die beiden nachfolgenden Argumente in Abschn. 7.6.2 und Abschn. 7.6.3). Deren Grundlage ist jedoch dieser erste Punkt einer enormen Komplexität von Ideen, die mit Wachstums- und Systemänderungen einhergeht.

7.6.2 Unsicherheit

Ein Argument, das auf dem der Komplexität aufbaut, ist das der bestehenden Unsicherheit und Unkenntnis über notwendige Schritte und Folgewirkungen von Eingriffen oder Änderungen der Wirtschaftsordnung.

Über Optimierungen im bestehenden Wirtschaftssystem nachzudenken und alternative Konzepte zu diskutieren, ist richtig. Ich möchte wertfrei zumindest daran erinnern, dass alle Überlegungen in den seltensten Fällen in der Realität erprobt sind. Vielfach handelt es sich um Gedankenmodelle, die wohl durchdacht, aber doch selten einem Realitätscheck unterlagen. Letzteren gibt es sicherlich vereinzelt: Denken Sie an Studien zum Grundeinkommen, an Kommunen, die sich autark versorgen mit Energie oder Lebensmitteln, oder an wirtschaftspolitische Schritte wie die Einführung einer Vermögenssteuer. Sicherlich, es gibt Realitätsüberprüfungen und Praxisbeispiele. Aber eben doch gibt es diese umso häufiger, je kleinteiliger die Maßnahmen (im Sinne von regional, zeitlich, mit Blick auf Wirkungsgrad) und je weniger systemumfassend die Ansätze sind. Einen kompletten Systembruch haben wir nie einem Praxistest unterzogen. Auch wenn es sicherlich kein Argument für oder gegen ein Wirtschaftskonzept oder den Verzicht auf Wirtschaftswachstum sein darf, dass man eben noch kein besseres System erprobt habe (um es danach einzuführen), so behaupte ich dennoch: Jeder Vertreter, der einen Systembruch fordert, hat dessen Effekte in ihrer Gesamtheit nicht erfahren, geschweige denn kann er sie umfassend beurteilen.

Wer sagt, dass trotz eines vielleicht stimmigen Konzeptes nicht doch Negativentwicklungen entstehen, die vorab nicht absehbar sind? Oder wie gehen wir mit erwartbaren, aber nicht konkret abschätzbaren Fragen um: Was passiert mit der Wettbewerbsfähigkeit von Unternehmen, mit Arbeitsplätzen, mit dem internationalen Handel, mit dem Einkommens- und Konsumverhalten der Privaten, mit den öffentlichen Haushalten, mit staatlichen Investitionen in Bildung und Infrastruktur, wenn wir auf Wachstum verzichten? Wer kann das heute beantworten? Ich behaupte, dies kann niemand!

Je komplexer die Vorschläge sind, desto größer ist die Unsicherheit über deren Effekte. Ohne Zweifel gibt es eine Unmenge schlauer Köpfe, die sich über diese Sachen Gedanken gemacht haben. Und ich gehöre stets zu denjenigen, die sagen, wir müssen Vertrauen in wissenschaftliche Arbeiten haben und diese nicht permanent hinterfragen. Aber: Jede Maßnahme mag noch so gut vorbereitet und wichtig sein, letztlich muss man sie auch testen. Solange dies nicht der Fall ist, besteht Unsicherheit und Unkenntnis ob der Wirkung der Maßnahmen.

7.6.3 Akzeptanz

Komplexe Systeme und deren Wirkung sind das eine. Noch wichtiger aber ist nicht zuletzt die Akzeptanz und Realisierbarkeit der Maßnahmen. Dies gilt mit Blick auf rechtliche und formale Möglichkeiten zur

Implementierung, mit Blick auf die Zeitschiene, sowie in Sachen Akzeptanz und Legitimation, zum Beispiel in demokratischen Strukturen.

Ob die vermeintlich kleine Steuererhöhung, eine neue Kennzeichnungspflicht für Unternehmen, ein Recht auf Homeoffice, die Einführung eines Mindestlohns innerhalb eines Landes, bis hin zur Gründung von Freihandelszonen oder der globalen Abstimmung in Sachen Nachhaltigkeitsziele auf Ebene der Vereinten Nationen: Ohne Akzeptanz lassen sich keine Maßnahmen realisieren (zumindest nicht in Demokratien). Wenn wir über Veränderungen in Sachen Wirtschaftswachstum und System sprechen, braucht es diese umso mehr, denn etwaige Änderungen haben massive Folgen für uns alle. Aber haben wir diese Akzeptanz?

Sie stimmen mir sicher zu, dass wir in einer immer stärker polarisierenden Welt leben. Nicht zuletzt politische Wahlentscheidungen der letzten Jahre haben international gezeigt, welchen Weg erfolgreiche Populisten gehen können. Sachlichkeit leidet meiner Ansicht nach immer mehr unter Emotionalität, was letztlich das konstruktive Finden von Lösungen erschwert. Auch und gerade in der Wirtschaft zeigt sich diese Emotionalität deutlich. Da wird der Kapitalismus unter Bezugnahme auf Adam Smiths Werk „Der Wohlstand der Nationen" in den historischen Kontext von „Kolonialismus, Sklaverei, Kohle" gesetzt (Klein 2019, S. 220), es wird von der heute vorherrschenden „Machtwirtschaft" gesprochen (Schick 2014, S. 38), Bücher wie „Wem gehört die Welt? Die Machtverhältnisse im globalen Kapitalismus" (Jakobs 2016) prangern Vermögende an, im Zuge der Deregulierungspolitik in den Vereinigten Staaten von Amerika wird von der „Ermordung" der Wirtschaft gesprochen (Stiglitz 2015, S. 39).

Paradebeispiel für die mehr emotionale denn sachliche Debatte in den letzten Monaten ist der Klimaschutz, in dem die moralische Keule geschwungen wird und aus unterschiedlichen Richtungen wechselseitig Vorwürfe dahingehend gemacht werden, was man getan habe bzw. nicht getan habe. Denken Sie doch einmal bei Ihnen vor Ort an Themen wie den Autoverkehr in den Innenstädten, die Debatte um Radverkehr und mobilisierten Individualverkehr. Denken Sie an Initiativen gegen den Flächenfraß und gegen Gewerbeflächen in den Gemeinden, denken Sie an Diskussionen rund um Windräder oder den 5G-Ausbau. Begriffe wie „Revolutionslyrik" (Poschardt 2020) oder „Ersatzreligion" (Sinn 2020, S. 122) zeigen diesen Grad der Emotionalität. Andere sprechen von einer Postwachstumsesoterik (Konrad 2020, S. 201). Und ja, letztlich spielt auch der Titel dieses Buches durchaus mit dem Thema.

Fakt ist, unser Leben ist voller Emotionen. Aber: Dort, wo offensichtlich immer mehr emotional und weniger sachlich argumentiert wird und dies nicht selten mit Blick auf politische Mehrheiten auch erfolgversprechend ist, ist es umso wichtiger, Menschen mitzunehmen. Und dies setzt wiederum Akzeptanz voraus.

Zur Änderung von Strukturen infolge von Akzeptanz bedarf es nicht zuletzt einer Änderung in den Köpfen der Menschen. Die Akzeptanz der Menschen von Klimaschutz bis Konsumverhalten ist wesentlich, allemal, wenn es – wie bei Veränderungen und einer etwaigen Abkehr von Wachstum – Gewinner und Verlierer geben wird. Flassbeck betont zum Beispiel in seinem Buch „Der begrenzte Planet und die unbegrenzte Wirtschaft" mehrfach zu Recht, wie wichtig es ist, dass gerade durch einen denkbaren Strukturwandel hin zu einer nicht-fossilen Wirtschaft eine adäquate Wirtschafts- und Verteilungspolitik erforderlich sei, um eine demokratische Zustimmung auf globaler Ebene zu erhalten (Flassbeck 2020). Die Bevölkerung muss diesen Wandel in Demokratien mitgehen. Dies gilt umso mehr, als dass ein „gutmeinender" Diktator, der etwaige Schritte ohne demokratische Legitimation umsetzen könne, sowohl nicht existiere als auch schlicht mit Blick auf relevante internationale Institutionen nicht erkennbar sei (Flassbeck 2020, S. 79). Flassbeck schreibt, dass es „auf der globalen Ebene keine demokratisch legitimierten Organe und Institutionen (gibt), die den Strukturwandel und die neue Wirtschaftspolitik (siehe zuvor) durchsetzen und begleiten könnten, die man bräuchte, um in klar definierten Zeiträumen klimaneutral zu werden" (Flassbeck 2020, S. 14). Mehr noch, er kritisiert zugleich – soweit möchte ich hier nicht gehen – diejenigen Personen, die medienwirksam für eine neue Klimapolitik in Deutschland auf die Straße gehen und gingen, dass sie nicht verstehen, „dass nur eine wirklich durchgängige Verhaltensänderung auf der globalen Ebene (eine) Wende (in Sachen Klimapolitik) herbeiführen kann und dass es für eine solche Verhaltensänderung derzeit keinerlei Anzeichen, keinerlei Anreiz und keine politische Initiative gibt" (Flassbeck 2020, S. 125). Und wenn dies schon beim Thema Klimaschutz so ist, wie ist dies dann erst mit Blick auf die weiteren Herausforderungen wie Armut, Hunger, Demografie oder Digitalisierung. Auch Jorgen Randers, Zukunftsforscher und immerhin Co-Autor des Reports „Die Grenzen des Wachstums" an den Club of Rome von 1972 schreibt in seinem Buch „2052 – Der neue Bericht an den Club of Rome" davon, dass er nicht glaube, „… dass es sich als möglich erweisen wird, die Leute zum Verzicht auf potenzielles Konsumwachstum zu überreden. Demokratische Gesellschaften werden auf kurzfristige Befriedigung aus sein und sich bei der Wahl ihrer Führung entsprechend entscheiden" (Randers 2012, S. 49 f.). Was passiert, wenn Änderungen nicht mitgetragen werden, sieht man leider dann an politischen Entwicklungen, im Erstarken von Populisten und Menschenfängern, die letztlich Freiheit und Demokratie infrage stellen.

Änderungen des Wirtschaftssystems müssen mehrheitlich gewollt sein. Meine (rhetorische) Fragen an Sie? Glauben Sie in aller Umfänglichkeit daran?

7.6.4 Realisierbarkeit

Betrachten Sie den Vorschlag zur Gemeinwohlökonomie. Führen wir uns doch einmal kurz zu Gemüte, welche Veränderungen durch das vorgeschlagene Konzept angedacht sind: Die „Abkehr von der Eigennutzenmaximierung" der Unternehmen (Felber 2018, S. 28) und das Abweichen von Gewinnstreben beinhaltet unter anderem, dass nach erlaubten und nicht erlaubten Gewinnen unterschieden werden muss (Felber 2018, S. 47 ff.). Zulässig sind zum Beispiel durch die von Unternehmen erwirtschafteten Überschüsse finanzierte volkswirtschaftliche Investitionen in sozialverträgliche, nachhaltige und gendergerechte Bereiche. Investitionen in menschenrechtlich relevante Produktionsverfahren, mit negativen Effekten für die Umwelt oder in Risikotechnologien sollen nicht zulässig sein. Ferner dürfen Gewinne – ohne auf die Details im Konzeptentwurf einzugehen – für Rücklagen oder Eigenkapitalbildung möglich sein. Auch Ausschüttungen an Mitarbeiter und Darlehen an Mitunternehmen seien legitim. Nicht erlaubte Gewinnverwendungen sind hingegen Finanzinvestitionen, Gewinnausschüttungen an Unternehmenseigentümer, die nicht im Unternehmen arbeiten, für (unfreiwillige) Unternehmenskäufe oder Parteispenden. Neben den Einflüssen auf die Frage der Gewinnzulässigkeit baut das System der Gemeinwohlökonomie in der Logik auch auf einem neuen Geld- und Finanzsystem auf, Privatvermögen soll begrenzt, Erziehung und Bildung soll neu aufgestellt und nicht zuletzt muss auch das gesamte demokratische System neu gedacht werden. Ich möchte die Vorschläge nicht bewerten. Aber ich stelle eine Frage: Glauben Sie, dass diese Anforderungen (zeitnah) umgesetzt werden können?

Auch Ideen, die innerhalb des bestehenden Wirtschaftssystems argumentieren, um Lösungen zu einer nachhaltigeren Welt aufzeigen, wie Heiner Flassbeck, ehemaliger Chefvolkswirt der Vereinten Nationen in Genf, in seinem Buch „Der begrenzte Planet und die unbegrenzte Wirtschaft – Lassen sich Ökonomie und Ökologie versöhnen" aufzeigt, machen deutlich, wie drastisch und umfangreich Schritte sind (Flassbeck 2020): Auf dem Weg hin zu einer nicht-fossilen Wirtschaftsordnung bedarf es nach

Flassbeck zwingend einer Marktwirtschaft auf globaler Ebene, in der die Preise für fossile Energieträger für die nächsten 100 Jahre deutlich stärker ansteigen als die Preise übriger Produkte. Denn nur dann funktioniere der Marktmechanismus dahingehend, dass auf alternative Ressourcen gesetzt werde. Alle aktuell beobachtbaren bzw. bereits zum Teil umgesetzten Maßnahmen wie Investitionen, Subventionen, Gebote und Verbote seien nur unter dieser Voraussetzung zielführend. Ökonomisch gesprochen handelt es sich beim Klimaschutz um ein weltweit öffentliches Gut (Fuest 2020a, S. 155). Wichtig: Diese Schritte müssen aber zwingend flächendeckend und global erfolgen. Es braucht den Konsens aller Staaten, bisherige nationale Ansätze seien im Umkehrschluss sogar kontraproduktiv. Wiederum meine Frage: Glauben Sie daran, dass dieses komplexe Ziel (zeitnah) umgesetzt werden kann?

> **Merke!**
> Das Wirtschaftssystem hat viele Defizite. Nur ist es das Beste, das wir haben. Komplexität, Unsicherheit und Unkenntnis sowie fehlende Akzeptanz und Realisierbarkeit sorgen dafür, dass die Debatte um Wachstums- und Systembrüche nicht in adäquater Zeit dazu beitragen, die bestehenden Herausforderungen zu bewältigen.

7.7 Schlussfolgerung

Wie geht es weiter? Ich kann und möchte immer wieder betonen: Unser Wirtschaftssystem hat Fehler. Wir müssen uns mit den Kritiken an Wachstum und der Systemfrage befassen. Hierzu braucht es sinnvollerweise Visionen und langfristige Ziele. Aber: Komplexität, Unsicherheit und Unkenntnis sowie erforderliche Akzeptanz und fehlende Realisierbarkeit sorgen dafür, dass uns diese Auseinandersetzungen mit Wachstums- und Systemkritik bei aller Notwendigkeit meines Erachtens nach heute nicht (hinreichend) voranbringen. Wir sollten uns parallel auf andere Fragestellungen konzentrieren. Die Welt ist so, wie sie ist. Es ist keine Modellwelt, in der wir alles neu strukturieren können. Auch fällt es mir schwer zu glauben, dass wir globale Lösungen finden, um die Megatrends anzupacken. Der Glaube an politische Mehrheiten fehlt mir (leider).

Haben Sie nicht auch den Eindruck, dass wir trotz besseren Wissens nicht wirklich vorankommen, wenn Sie nochmals die Herausforderungen der Megatrends betrachten? Lassen Sie mich wieder auf das Thema Klimaschutz eingehen: Meine bescheidene (subjektive) Nichtfachmeinung hierzu ist, dass es viel zu langsam geht, bis die notwendigen Schritte eingeleitet werden. Und die Wirkungen der umgesetzten Maßnahmen sind zu gering bzw. nicht klar. Die Probleme der CO_2-Emission sind bekannt (wenngleich auch insbesondere von dem einen oder anderen politischen Vertreter nicht für bare Münze genommen), dennoch haben wir keine wirklichen Fortschritte seit Jahrzehnten erzielen können. Egal ob in Rio (1992), New York (2015) oder Paris (2015), das klare Kommittent, die globale Erderwärmung mit Nachdruck stoppen zu wollen, sieht meiner Ansicht nach anders aus. Auch die Klimakonferenz in Bonn (2017) oder diejenige in Madrid (2019) brachten mehr bescheidene als bahnbrechende Erfolge. Und auch in Deutschland braucht es letzlich final als Unterstützung – zumindest medial – erst den Auftritt der Initiative von Fridays-for-Future und der Aktivistin Greta Thunberg, um auch – mit einigen Ausnahmen – die Letzten von der Bedrohung durch den Klimawandel hierzulande zu überzeugen. Fakt ist weiterhin, dass auch die auf dem Pariser Klimagipfel vereinbarten Ziele, die Erderwärmung auf zwei Grad bzw. 1,5 Grad zu begrenzen, leider kaum erreichbar sein dürften.

Und auch wenn in Deutschland über ambitioniertere Ziele diskutiert wird, sei mir der Hinweis auf die Ausführungen von Flassbeck erlaubt. Er beschreibt in diesem Zusammenhang, dass ein einzelnes Land die globale Problematik durch die Verbrennung fossiler Brennstoffen ohnehin nicht alleine lösen könne, da in einem funktionierenden Markt ein Minderverbrauch an einer Stelle (in Deutschland) zu einem Mehrverbrauch an anderer Stelle (beispielsweise in Frankreich) führe. Grund sei, dass bei sinkender Nachfrage der Preis sinke und das gewonnene Öl und Kohle und Gas eben an andere Verbraucher verkauft werde (Flassbeck 2020, S. 194). Der Markt verteile schlicht das, was an Angebot an fossilen Brennstoffen aus der Erde komme (Flassbeck 2020, S. 127). Das Beste, was die deutsche Energiewende in Sachen Klimapolitik erreichen könne, sei das Aufzeigen von Möglichkeiten. Der Präsident des ifo Instituts, Clemens Fuest, schlägt argumentativ in die gleiche Richtung: Seiner Einschätzung nach könne ein größerer Beitrag Europas zur Senkung der CO_2-Emissionen die Ziele womöglich konterkarieren. Neben dem Preisargument infolge sinkender Nachfrage aus Europa erwähnt Fuest auch die Tatsache, dass es durch einen spürbaren Beitrag Europas zum Schutz des Klimas zu einer Entspannung des Drucks auf andere Staaten kommen könne, selbst etwas tun zu müssen. Der Beitrag Europas sorge für weniger Handlungsdruck auf der übrigen Welt (Fuest 2020a, S. 154 f.). Der Fokus der europäischen Klimapolitik, da Klimaschutz ein globales öffentliches Gut sei, solle laut Fuest daher darauf liegen, gemeinsame Klimaziele auf globaler Ebene zu vereinbaren und durchzusetzen (Fuest 2020a, S. 255). Hierzu sei es wichtig, dass alle relevanten Staaten, vorneweg China, die USA oder Indien mitwirken. Der Ökonom Hans-Werner Sinn, ehemaliger Präsident des ifo Instituts, argumentiert bezogen auf die nationale Klimapolitik hierzulande noch schärfer, dass die deutsche Klimapolitik (nicht zuletzt durch die nationalen Alleingänge) dazu beitrage, die Erderwärmung zu beschleunigen (Sinn 2008).

Schon dieses „Praxisbeispiel" Klimaschutz in Sachen Umsetzungsgeschwindigkeit und Wirkungseffekte zeigt, dass politische Ideen nur sehr schwer umzusetzen sind, zumal wenn sie nicht ganzheitlich gedacht werden.

Die Diskussion rund um Wachstums- und Systemkritik ist der falsche Weg. Es gibt viele sinnvolle Ansätze, aber diese sind in der gebotenen Eile zumeist unrealistisch. Die notwendigen Anpassungen, etwaig nicht vorhersehbare Effekte und wiederum notwendige Maßnahmen, die starke Emotionalität und die nötige demokratische Mehrheit, all dies spricht meiner Ansicht nach dafür, dass wir uns anderen Wegen in der gesellschaftlichen und politischen Debatte zuwenden sollten. Wir haben keine Zeit für Utopien!

Wir brauchen weiterhin Wirtschaftswachstum. Ein Verzicht auf Wachstum trägt unser System schlicht nicht mit und ist unrealistisch. Die Wirtschaft und unser System sind abhängig von Wachstum. Eine Welt ohne Wachstum widerspricht unserem Wohlstandssystem. Ohne Wachstum droht eine Abwärtsspirale aus Arbeitslosigkeit, Wirtschaftskrisen, Spekulationsblasen durch billiges Geld bis hin zu massiven Herausforderungen für die Gesellschaft und die politischen Systeme (Berlin-Institut 2017, S. 50 f.). Selbst wenn in Zeiten der Corona-Pandemie womöglich andere Schwerpunkte von Bedeutung sind und waren, gilt es danach den Blick wieder auf Wachstumsfragen zu richten (Fuest 2020a, S. 244). Welche Herausforderungen im Sinne einer Reduzierung von Wachstum bestehen, sehen wir in all denjenigen Staaten, die wirtschaftliche Krisen durchlaufen – bis hin zu den dort auftretenden sozialen Unruhen und Spannungen. Verbesserungen sozialer Probleme gehen nur mit Wirtschaftswachstum. Laut World Inequality Report 2018 ist ebenda der Zugang zu Bildung und gut bezahlten Arbeitsplätzen ausschlaggebend, um die global auseinanderdriftende Einkommensschere zu schließen (Alvaredo et al. 2018, S. 406 ff.).

Für unrealistisch halte ich diejenigen Ansätze, die auf Wachstum verzichten wollen. Auch wenn ich die Argumentation der begrenzten

Ressourcen verstehe, so halte ich diejenigen Ansätze, die den Wandel hin zu einer ökologischen Wachstumsgesellschaft infrage stellen, für nicht realisierbar, ganz zu schweigen von denjenigen, die vollständig auf Wachstum verzichten wollen. Diejenigen Befürworter, die sich unter dem Stichwort der „Degrowth"-Community für einen bewussten Verzicht auf Wachstum stark machen, setzen auf Genügsamkeit und Sparsamkeit, auf weniger Konsum, mehr Regionalität und weniger Globalisierung. Und sicher haben auch sie Recht. In der Tat ist unsere Welt voll von Irrsinn: Denken Sie an manche Produktionsprozesse, dank deren Güter und Waren mehrfach mit hohem logistischem Aufwand um den Globus gesendet werden. Führen Sie sich die Tatsache vor Augen, dass Regenwald verschwindet, damit wir unseren hohen Fleischkonsum befriedigen können, oder werfen Sie einen Blick in Ihr Schuhregal und fragen Sie sich, ob Sie durchschnittlich 10 bis 20 Paar Schuhe benötigen. Aber: Die Diskussion rund um Verzicht ist so alt wie die Menschheit und glauben Sie tatsächlich in der Breite an eine (vor allem rasche) Änderung? Das Berlin-Institut formuliert den (leider) realistischen Gedanken: „moderne Volkswirtschaften schränken ihr Wachstum nicht aus Überzeugung ein" (Berlin-Institut 2017, S. 60).

Spannend finde ich im Übrigen folgende Feststellung mit Blick auf die Frage, ob weniger Wachstum ein Schritt in Richtung mehr Nachhaltigkeit (im ökologischen Sinne) sei – schließlich haben bisherige Wirtschaftseinbrüche wie die Ölkrisen oder die Finanzkrise, mutmaßlich wird man dies auch über die Corona-Pandemie sagen, den Energieverbrauch und damit die ökologische Belastung zumindest temporär reduziert. Fakt scheint jedoch zu sein, dass schlicht aufgrund der globalen Bevölkerungsentwicklung und unabhängig von Wirtschaftseinbrüchen wie der Corona-Pandemie kein nennenswerter ökologischer Effekt erwartbar sei durch weniger Wachstum (Berlin-Institut 2017, S. 55 ff.). Und selbst die Corona-Pandemie und der Rückgang der Wirtschaftsleistung kann womöglich gar noch als Beschleunigung klimaschädlicher Politiken angesehen werden, nämlich dann, wenn durch Markteingriffe und die Ziele des Staates, Unternehmenspleiten und Arbeitsplatzabbau zu verhindern, der durch Corona beschleunigte Strukturwandel mit den falschen Maßnahmen bekämpft wird.

Lassen Sie mich abschließend sagen: Eine Welt ohne Wachstum wird es zeitnah nicht geben (können). Umso wichtiger ist, dass jedoch „gutes" Wachstum stattfindet. Diesen Ansatz verfolgen die Nachhaltigkeitsziele der Vereinten Nationen. Dort ist Wachstum explizit als eines der bis ins Jahr 2030 zu realisierenden Ziele der Staatengemeinschaft definiert. Das Nachhaltigkeitsziel Nummer 8 zielt darauf ab, „Menschenwürdige Arbeit und Wirtschaftswachstum" zu schaffen. Hiermit soll „dauerhaftes, breitenwirksames und nachhaltiges Wirtschaftswachstum, produktive Vollbeschäftigung und menschenwürdige Arbeit für alle" gefördert werden. Der Ökonom Dennis Meadows, Mitinitiator des oft zitierten Standardwerks „Die Grenzen des Wachstums" wird im Zusammenhang mit diesem Nachhaltigkeitsziel zitiert: „Das Problem ist nicht, dass wir mehr Wohlstand wollen. Das Problem ist, dass wir Wohlstand durch materiellen Besitz definieren." (Engagement Global gGmbH 2020)

Interessant finde ich den Ansatz der sogenannten Dematerialisierung, den ich kurz erwähnen möchte, weil er zum Wachstumsthema und Ressourcenverbrauch sehr gut passt (McAfee 2020): Andrew Paul McAfee, stellvertretender Direktor des Center for Digital Business an der MIT Sloan School of Management, vertritt die Ansicht, dass gerade der Kapitalismus und das Wachstum, in Kombination mit technologischem Fortschritt, einem starken öffentlichen Bewusstsein sowie reaktionsfähigen Regierungen – er spricht von den „Reitern des Optimismus" (McAfee 2020, S. 14) – dafür Sorge trage, dass der Mensch immer weniger Ressourcen verbrauche. Zwar steige bei höherer Effizienz und zeitgleich ansteigendem Konsum der Gesamtverbrauch an Rohstoffen und Ressourcen. Durch die Mischung der vier Reiter sei der richtige Weg jedoch bereits eingeschlagen, dass wir immer mehr aus immer weniger machen. Und gerade der Kapitalismus sei die Triebfeder der Dematerialisierung (McAfee 2020, S. 146).

> **Fazit**
> - Die Kritik an Wachstum und Wirtschaftsordnung ist begründbar. Zugleich braucht es Wirtschaftswachstum.
> - Viele gute Ideen regen Änderungen innerhalb der bestehenden Wirtschaftsordnung oder Änderungen selbiger an. Aber die Komplexität von Alternativkonzepten, Unsicherheiten und Unkenntnis ob der Wirkungen und erforderliche Akzeptanz und Realisierbarkeit führen dazu, dass die Fokussierung auf Wachstums- und Systemfragen der falsche Weg ist, um die Herausforderungen der Megatrends anzupacken.

Wachstum ist immer nur Mittel zum Zweck – auch wenn dieser letztlich in einem guten Miteinander, Zufriedenheit, Glück, Gesundheit (oder Wohlstand materieller Form) liegt. Aber auch dann braucht es eben dieses Mittel des Wachstums. Entscheidend in Sachen Wachstum ist meiner Einschätzung nach nicht das „Ob", sondern das „Wie". Ohne Wachstum wird es nicht gehen. Bei aller gerechtfertigten System- und Wachstumskritik ist das immer wieder zu betonen. Wir brauchen Wachstum im bestehenden System. Eine Systemänderung ist hoch komplex, die Folgen sind nicht sicher und die Akzeptanz und die Realisierbarkeit ist nicht zuletzt im demokratischen Mehrheitssinne zu hinterfragen. Zeit für Utopien und Wolkenkuckucksheims-Ansätze haben wir nicht. Wir müssen im Rahmen bestehender Realitäten agieren und handeln.

Sie können dem Autor dieses Buches nun vorwerfen, er habe resigniert. Trotz möglicher Fehler im Wirtschaftssystem habe er aufgegeben. Er wolle sich nicht engagieren für einen echten Wandel, sondern bestehende Strukturen konservieren und sichern. Diesen Stimmen entgegne ich klar: Nein, das habe ich nicht und das tue ich nicht! Ich sehe das Thema einerseits pragmatisch. Andererseits sehe ich – eben, weil ich die Brisanz der Herausforderungen so gravierend und existenziell ansehe – die Zeit als nicht gegeben bzw. ausreichend an, sich mit der Umsetzung der Herausforderungen der Menschheit in der Art und Intensität zu beschäftigen, wie es notwendig sein könnte. Für einen vollständigen Reboot haben wir keine Zeit (zumal wir ja nicht wissen, ob es dann tatsächlich besser wird) und es ist schlicht unrealistisch und unabwägbar aus den genannten Gründen. Das eine schließt das andere sicher nicht aus – und logischer Weise müssen wir die genannten Systemkritiken betrachten und Fehlentwicklungen beseitigen. Nur wird es uns nicht gelingen können, aus den verschiedensten Gründen, einen kompletten Neustart mit einem gänzlich anderen Wirtschaftssystem, sei es das der Gemeinwohlökonomie oder anderer Art zu etablieren. Mindestens parallel, und wenn nicht gar prioritär, sind andere Themen wichtig als die Wachstums- und Systemdebatte. Also verlieren wir das Naheliegende nicht aus den Augen. Wenden wir uns der Gier zu!

Literatur

Alvaredo F, Chancel L, Piketty T, Saez E, Zucman G (2018) Die weltweite Ungleichheit – Der World Inequality Report 2018. Beck, München

Berlin-Institut für Bevölkerung und Entwicklung (2017) Was tun, wenn das Wachstum schwindet – Warum auf Staat Bürger und Wirtschaft eine neue Normalität zukommen könnte. Berlin-Institut für Bevölkerung und Entwicklung, Berlin

Bundesministerium für Justiz und Verbraucherschutz (2020) Gesetz zur Förderung der Stabilität und des Wachstums der Wirtschaft. https://www.gesetze-im-internet.de/ihkg. Zugegriffen: 23. Nov. 2020

Bofinger P (2007) Grundzüge der Volkswirtschaftslehre – Eine Einführung in die Wissenschaft von Märkten. Pearson Studium, München

Böhmer M (2020) Die Wirtschaft wächst, der Wohlstand nicht: Wie Deutschland wieder glücklich wird. FinanzBuch Verlag, München

Engagement Global gGmbH (2020) Ziele für nachhaltige Entwicklung. Ziel 8: Menschenwürdige Arbeit und Wirtschaftswachstum. https://17ziele.de/ziele/8.html. Zugegriffen: 23. Nov. 2020

Felber C (2018) Gemeinwohl-Ökonomie. Piper Verlag, München

Felber C (2019) This is not economy – Aufruf zur Revolution der Wirtschaftswissenschaft. Deuticke, Wien

Flassbeck H (2020) Der begrenzte Planet und die unbegrenzte Wirtschaft – Lassen sich Ökonomie und Ökologie versöhnen? Westend, Frankfurt a. M.

Fuest C (2020a) Wie wir unsere Wirtschaft retten – Der Weg aus der Coronakrise. Aufbau Verlag, Berlin

Fuest C (2020b) Die schleichende Verbreitung des Neodirigismus in der politischen Debatte – und seine Folgen. In: Institut I (Hrsg) ifo Standpunkte 2020 – Stellungnahmen des ifo-Präsidenten Clemens Fuest zu aktuellen wirtschaftspolitischen Themen, Standpunkt Nr. 214. Ifo Institut, München, S. 12–17

Handelsblatt (2020) Ausschuss-Bericht – US-Abgeordnete fordern die Zerschlagung von Tech-Konzernen wie Amazon und Apple. https://www.handelsblatt.com/technik/it-internet/ausschuss-bericht-us-abgeordnete-fordern-die-zerschlagung-von-tech-konzernen-wie-amazon-und-apple/26251252.html. Zugegriffen: 30. Dez. 2020

International Federation for the Economy for the Common Good e.V. (2020) Gemeinwohlökonomie – Ein Wirtschaftsmodell mit Zukunft. https://web.ecogood.org/de/. Zugegriffen: 22. Nov. 2020

Jackson T (2011) Wohlstand ohne Wachstum: Leben und Wirtschaften in einer endlichen Welt. Oekom, München

Jakobs H-J (2016) Wem gehört die Welt? Die Machtverhältnisse im globalen Kapitalismus. Knaus, München

Klein N (2019) Warum nur ein Green New Deal unseren Planeten retten kann. Hoffmann und Campe Verlag, Hamburg

Konrad C (2020) Aufstiegsversprechen in ländlichen Räumen erneuern. In: Schäffler F, Reuther B (Hrsg) Aufstieg – 16 Vorschläge für die Zukunft Deutschlands. FinanzBuch Verlag, München, S S191-207

Kroker R, Paqué K-H, Empter S, Braakmann A, Kolbe D (2011) Wachstum, Wohlstand, Lebensqualität: Brauchen wir einen neuen Wohlstandsindikator? In: Institut I (Hrsg) ifo Schnelldienst 4/2011, 64. Jg. Ifo Institut, München

Manager Magazin (2020) Die Gefahren des neuen Staatskapitalismus. https://www.manager-magazin.de/politik/deutschland/corona-krise-der-entfesselte-staat-im-neuen-staatskapitalismus-a-00000000-0002-0001-0000-000174057144. Zugegriffen: 22. Nov. 2020

McAffee P (2020) Mehr aus weniger: Die überraschende Geschichte, wie wir mit weniger Ressourcen zu mehr Wachstum und Wohlstand gekommen sind – und wie wir jetzt unseren Planeten retten. Deutsche Verlags-Anstalt, München

Poschardt U (2020) Für die Grünen wird es ernst. Die Welt, 19. Nov. 2020, S. 3

Randers J (2012) 2052 Der neue Bericht an den Club of Rome – Eine globale Prognose für die nächsten 40 Jahre. Oekom, München

Reich R (2016) Rettet den Kapitalismus! Für alle, nicht für 1%. Campus, Frankfurt

Rifkin J (2019) Der globale Green New Deal: Warum die fossil befeuerte Zivilisation um 2028 kollabiert – und ein kühner ökonomischer Plan das Leben auf der Erde retten kann. Campus, Frankfurt a. M.

Rotter A (2020) Das Ende des Kapitalismus. https://www.die-wirtschaft.at/die-wirtschaft/das-ende-des-kapitalismus-203537. Zugegriffen: 23. Nov. 2020

Schick G (2014) Machtwirtschaft Nein Danke! Für eine Wirtschaft, die uns allen dient. Campus, Frankfurt

Sedlácek T, Tanzer O (2015) Lilith und die Dämonen des Kapitals – Die Ökonomie auf Freuds Couch. Hanser, München

Sinn H-W (2008) Das grüne Paradoxon Plädoyer für eine illusionsfreie Klimapolitik. Econ, Berlin

Sinn H-W (2020) Der Corona-Schock – Wie die Wirtschaft überlebt. Verlag Herder, Freiburg

Springer Gabler (2020) Bruttoinlandsprodukt. https://www.gabler-banklexikon.de/definition/inlandsprodukt-58848?redirectedfrom=56445. Zugegriffen: 29. Dez. 2020

Statistischen Bundesamt (2020) Volkswirtschaftliche Gesamtrechnungen – Bruttoinlandsprodukt, Bruttonationaleinkommen, Volkseinkommen, Lange Reihen ab 1925 Wiesbaden, https://www.destatis.de/DE/Themen/Wirtschaft/Volkswirtschaftliche-Gesamtrechnungen-Inlandsprodukt/Tabellen/inlandsprodukt-volkseinkommen1925-pdf.pdf;jsessionid=05554A1C57E84B4AE839F98C08C2368B.live711?__blob=publicationFile. Zugegriffen am 8. Mai 2021

Stiglitz J (2015) Reich und Arm – Die wachsende Ungleichheit in unserer Gesellschaft. Siedler, München

8

Die Gier entfachen!

Ich darf Ihnen gratulieren!

Sie haben das Buch bis zum finalen Kapitel gelesen und Sie sind nun Experte in Sachen Nachhaltigkeit und CSR. Sie haben die sieben Megatrends unserer Zeit kennengelernt und erfahren, weshalb diese insbesondere in ihrem Zusammenspiel unsere Welt in nur schwer vorstellbarer Art und Weise verändern werden. Sie stimmen mit mir überein, dass es zur Bewältigung der mit diesen Megatrends einhergehenden Herausforderungen eines Zusammenspiels aller gesellschaftlichen Akteure braucht. Nicht zuletzt der Wirtschaft und den Unternehmen kommt hierbei eine bedeutsame Rolle zu als wichtiger Teil der Gesellschaft und unseres Alltags. Unternehmen haben eine große Verantwortung durch ihr unternehmerisches Handeln. Wie Sie gesehen haben, ist das Thema Verantwortung der Wirtschaft im Sinne von Nachhaltigkeit und CSR zwar kein neues Thema, vor dem Hintergrund der aktuellen Megatrends aber umso aktueller und bedeutsamer. Sie kennen nach der Lektüre des Buches die Definition von Nachhaltigkeit im Sinne der Wahrnehmung von Verantwortung für das unternehmerische Handeln für die relevante Gesellschaft und wissen, dass CSR nach vorliegendem Verständnis weder Gutmenschentum noch die ausschließliche Achtung von Recht und Gesetz meint. Es geht vielmehr um die Hinterfragung der Gewinne durch das Kerngeschäft im Sinne eines strategischen und ganzheitlichen Denkens, stets bezogen auf die vier Handlungsfelder Ökonomie, Ökologie, Arbeitsplatz und Gemeinwesen. Lebt ein Unternehmen Nachhaltigkeit und CSR im hiesigen Sinne und werden die Interessen der Anspruchsgruppen in Einklang gebracht, dann entsteht ein Mehrwert für das Unternehmen und die relevante Gesellschaft – Sie erinnern sich an den Begriff des Shared Value. Ich habe Ihnen die beiden dominierenden Wirkungskanäle von Unternehmensverantwortung – namentlich den der Ordnungspolitik sowie den des Marktes – gezeigt, die dafür Sorge tragen, dass Nachhaltigkeit und CSR in den Unternehmen aktiviert wurden. Konkrete und aktuelle Beispiele beider Wirkungskanäle haben Sie kennengelernt. Beide Kanäle tragen dazu bei, dass Unternehmen im Idealfall „gutes" Wirken und Gewinnerzielung kombinieren. Denn Nachhaltigkeit und CSR wirken direkt betriebswirtschaftlich und bestimmen so den Unternehmenserfolg. Der vermeintliche Widerspruch zwischen betriebswirtschaftlichem Erfolg und verantwortungsvollem Handeln hat mich dazu veranlasst, die in diesem Kontext vielfach aufkommende Kritik an Wirtschaftswachstum und Wirtschaftssystem aufzugreifen. Ich vertrete die Ansicht, dass – wollen wir die aktuell bestehenden Herausforderungen der Megatrends mithilfe der Wirtschaft im Rahmen des Möglichen lösen (was erforderlich sein wird, diesen bedeutenden Teil der Gesellschaft bei der Lösungsfindung zu integrieren) – die Konzentration auf komplette Wirtschaftssystembrüche der falsche Ansatz ist. Nicht nur verhindern Komplexität der Lösungsideen, die Unsicherheit ob deren Wirksamkeit sowie Unkenntnis der Wirkungen und die infrage stehende Akzeptanz und Realisierbarkeit dieser Ansätze deren Umsetzung. Wir sollten uns Alternativen vornehmen, am besten solche, die schon existieren.

Soweit bis hierin. Dies war sie – kurz und prägnant: die Argumentationslogik des Buches „Wie Gier uns retten kann". Wenn Sie alles nachvollziehen können, dann freut mich dies – ist es mir doch gelungen, Ihnen eine sehr komplexe Materie hoffentlich kurzweilig und zielführend nahe zu bringen. Wenn Sie mir in den Auswirkungen auch noch inhaltlich zustimmen, dann freut es mich umso mehr (und falls nicht, dann hoffe ich, wenigstens Anhalts- und Diskussionspunkte für die weitere Befassung mit dem Thema Unternehmensverantwortung geliefert zu haben).

Im hiesigen Buch geht es um Gier. Ich habe zu Beginn einmal geschrieben „Gier und egoistisches Handeln zur Befriedigung materieller Bedürfnisse ist wertvoll für die Gesellschaft!". Materielle Gier der Unternehmen bedeutet Einflussnahme auf den Unternehmenserfolg. Dieser wird gemäß meiner Argumentation von Nachhaltigkeit und CSR beeinflusst. Zugleich schaffen Nachhaltigkeit und CSR in „richtiger Umsetzungsart" den Weg hin zu einem Mehrwert für Unternehmen UND Gesellschaft. Abb. 8.1 verdeutlicht diesen für die Logik des Buches wesentlichen Zusammenhang abschließend. Ist ein Unternehmen gierig nach Erfolg, handelt es hierbei zudem nachhaltig, so kann Gier helfen, die Megatrends in die richtige Richtung gehend anzupacken.

8 Die Gier entfachen!

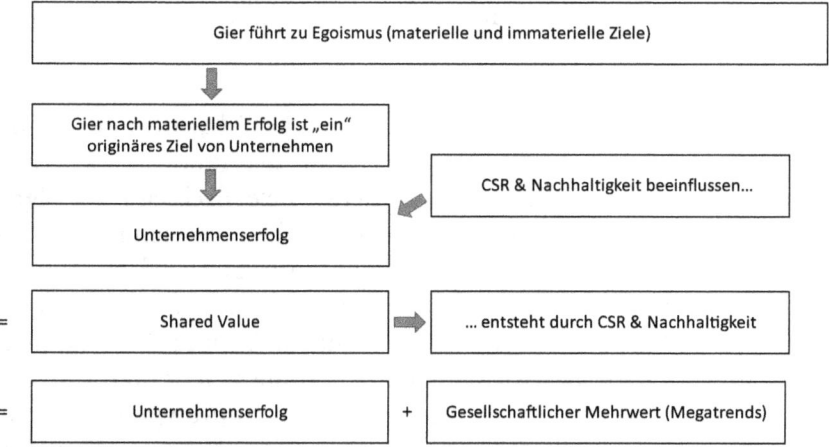

Abb. 8.1 Wirkungszusammenhang Gier und Megatrends. Quelle: eigene Darstellung

Wenn Gier also ein Instrument ist, um den Beitrag der Wirtschaft innerhalb der Gesamtgesellschaft zur Lösung der Herausforderungen der Megatrends zu animieren, dann wenden wir uns dieser nun doch zu. Schauen wir uns an, wie wir vorgehen sollten, um sicherzustellen, dass möglichst viele Unternehmen ihre Möglichkeiten nutzen, um durch nachhaltiges Denken und Handeln den bestmöglichen Beitrag zur Bewältigung unserer gesellschaftlichen Hausaufgaben leisten zu können. Beantworten wir die Frage, wie Gier uns retten kann! Im nachfolgenden Abschn. 8.1 möchte ich zunächst die argumentative Grundlage für das Thema Gier im Kontext von Unternehmertum legen. In Abschn. 8.2 beschreibe ich, wie wir vorgehen sollten, bevor Abschn. 8.3 das finale Fazit zieht.

> **Merke!**
> Die Gier als Antrieb für Unternehmenserfolg ist zugleich Vehikel zur Lösung gesellschaftlicher Probleme. Der Schlüssel liegt darin, dass Unternehmen nachhaltig denken und handeln.

8.1 Was ist?

Gier ist Vehikel zur Lösung der Probleme, die mit den Megatrends einhergehen – zumindest, damit Unternehmen ihren Beitrag leisten. Ergo müssen wir uns im Rahmen dieser Ist-Analyse anschauen, welches Potenzial an

„Mitwirkenden" wir haben, mit dessen Gier wir die Herausforderungen anpacken können.

Sie erinnern sich mit Blick auf das Stichwort Mitwirkende an meine getätigte Aussage „Notwendig für die Lösung der Probleme ist das Mitwirken aller". Wir brauchen also möglichst viele nachhaltig erfolgreiche Unternehmen. Hierfür schaue ich zunächst auf die Entwicklung von Unternehmertum in der Gesellschaft. Und hierzu ist festzustellen: Wir sehen, dass Start-ups heute en vogue sind, nicht nur in Ihnen sicherlich bekannten TV-Formaten ist ein Start-up-Hype zu erkennen. Auch in den Printmedien, online oder in den Sozialen Medien liest man immer mehr und häufiger von Start-ups. Empirisch belegen kann ich diesen Start-up-Hype nicht, und ich hoffe, es handelt sich nicht nur um eine persönliche Wahrnehmung meinerseits, da ich beruflich viel mit dem Thema zu tun habe.

Die Statistiken zeigen trotz des Hypes, dass in den letzten Jahren stetig weniger Menschen den Schritt in die berufliche Selbstständigkeit wagen. Im Jahr 2019 lag laut Institut für Mittelstandsforschung (IfM) die Anzahl an gewerblichen Existenzgründungen bundesweit bei 265.692. Zehn Jahre zuvor waren es 412.600 gewerbliche Neugründungen. Dies entspricht einem Rückgang um immerhin rund 36 %. Der Saldo an Existenzgründungen und Liquidationen, dem Zugang und dem Abgang von Unternehmen zum Pool aller Unternehmen, ist seit dem Jahr 2012 durchgehend im negativen Bereich. Das heißt, es scheiden mehr gewerbliche Unternehmen aus, als dass neue Unternehmen hinzukommen (Institut für Mittelstandsforschung 2020). Die Anzahl der Gewerbeanmeldungen, als alternative Statistik, ist ebenfalls rückläufig auf zuletzt 672.609 im Jahr 2019 (Statistisches Bundesamt 2020). Im Jahr 2009 lag die Anzahl noch bei 864.415 Gewerbeanmeldungen. Die Gründerquote, d. h. der Anteil der Existenzgründungen bezogen auf die Bevölkerung hierzulande im erwerbsfähigen Alter zwischen 18 und 64 Jahren, lag zuletzt bei einem Wert von 1,17. Ergo wagten im Jahr 2019 von 100 Erwerbstätigen nur rund 1,17 Personen den Schritt in die berufliche Selbstständigkeit. Wobei 38 % der Gründungen eine Gründung im Vollerwerb waren (also nur 0,44 Personen aus der Gruppe von 100 Erwerbspersonen), 62 % bevorzugten eine Gründung im Nebenerwerb. Und auch bei dieser Statistik fällt auf, dass Selbstständigkeit für immer weniger Menschen eine Karriereperspektive ist: Im Jahr 2002 beispielsweise lag die Gründerquote laut KfW-Gründungsmonitor 2020 noch bei 2,76 (KfW 2020, S. 1). Der Gründerreport des Deutschen Industrie- und Handelskammertags (DIHK) e. V. bestätigt diesen langfristigen Trend (Deutscher Industrie- und Handelskammertag (DIHK) e. V. 2020, S. 4).

Unternehmertum im Sinne eines eigenen Unternehmens ist heute weniger bedeutsam für viele Menschen. Auch wenn ohne Zweifel die Diskussion rund um Start-ups und deren mediale Aufmerksamkeit sinnvoll und richtig ist, möchte ich einen Aspekt anmerken: Einerseits sind Start-ups im definitorischen Sinne von jung, innovativ, wachstumsstark und mit skalierbarem Geschäftsmodell sicherlich diejenigen Unternehmen, die öffentlich und auch ohne Zweifel volkswirtschaftlich interessant sind. Zugleich sind andererseits aber derartige Start-ups die Minderheit mit Blick auf die Gesamtheit aller Existenzgründungen hierzulande. Je nach Definition und Statistik können wir davon reden, dass maximal rund 13 bis 15 % der Gründer Start-ups im Sinne von hoher Innovations- und Wachstumsorientierung sind (KfW 2018, S. 2). Aus meiner persönlichen Erfahrung heraus sind es sogar noch weniger. Ergo ist selbst der Hype rund um Start-ups nicht entscheidend dahingehend, dass wir über mehr oder weniger Gründungen sprechen. Unternehmertum im Sinne von Existenzgründungen (inklusive der Start-up-Gründungen) ist heute kein an Relevanz gewinnendes Thema in der Lebensplanung von immer mehr Menschen.

Nun kann der Schritt in die Selbstständigkeit auf verschiedenen Wegen erfolgen. Nach der Unterscheidung zwischen Vollerwerbsgründung und Nebenerwerbsgründung – Letzteres zum Beispiel als Testballon einer Geschäftsidee oder schlicht zur Verbesserung des Einkommens bei zeitgleich abhängiger Beschäftigung, kann die Neugründung eines Unternehmens von der Übernahme eines bestehenden Betriebes unterschieden werden. Den zweitgenannten Weg greife ich kurz auf: Denn besonders fatal ist die grundlegend geringere Gründungsneigung insbesondere mit Blick auf den demografischen Wandel auf dem Chefsessel. Wir sind in Deutschland zu Recht stolz auf den starken, oftmals inhabergeführten, familienorientierten Mittelstand. Dieser ist nicht nur Rückgrat der Wirtschaft, die Heterogenität ist insbesondere auch in wirtschaftlich schwierigen Zeiten Garant für eine relative Stabilität in Sachen Investitionsbereitschaft oder Arbeitsplatzsicherheit. Der inhabergeführte Mittelstand denkt anders, das kann ich Ihnen als langjähriges Mitglied im Mittelstandsausschuss des DIHK gerne an anderer Stelle anhand von zahlreichen Beispielen belegen. Aber die Demografie gefährdet diese Entwicklung. Der Nachfolgereport des DIHK belegt eindrucksvoll, dass der Fachkräftemangel vor dem Chefsessel nicht Halt macht: Laut Nachfolgereport aus dem Jahr 2019 kamen zuletzt auf einen Übergabeinteressierten bei den IHKs lediglich 0,6 Übernahmewillige (Deutscher Industrie- und Handelskammertag (DIHK) e. V. 2019, S. 7). Seit dem Jahr 2012 hat sich dieses Verhältnis zu Ungunsten der Übergeber gedreht. Gelingt es uns nicht, wieder mehr Menschen für die Selbstständigkeit in ihrer Gesamtheit zu begeistern, droht die Erosion des Erfolgsmodells Mittelstand.

Neben der Problematik des anstehenden Generationswechsels in der Unternehmerschaft bringen weniger Unternehmen in einer Volkswirtschaft weitere Nachteile mit sich – hierfür verweise ich gerne auf Abschn. 4.1 und die dortigen Ausführungen zur Bedeutung von Unternehmen.

Wo liegen nun die Gründe für das statistisch nachweisbar abnehmende Interesse an Unternehmertum? Auf die Defizite in Sachen Unternehmer als (fehlende) Vorbilder und die gerade hierzulande bestehenden Aufgaben zur Erweiterung unternehmerischer Themen in der Schule hatte ich bereits hingewiesen (Abschn. 4.4.4). Die bürokratischen Anforderungen zur Gründung eines Unternehmens sind das zweite Thema, das man anpacken muss – möchte man die aktuelle Situation verbessern. Ich kann aus der Beratungspraxis berichten, wie kompliziert es ist, ein eigenes Unternehmen zu gründen. Es gibt zig Anlaufstellen, unzählige Aspekte sind zu beachten. Das Stichwort Bürokratieabbau steht daher bei Existenzgründern völlig zu Recht an erster Stelle, wenn es um gewünschte Unterstützungsmaßnahmen geht (Deutscher Industrie- und Handelskammertag (DIHK) e. V. 2020, S. 5). Aus meinem eigenen persönlichen Umfeld kenne ich viele erfolgreiche Unternehmer, die mir mehrfach über die administrativen Anstrengungen zu Beginn ihrer unternehmerischen Laufbahn berichtet haben. Nicht wenige von ihnen haben sogar artikuliert, dass sie den Weg in die Selbstständigkeit nicht gewagt hätten, insofern sie den insbesondere bürokratischen Aufwand nur ansatzweise zu Beginn geahnt hätten. Nun sind diejenigen Beispiele, die mir im Kopf herumgeistern, heute alle erfolgreich und haben den Schritt glücklicherweise getan, aber die Grundaussage ist erschreckend mit Blick auf den Wirtschaftsstandort. Dritter und letzter Grund – neben Bildung und Bürokratie – für die Flaute an Gründungen ist die Konjunktur. Eine gut laufende wirtschaftliche Entwicklung mit einem stabilen Arbeitsmarkt wirkt stets gegen eine hohe Gründungsdynamik. Je sicherer bestehende Beschäftigungsverhältnisse, je besser die Einkommenssituation, desto geringer die Risikoneigung der Menschen, den Schritt in eine im Vergleich zur abhängigen Beschäftigung unsichere Zukunft zu gehen. Work-Life-Balance, Lebenssinn und Freizeit haben in Zeiten von ökonomischer Sicherheit einen anderen Stellenwert. Nun kann man sich aus volkswirtschaftlicher Sicht zur Stärkung der Gründungsdynamik keine Rezession wünschen, und ebenso sind sicherlich diese sogenannten Notgründungen aus einer Arbeitslosigkeit nicht diejenigen, die die meiste Substanz in Sachen Tragfähigkeit oder Innovationsgrad mit sich bringen müssen. Also bleiben in Richtung

Handlungsempfehlungen zur Verbesserung von Unternehmertum eigentlich nur zwei Ansätze, nämlich Bildung und Bürokratismus. Auf beides komme ich nochmals zurück.

Nun soll dies kein Buch über Start-ups und Gründungen sein. Es soll vielmehr von Verantwortung der Wirtschaft und Nachhaltigkeit handeln. Aber es erscheint mir wichtig, dass Sie realisieren, dass Unternehmertum eine geringere Rolle in unserer Gesellschaft spielt als in früher.

Wenn wir voraussetzen, dass die Wirtschaft eine (wie ich finde entscheidende) Rolle spielt, die ökologischen, ökonomischen oder sozialen Herausforderungen unserer Zeit zu lösen, zugleich dieser Pool an Akteuren aber kleiner wird, so ist dies eine wichtige Feststellung. Von den „notwendigen Vielen" gibt es also immer weniger. Demnach müssen wir entweder an der Anzahl der Akteure im Pool ansetzen oder eben die Leistungsfähigkeit der vorhandenen Akteure dahingehend stärken, dass sie nachhaltig im Sinne ihrer eigenen Verantwortungswahrnehmung agieren. Beide Potenziale braucht es meiner Ansicht nach, um Nachhaltigkeit und Unternehmertum zu stärken und in Einklang zu bringen. Wie uns dies gelingen kann, das greife ich nun auf!

8.2 Was sollte sein?

Wie Sie im vorherigen Abschn. 8.1 gesehen haben, zeigt sich in der Ist-Analyse eine abnehmende Relevanz von Unternehmertum in der Gesellschaft. Verstehen wir jedoch Unternehmen, wenn sie nachhaltig agieren und denken, als Schlüssel hin zu einer besseren Welt im Sinne der Bewältigung der bestehenden Herausforderungen, dann gilt es zu hinterfragen, wie es gelingen kann für Unternehmertum an sich, aber insbesondere auch für Unternehmertum im Sinne von Nachhaltigkeit zu begeistern – bei etablierten Unternehmen und bei den Unternehmen der Zukunft. Gelingt uns dies, dann sorgt die Gier im Sinne des Egoismus dafür, dass die Wirtschaft ihren eigenen Beitrag zu leisten vermag. Es muss gelingen, der Gier den Raum zur Entfaltung zu verschaffen.

Was muss passieren, damit Gier als Instrument zur Hilfe der Bewältigung unserer Probleme wirken kann? Die zwei drängendsten Schritte sind meiner Ansicht nach zwei Themen:

- Wissen und Mindset
- Chance für Unternehmertum

Anmerken möchte ich an der Stelle erstens, dass meine nachfolgenden Empfehlungen auf den zuvor erarbeiteten Erkenntnissen und Rückschlüssen beruhen. Sie werden viele der Argumente wiedererkennen, da diese bereits zuvor vereinzelt genannt wurden. Insofern dürften einzelne Punkte nicht neu für Sie sein, jedoch sind diese im Nachfolgenden komprimiert und final auf ihren Wesenskern begrenzt. Und zweitens fußen meine Vorschläge darauf, dass wir eben nicht, wie in Kap. 7 thematisiert, einen Bruch mit dem bestehenden Wirtschafts- und Wachstumssystem brauchen, geschweige denn realisieren können, noch ist es überhaupt sinnvoll (siehe Wachstumsnotwendigkeit). Vollständige Umbrüche sind nicht nur komplex sondern letztlich unrealistisch. Zudem brauchen wir Wachstum. Also arbeiten wir doch lieber mit dem was wir haben, oder? Letzteren halte ich aus den dort genannten Gründen nicht nur für generell unrealistisch, sondern insbesondere in naher Zukunft für kaum tragbar. Andere Dinge sind meiner Ansicht nach zielführender!

8.2.1 Wissen und Mindset

Mein erster Punkt zur Beantwortung der Frage „Was braucht es, damit wir dank der Gier eine bessere Welt schaffen?" setzt beim Thema Wissen und Mindset an. Hierunter verstehe ich einerseits die Erkenntnis über bestehende Zusammenhänge – in Bezug auf die Themen Nachhaltigkeit und CSR (welche Sie nach Lektüre des Buches nun ja bereits erlangt haben). Andererseits meine ich nicht nur das bloße Wissen an sich, sondern auch Ihre Denkweise, Ihre Sichtweise, Ihre Einstellung, die sich nicht zuletzt auch in Verhalten und im täglichen „Doing" zeigen.

Um an Wissen und Mindset zu arbeiten, braucht es zwei konkrete Dinge:

- Der Trade-off zwischen Nachhaltigkeit und Wirtschaft muss überwunden werden,
- es müssen Potenziale für nachhaltiges Denken geschaffen werden.

8.2.1.1 Überwindung des Trade-off zwischen Nachhaltigkeit und Unternehmenserfolg

Ich habe schon mehrfach in diesem Buch betont, dass verantwortungsvolles Wirtschaften und erfolgreiches Wirtschaften kein Gegensatz sein müssen (bzw. sind). Wie Sie in Abschn. 6.2 gesehen haben, gibt es diesen Trade-off sicherlich in der Praxis. Es gibt Geschäftsgebaren, das unmoralisch ist, das auf der Ausbeutung von Menschen beruht, das Schäden an der Umwelt hervorruft, das ebenda nicht nachhaltig ist. Ebenso gibt es Aktivitäten (ich spreche nicht von Geschäft, da aus meiner Sicht unternehmerisches Wirken immer mit einer Gewinnerzielung einhergeht), die von „guten" Absichten geprägt, die jedoch eben nicht profitabel sind. Aber: Die Tatsache, dass es solche Fallkonstellationen gibt, bedeutet im Umkehrschluss eben nicht, dass es diesen Widerspruch dauerhaft bzw. stets gibt. Der Wirkungskanal der Ordnungspolitik durch entsprechende Regelwerke und die extrinsische Kraft auf Unternehmen einerseits, der Mechanismus des Marktes und durch die ihm obliegende intrinsische Motivationskraft für die Wirtschaft und durch die Entfaltung von Angebot und Nachfrage andererseits sorgen dafür, dass letztlich diejenigen Unternehmen erfolgreich sind, die diesen Trade-off überwinden. Nur wer Gutes tut, verdient auch „gutes" (im Sinne von hinreichend) Geld. Und wer erfolgreich sein will, der muss auch Gutes tun (im Sinne der Nachhaltigkeit). Diese Erkenntnis muss in den Köpfen fest verankert sein: Nachhaltigkeit sowie CSR und betriebswirtschaftlicher Erfolg sind kein Widerspruch! Diese Erkenntnis ist, insbesondere in Richtung politischer Entscheidungsträger gerichtet, dann wichtig, wenn es um die Gestaltung ordnungspolitischer Anreize geht (siehe Abschn. 8.2.2.2) sowie den Stellenwert von Unternehmertum in der Gesellschaft.

Fragen wir uns, was Unternehmen dazu bewegt zu handeln, so komme ich erneut auf den Begriff des Egoismus zur Schaffung eines Mehrwertes zurück. Bezogen auf den einzelnen Menschen kann dieses Ziel nebst Reichtümern ebenda auch Glück und subjektive Zufriedenheit sein, ausgelöst durch Familie, Freunde, Umfeld usw. sein. Bezogen auf ein Unternehmen können diese Gründe die Sicherung von Arbeitsplätzen, die Fortführung einer Familientradition in einem langjährig erfolgreichen, inhabergeführten Betrieb oder die Absicht sein, durch das eigene Geschäftsmodell tatsächlich die großen Probleme der Menschheit zu lösen. Auch dies können Motive eines Unternehmens im Sinne des egoistischen Handelns sein. Die Bundesvorsitzende des Verbands DIE JUNGEN UNTERNEHMER Sarna Röser schreibt zum Beispiel im Jahr 2020: „Wir wollen unseren Kindern eine Welt hinterlassen, in der es sich zu leben lohnt. Dieser Nachhaltigkeitsgedanke ist bei uns Familienunternehmen genetisch codiert …" (Röser 2020, S. 38). Aber Ziel eines Unternehmens ist jedoch insbesondere eben auch die Erwirtschaftung von Gewinnen! So wie jeder von uns auch deswegen zur Arbeit geht, um ein Einkommen zu beziehen, um sich Dinge leisten zu können (von Freizeit, Urlaub bis zur Versorgung der Familie), so agieren ebenda insbesondere auch Unternehmen. Jeder der behauptet, er arbeite (mal vorausgesetzt, sein Lebensunterhalt ist nicht anderweitig gesichert) nur der Freude wegen, der – wie formuliere ich es positiv? – sollte seine Aussage auf den Wahrheitsgehalt hin doch einmal bitte kritisch hinterfragen. Oder morgen zu seinem Arbeitgeber gehen und einen Gehaltsverzicht anregen. Ziel eines Unternehmens ist es jedenfalls, eben auch Gewinne zu erwirtschaften.

Ein Unternehmen muss erfolgreich sein in und mit dem was es tut. Es muss wettbewerbsfähig sein, ansonsten scheidet es aus einem Markt aus. Ohne Zweifel kann die Wettbewerbsfähigkeit von Unternehmen politisch beeinflusst werden – von Subventionszahlen, Steuergesetzgebung, Zugang zu Absatzmärkten für ein Unternehmen selbst, oder eben durch Maßnahmen gegen potenzielle Mitwettbewerber. Denken Sie bei Letzterem an die seit einigen Jahren wieder aufblühende Debatte um Protektionismus in der internationalen Handelspolitik. Oder an die aktuellen Corona-Staatshilfen. Aber übliche Marktmechanismen vorausgesetzt, muss ein Unternehmen betriebswirtschaftlich erfolgreich agieren, um langfristig existent zu sein. Dieses Streben nach Gewinnen und die Gier nach Erfolg ist Handlungsmotiv.

Ich möchte nochmals klar betonen: Ich spreche und sprach auch bislang nie von maßloser Gier. Der Autor und Theologe Hans Küng schreibt: „Gier führt dazu, dass Vorsicht und moralische Bedenken verdrängt werden (...). Gier und Angst sind daher keine tauglichen Leitmotive wirtschaftlichen Handelns. Gewinn ist unternehmerisch notwendig, aber nicht das Einzige, was zählen darf. Wirtschaft ist nicht Selbstzweck. ... Kurz: Sinnvolles und legitimes Wirtschaften beruht auf Werten und verwirklicht Werte" (Küng 2010, S. 172 f.). Ich gebe ihm teils Recht, da ich Gier anders verstehe. Richtig ist, dass Ökonomie und moralisches Verhalten Hand in Hand gehen müssen. Ich persönlich sehe (auch materielle) Gier (Gewinn) positiv, da für mich die Frage von Gewinn einerseits und das Motiv bzw. der Verwendungszweck andererseits zwei Paar Schuhe sind. Das Streben nach monetärem Wohlstand ist positiv, solange dies nicht zu moralisch fragwürdigem Verhalten führt. Es muss kein Trade-off existieren. Vor diesem Hintergrund sehe ich auch die immer wieder in die Öffentlichkeit getragene Neiddebatte kritisch. Ohne Zweifel ist die Verwendung von Gewinnen und Vermögen wichtig. Ebenso wie die Frage nach der Art und Weise der Erlangung dieser ist dies jedoch aus meiner Einschätzung ein anderes Thema als die der vorgelagerten Motivation zur Erlangung von Gewinnen. Ein Verzicht auf Gewinn ist jedoch falsch.

Gelingt es Unternehmen, Nachhaltigkeit und CSR strategisch und in Bezug auf das Kerngeschäft in das eigene Wirken zu integrieren, schaffen sie nicht nur einen eigenen Mehrwert für sich selbst. Dies stärkt aufgrund der betriebswirtschaftlichen Relevanz von verantwortungsvollem Wirtschaften sogar das monetäre Ziel, denn wie Sie in der Verantwortungspyramide von Carroll gesehen haben, bildet ökonomischer Erfolg sogar die Grundlage einer erfolgreichen CSR-Strategie. Mehr noch: Diese Unternehmen schaffen durch erfolgreiches Wirtschaften zugleich Mehrwerte für Dritte und somit für die Gesellschaft. Nachhaltigkeit und CSR im Sinne eines strategischen Ansatzes bedeutet hierbei nicht zwingend, dass ein Unternehmen, um nachhaltig agieren zu müssen, sein Kerngeschäft hinterfragt. Ein Automobilzulieferer kann und soll weiterhin Fahrzeugteile produzieren. Eine Bank soll weiterhin Kredite finanzieren. Ein Einzelhändler soll weiterhin mit Waren und Gütern handeln. Aber: Gelingt es dem Unternehmen im Kerngeschäft zu hinterfragen, wie Gewinne erwirtschaftet werden und kann dies vor dem Hintergrund der vier CSR-Handlungsfelder strategisch im Sinne der Berücksichtigung von Interessen des Unternehmens selbst sowie der Interessen der relevanten Stakeholder gelingen, dann gewinnt nicht nur das Unternehmen. Alle gewinnen. Es entstehen für Mehrwerte für Viele. Unternehmen sind dann eben – um auf die Megatrends und deren Herausforderungen zu sprechen zu kommen – nicht das Problem, sondern Teil der Lösung.

8.2.1.2 Schaffung von Potenzialen in den Köpfen

Die Überwindung des vermeintlichen Gegensatzes zwischen Nachhaltigkeit und Unternehmenserfolg ist im Aufzeigen des Sachverhaltes relativ einfach. Vielschichtiger und weitaus umfangreicher wird es, diese Sichtweise in den Köpfen der Menschen zu verankern. Wie ich im Abschnitt der Wachstums- und Systemkritik argumentiert habe, dürfte ein Verzicht auf Wachstum schlicht aufgrund der Tatsache schwierig sein, dass ein derartiger Wandel von vielen Menschen kaum mitgetragen werden dürfte. Dies dürfte national schwierig sein (auch mit Blick auf die ohnehin bestehende Hinterfragung demokratischer Grundstrukturen in unserem Lande, siehe hierzu auch den Megatrend Zeitgeist), international dürfte die Wahrscheinlichkeit abermals schwieriger sein. Und die Etablierung der Denkweise, dass Nachhaltigkeit und Gewinne eben kein Widerspruch sind (bzw. sein müssen) ist ein ebenso gewagtes Ziel, aber zugleich vergleichsweise einfacher. Und der Wandel kann gelingen und tut es immer mehr. Wenn Politik, Öffentlichkeit, Wirtschaft und Wissenschaft – die Gesellschaft in Fülle – erkennen, dass bei Abkehr von diesem Denken das Ziel gelingen kann, die Welt besser zu machen – und dass dies zugleich realistischer ist, da es sich nur um einen neuen Denkansatz handelt und ebenda nicht um ein komplett neues Wirtschaftssystem, dann wird die Zukunft besser.

Also wo ansetzen? Ganz einfach: Lassen Sie uns in der Bildung, und zwar ganzheitlich und überall, starten. Nun bin ich kein Bildungspolitiker und weiß zugleich, wie langwierig und schwierig es ist, bildungspolitische Maßnahmen in der Praxis umzusetzen – schon allein in Deutschland (dem Bildungssystem sei Dank). Ohne Zweifel braucht es wie von Schmidpeter vorgeschlagen einen Paradigmenwechsel der Betriebswirtschaftslehre in all ihren Teilbereichen (Schmidpeter 2016, S. 96 f.). Was es nicht braucht, ist eine Trennung von ökonomischem und ethischem Denken (Felber 2018, S. 141). Denn eben genau darum geht es ja nicht. Es muss genau darum gehen, betriebswirtschaftliche Erkenntnisse mit Nachhaltigkeitsthemen in Symbiose zu bringen. Neben den Hochschulen braucht es – wie bereits in Abschn. 4.4.5 angerissen – weiterführende Initiativen in der gesamten Erwachsenenbildung. Dort ist wichtig, dass es keine neuen Kurse, Seminare oder Webinare zum Thema Nachhaltigkeit gibt, sondern es muss gelingen, CSR in bestehende Themen zu integrieren: Digitalisierung und Nachhaltigkeit, Städteplanung und Nachhaltigkeit, Medizin und Nachhaltigkeit. Warum nicht so denken? Aber in der Erwachsenenbildung darf und muss nicht Schluss sein. Wichtiger ist, den Blick nach vorne in die Zukunft und auf die neuen Generationen zu werfen. Auch dies braucht Zeit. Die Rendite dieser Bildungsinvestitionen muss sich erst aufbauen. Aber: Auch hier braucht es streng genommen kein neues Bildungssystem. Es braucht nur andere Inhalte bzw. eine Verzahnung von Inhalten. Die Strukturen des Systems müssen aus meiner zugegebenermaßen in Sachen Bildungspolitik laienhaften Perspektive nicht angepackt werden (zumindest nicht zur Etablierung der Potenziale in Sachen Nachhaltigkeit). In den Schulen muss nicht nur das Thema Wirtschaft endlich den Stellenwert bekommen, den es braucht. Warum nicht direkt über ein Schulfach „Nachhaltiges Wirtschaften" nachdenken. Schulbücher, in denen der Unternehmer als kräftiger Mann mit Zigarre und Zylinder hinten im Auto sitzend von seinem Chauffeur ins Büro gefahren wird, müssen durch Vorbilder von Unternehmern ersetzt werden, die verantwortungsvolles Wirtschaften erfolgreich umsetzen. Es braucht Best-Practice-Beispiele, Idole und das Vorleben von Positivbeispielen. Wir brauchen einen umfassenden Ansatz, um über Bildung in die Köpfe der Menschen zu kommen – aber auf dieses Ziel schauend ist dies eben ein Ansatz in bestehenden Strukturen ohne unrealistischen Systemwechsel.

8.2.2 Nachhaltiges Unternehmertum

Neben der immensen Aufgabe, Nachhaltigkeit und Unternehmenserfolg aus einem Guss zu denken, braucht es Schritte zur Stärkung des

Unternehmertums an sich. Wenn der Wirtschaft eine Schlüsselrolle bei der Lösung unserer gesellschaftlichen Probleme zukommt, dann muss man diese Potenziale schaffen und aktivieren. Es muss gelingen, Anreize für Unternehmertum zu entfachen – und dies nehme ich vorweg – ohne in so großem Maße wie bislang auf die moralische und ordnungspolitische Keule zu setzen. Es braucht Eigenverantwortung gepaart mit dem Selbstvertrauen, dass unternehmerischer Erfolg und die Schaffung eines Mehrwertes für die Gesellschaft gleichzeitig möglich (und gesellschaftlich gewollt) sind. Innovationen und Kreativität sind nach meiner Ansicht der Erfolgsgarant, im hierfür passenden ordnungspolitischen Rahmen. Konkret braucht es meiner Ansicht nach drei Faktoren:

- Begeisterung für Eigenverantwortung und (nachhaltiges) Unternehmertum,
- ein ausgewogenes Verhältnis von Ordnungspolitik und Markt und
- Freiräume für Innovationen.

8.2.2.1 Begeisterung für Eigenverantwortung und (nachhaltiges) Unternehmertum

Unternehmen sind nichts Schlechtes. Sie leisten einen wertvollen Beitrag für unsere Gesellschaft. Das müssen wir erkennen! Unternehmen tragen schon von sich aus heraus Verantwortung. Nach Aussagen des Unternehmers und Start-up-Experten Gunter Wobser sind Unternehmen schon von daher sozial (Wobser 2020, S. 62), da sie nicht zuletzt Arbeits- und Ausbildungsplätze schaffen.

Ich gehe sogar noch weiter: Unternehmen wollen einen aktiven Beitrag für die Welt von morgen leisten. Nicht nur bringt sie der Markt dazu – sei es die Konsumentenseite oder der Mitarbeiter von morgen. Traditionell ist das Thema Verantwortung historisch implementiert. Gerade die Handlungsfelder Ökologie, Ökonomie, Arbeitsplatz und Gemeinwesen bieten diverse Möglichkeit für erfolgreiches Unternehmertum. Unternehmen wollen im wahrsten Sinne des Wortes etwas unternehmen – auch und gerade in Sachen Nachhaltigkeit. Schon allein die Gier nach erfolgreichem Unternehmertum wird sie dazu bringen, denn Erfolg wird in Zukunft nur dann existieren, wenn der Sweet Spot aus unternehmerischen Interessen und denen der relevanten Stakeholder existiert. Wenn Unternehmen also wollen, dann lassen wir sie doch auch!

Es muss uns gelingen, wieder mehr für Unternehmertum zu begeistern, denn dies hat einen Vorteil: es geht im Vergleich zu den zuvor diskutierten neuen Wirtschaftsordnungen relativ kurzfristig. Hierzu braucht es meiner Meinung nach vier Maßnahmen (Genders 2020):

- Erstens muss unternehmerisches Denken und Wissen in der Bildungslandschaft verankert werden (Sie sehen die Verknüpfung zum vorherigen Thema des nachhaltigen Denkens).
- Zweitens muss es endlich gelingen, Bürokratie tatsächlich spürbar abzubauen.
- Drittens braucht es adäquate Infrastrukturen für die Digitalisierung der Wirtschaft.
- Und viertens muss das Image des Unternehmens verbessert werden. Begeistern wir für Selbstständigkeit, dann führt die Gier dazu, dass Unternehmen infolge der Wirkungskanäle Ordnungspolitik und Markt ihren möglichen Beitrag leisten, um die Welt nachhaltiger zu machen.

Wichtig erscheint mir an dieser Stelle zu ergänzen, dass ich dafür werben möchte, Unternehmertum in seiner ganzen Breite zu stärken. Dies hatte ich zuvor bei der Betrachtung der aktuellen Gründungsstatistik bereits inhaltlich angerissen. Es geht nicht „nur" um innovative und skalierbare Start-ups. Es geht auch um unternehmerisches Denken in den Köpfen der Menschen generell und der Arbeitnehmer im Speziellen. Auch die Stärkung von einzelnen Branchen halte ich für falsch – auch wenn es zum Beispiel um vermeintlich „grüne" Themen geht, die als besonders nachhaltig angesehen werden. Einzelwirtschaftliche Interessen, sei es von Lobbyorganisationen (die eine einzelne Branche vertreten), Gewerkschaften (deren Ziel das Wohl der Vertretenen ist) oder andere Fokussierungen sind nicht zielführend, wenn es darum geht, Unternehmertum in der gesamten Bandbreite zu fördern. Die Förderung der E-Mobilität schädigt die Branche der Verbrennungsmotoren, die Unterstützung des Onlinehandels schädigt den stationären Einzelhandel, eine Bildungsmaßnahme für eine bestimmte Gruppe benachteiligt eventuell andere Bildungsträger. Meine vier genannten Maßnahmen zur Begeisterung für mehr Unternehmertum setzen daher bewusst auch umfassend an.

Wichtig erscheint mir auch immer wieder zu betonen, dass eine Förderung von Unternehmertum nicht zulasten anderer Gesellschaftsgruppen geht – und vice versa. Unternehmen leisten einen wichtigen Beitrag bei der Erwirtschaftung unseres Wohlstandes, den es zu verteilen gilt. Zudem sitzen wir als Gesellschaft, wenn es um Nachhaltigkeit geht und mit Blick auf die Megatrends, im wahrsten Sinne des Wortes in einem Boot!

8.2.2.2 Ausgewogenes Verhältnis von Ordnungspolitik und Markt

Nachhaltigkeit und CSR wirkt mithilfe von zwei zentralen Ansätzen auf Unternehmen. In Kap. 4 habe ich Ihnen den Wirkungskanal Ordnungspolitik und Markt umfassend dargestellt. Einerseits bedingt der Staat durch die ordnungspolitische Gestaltung mithilfe von Recht und Gesetz den Markt mit. Andererseits unterscheiden sich die beiden Kanäle aber dahingehend, worin die Motivation der Unternehmen zu nachhaltigem Handeln liegt. Ordnungspolitik fokussiert sich auf extrinsische Motivation der Unternehmen und definiert zugleich den Markt, der für sich genommen eine intrinsische Motivation der Unternehmen beeinflusst. Die Bewegung innerhalb definierter Leitplanken ist etwas anderes als die aus dem eigenen Tun heraus entstehende Motivation, erfolgreich seinen Aufgaben nachkommen zu wollen.

Wie ich versucht habe aufzuzeigen, hat der Kanal der Ordnungspolitik in den letzten Jahren nicht nur durch eine immer umfassendere und miteinander zusammenhängende Verknüpfung von Ansatzpunkten – von Berichtspflichten, über den Sustainable-Finance-Kontext, bis hin zur Frage der Haftung innerhalb globaler Lieferketten – an Bedeutung gewonnen. Zugleich werden die Zügel in Sachen Freiwilligkeit von Verantwortungsübernahme enger gezogen. Nicht nur beim Nationalen Aktionsplan in Deutschland oder der Entwicklung auf europäischer Ebene zeigte sich dies. Eine europäische Gesetzesinitiative im Frühjahr 2021 sieht beispielsweise zuletzt auch eine Ausweitung der CSR-Berichtspflicht vor, um noch mehr Unternehmern in dessen Wirkungskreis mit einzubeziehen. Weitere Initiativen stehen unmittelbar bevor. Generell hatte sich auch im Herbst 2020 gerade beim Thema Lieferkettengesetz aus nahezu fast allen politischen Richtungen heraushören lassen, dass die Freiwilligkeit „Grenzen habe". Das Thema Ordnungspolitik ist einiges aktueller. Mein Gefühl sagt mir, dass in den unterschiedlichen Diskussionen zu den zahlreichen Bereichen rund um Nachhaltigkeit und CSR der ordnungspolitische Kanal mehr „en vogue" zu sein scheint. Bildlich gesprochen rufen wir für die Gesellschaft gesprochen nach mehr Regeln als noch vor einigen Jahren. Die Politik kommt diesem immer öfter nach, sollte jedoch meiner Ansicht nach – ebenso wie wir alle – nicht vergessen, auf Werte wie Eigenverantwortung, Freiheit und Kreativität der Menschen zu achten.

Ich möchte zu bedenken geben: Die bloße Existenz von Regeln stellt einerseits nicht sicher, dass diese auch eingehalten werden. Und ferner bedeutet auch das Fehlen von normativen Regeln noch lange nicht, dass keine Regeln existieren. Auch fernab von Gesetzen gibt es moralische Regelungen, die

Gültigkeit besitzen und von der großen Mehrheit der Unternehmen beachtet wird. Wichtig ist im Übrigen auch bei normativen Regeln die Frage der Durchsetzbarkeit und des Vollzuges. Aus dem Fehlverhalten einiger weniger, die ohnehin bereits gegen heute bestehendes Recht verstoßen, eine Schlussfolgerung – beim Beispiel des Lieferkettengesetzes bleibend – zulasten der großen Mehrheit zu ziehen, wird meiner Ansicht denjenigen nicht gerecht, die sich bereits heute an Normen und Moral halten.

Zu guter Letzt darf man nicht vergessen: Der ordnungspolitische Rahmen definiert die Wirkungsweise von Märkten. Je enger dieser Rahmen, desto geringer die Freiheitsgrade für Marktentscheidungen. Wir haben gesehen, dass alleine durch den Wirkungskanal des Marktes Nachhaltigkeit und CSR auf der Agenda der Unternehmen stehen, wenn sie weiterhin erfolgreich bleiben wollen. Durch die Gier nach Erfolg sorgen Unternehmen bereits von sich aus dafür, dass sie ihrer Verantwortung und der Erwartung an ihr Handeln gerecht werden. Ergo ist es wichtig, die richtige Mischung aus Maßnahmen beider Wirkungskanäle zu finden. Es braucht eine Ausgewogenheit von Ordnungspolitik und Markt.

Es muss uns gelingen, die in Kap. 7 genannte Entwicklung des Neodirigismus einzudämmen. Es geht nicht um Markt oder Staat. Es geht immer um Markt und Staat, um gemeinsam Ziele zu erreichen. Hierbei dürfen wir jedoch nicht ökonomische Gegebenheiten ignorieren, sondern müssen die richte Mixtur aus den beiden Wirkungskanälen Markt und Ordnungspolitik herausarbeiten. Mehr Akzeptanz und Offenheit für Märkte und einen adäquaten Rahmen ist wünschenswert.

Der Markt braucht Regeln, das ist klar. Aber die Regelungsintensität darf nicht zum Hemmschuh von Unternehmertum werden. Das Verhältnis der Wirkungskanäle muss so gestaltet sein, dass Gier weiterhin entfacht wird. Wenn Unternehmen die Chance erhalten, ihre Gier zu befriedigen, indem sie Gewinne erwirtschaften und hierdurch Gutes tun, ist das der beste Weg. Ziele und Strategien sind wichtig. Wir wollen eine nachhaltige Welt. Dies sollte uns bei der Wahl der hierfür notwendigen Mittel nicht vergessen gehen.

8.2.2.3 Freiräume für Innovationen

Ich bin der festen Überzeugung, dass wir die Herausforderungen in Sachen Megatrends nur durch Erfindergeist und Innovationen und eine erfolgreiche Wirtschaft lösen können. Ich bekenne mich eindeutig zur Gruppe derjenigen gehörend, die glauben, dass wir auf Dauer und global – in den unsrigen zu Recht präferierten demokratischen Strukturen – Probleme wie Klimawandel, Armut, Folgen des demografischen Wandels nur dann unter

Einbeziehung der Beteiligten und deren Interessen und Anreize berücksichtigend lösen können, wenn wir auf Innovationen setzen. Der Blick in die Historie zeigt, dass Wachstum und Wohlstand immer durch Innovationen entstanden sind. Das war mit der Dampfmaschine und dem Internet so, das muss mit Künstlicher Intelligenz, Quantencomputern und weiteren Themen so sein. Dieser Sprung in Sachen Innovation muss uns wieder gelingen – nur eben mit dem Fokus Nachhaltigkeit im hiesigen Sinne.

Wie schaffen wir Innovationen? Wie ich bereits geschrieben habe, funktioniert unsere Welt nur mit Wachstum. Ideen und Konzepte, die auf Verzicht von Wachstum setzen (ich spreche nicht von weniger Wachstum), blockieren den Antrieb der Menschen zu Wohlstand (auch zu materiellem Wohlstand). Die Menschheit strebt stets nach einer Verbesserung des eigenen Lebensstandards in einer Mischung aus materiellem und immateriellem Wohlstand. Dieses Streben wird sich insbesondere auf internationaler Ebene und ohne massive Verwerfungen der politischen Landschaften – was wir uns alle nicht wünschen – nicht bremsen lassen. So ehrlich müssen wir doch bitte sein! Es mag Ausnahmen geben und die sind wichtig, aber der Mensch ist – im Sinne eingangs genannter Definition – egoistisch. Die Gier ist da, also lassen wir sie doch zur Entfaltung kommen, um – mit Blick auf die Unternehmen gerichtet – unternehmerischen Erfolg zu ermöglichen. Innovation existiert nicht zuletzt aufgrund des Strebens nach Fortschritt.

Der Präsident des ifo Instituts Clemens Fuest schreibt völlig zu Recht, „Wohlstand entsteht durch Erfindergeist und die Bereitschaft, ... unternehmerische Risiken einzugehen" (Fuest 2020, S. 244). Wir brauchen also Innovationen für Wachstum und Wohlstand! Aber wie schaffen wir sie? Einfache Antwort auch hier (und ich hoffe, Sie merken auch hier den Bezug zu den vorherigen Inhalten dieses Kapitels): Wir müssen Möglichkeiten schaffen, dass Unternehmen gierig sein können und das Gier sich lohnt im Sinne unternehmerischen Erfolgs.

Neue Erfindungen und Innovationen werden von Unternehmen geschaffen (Romer 1990). Laut dem Wirtschaftsnobelpreisträger Paul M. Romer braucht es für Wachstum unter anderem nicht rivalisierende und teilweise ausschließbare Ideen. Anders formuliert und weniger theoretisch: Ein Unternehmen investiert dann in neue Ideen, wenn es diese zumindest zu Beginn zu Geld machen kann. Wer zum Beispiel ein neues Produkt auf einen Markt bringt, erwirtschaftet zu Beginn Mehrumsatz. Ferner können mehrere Unternehmen teilweise auf diese Ideen zurückgreifen, wenn dieses Produkt dem Wissensfundus der Gesellschaft zu teil kommt und dies den technologischen Fortschritt insgesamt befördert. Beide Kriterien für sich tragen langfristig zu Wohlstand bei.

Antrieb für die Unternehmen ist das Streben nach Profit – die Gier. Dieses wiederum trägt zu Innovationen und auch hierdurch zu Wachstum und Wohlstand bei. Sie erinnern sich. Ich habe gesagt, Gier ist in uns allen. Gier führt zu egoistischem Handeln. Ziel des Handelns sind materielle und immaterielle Ziele. Ich vertrete die Ansicht, dass ebenda auch das materielle Streben von Unternehmen positiv ist. Unternehmenserfolg materieller Art und die zeitgleiche Erzeugung eines gesellschaftlichen Mehrwertes für Dritte gehen Hand in Hand.

Ich verweise abermals auf den Gedankengang, dass es beide Wirkungskanäle braucht – Ordnungspolitik und Markt –, um die Gier wirken zu lassen (dies gilt übrigens auch für das Thema Innovation). Es braucht Wettbewerb und den Zugang zu Märkten, um Innovationen und hierdurch Wachstum zu ermöglichen (Fuest 2020, S. 243). Die Ordnungspolitik definiert hierbei den Markt, setzt den Rahmen, ferner beeinflusst sie Verhalten von Unternehmen in Märkten. Der Markt selbst – zum Beispiel durch Nachfrageimpulse – sorgt zudem für Reaktionen. Um den passenden Rahmen zu setzen und zugleich die Marktkräfte wirken zu lassen, braucht es die richtige Mischung aus beiden Wirkungskanälen. Die Politik verfolgt hierzu diesen Ansatz insbesondere bei der Innovationspolitik. Das Bundesministerium für Wirtschaft und Energie setzt bei seiner Innovationspolitik auf Ausbildung, Fachkräfte, rechtliche Rahmenbedingungen, Infrastruktur und gesellschaftliche Akzeptanz (Bundesministerium für Wirtschaft und Energie 2020).

Innovation entsteht durch Gier. Und Gier braucht Potenziale durch Unternehmertum. Dies hatte ich bereits zuvor ausgeführt. Was wir zurzeit sehen ist sicherlich auch eine gewisse Selbstzufriedenheit von Menschen und Unternehmen (Haucap 2020, S. 80). In der Innovationsdebatte gibt es das sogenannte Innovators Dilemma (Christensen 2016). Dies besagt, dass im Markt erfolgreiche, große Unternehmen in der Tendenz einen geringeren Anreiz haben, innovativ tätig zu werden, als dies zum Beispiel junge Start-ups haben. Der schon erwähnte Unternehmer Wobser erklärt anhand dieses Ansatzes das Dilemma vieler mittelständischer Unternehmen in Deutschland, die es hierdurch versäumen, sich auf neue technologische Herausforderungen einzustellen (Wobser 2020, S. 64 ff.). Er verweist auf die Ansprüche verantwortlicher Personen, auf die Zeitachse, die mit neuen Innovationen einhergehen und zudem auf den bloßen Aufwand, der mit der Weiterentwicklung des eigenen Kerngeschäftes einhergeht – der Zielsetzung jedweder innovativer Prozesse. Heute erfolgreiche Mittelständler vergeben daher die Chance, sich den Möglichkeiten disruptiver Veränderungen der Märkte gegenüber zu öffnen. Fehlende Gier hemmt Innovationen. Ergänzend kommt hinzu, dass innovative Wege womöglich zu früh beendet werden aus gleichlautenden Gründen, zum Beispiel aufgrund knapper Mittel für Forschung und Entwicklung. Dies muss Aufgabe der Innovationspolitik sein.

Dieses Innovators Dilemma kann weitergedacht, sogar zum Thema der Unternehmensverantwortung übertragen werden, nämlich dann, wenn durch Innovationen die Möglichkeit zur Verantwortungsübernahme im Sinne von Nachhaltigkeit und CSR erweitert werden kann. Es braucht also ein mehr an Unternehmertum! Wir müssen mit der richtigen Mischung aus Ordnungspolitik und Markt Anreize zur Wahrnehmung von Verantwortung als Unternehmer schaffen, dann bildet dies zugleich die Grundlage für die Wahrnehmung unternehmerischer Verantwortung für die Gesellschaft.

Erlauben Sie mir noch zwei Anmerkungen. Ich habe lange überlegt, ob ich den nachfolgenden Satz tatsächlich schreiben soll. Aber ich tue es: Ich denke – und dies als erste Anmerkung –, dass Innovations- und Bildungspolitik deutlich wichtiger ist als Klimapolitik! Ich glaube nicht, dass das Klima weniger wichtig ist als Innovation und Bildung. Tatsächlich: Ohne die Lösung der Herausforderungen des Klimawandels braucht sich die Menschheit langfristig keine Gedanken über jedwede andere Politik zu machen. Aber: Wir brauchen Innovationen und Bildung, um klimatische Probleme zu lösen. Jedwede Klimaschutzpolitik ist sinnlos, wenn wir nicht in den Köpfen der Menschen anfangen und zugleich Möglichkeiten schaffen, die Herausforderungen auch zu lösen. Demnach wiederhole ich: Setzen wir den Fokus (auch) auf Bildungs- und Innovationspolitik. Dies befördert eine Veränderung in den Köpfen, schafft Potenziale und wirtschaftliches Wachstum für Neues, weckt – auch dank der Gier – die Motivation, die Herausforderungen des Klimawandels (dies gilt übrigens auch für alle weiteren Megatrends) lösen zu wollen. Die Absicht, mit Klimaschutzpolitik zugleich Wachstumspolitik machen zu wollen, sehe ich nicht allein kritisch (Fuest 2020, S. 151). Nicht weil das Ziel falsch ist, sondern das verwendete Mittel.

Zweitens anerkenne ich durchaus, dass es Kritik an dem Ansatz gibt, man könne zum Beispiel die Herausforderung des Klimawandels mit Innovationen lösen. Ich verstehe die Argumentation in der Diskussion um „grünes Wachstum". Demnach soll Wachstum ohne Ressourcenverbrauch nicht möglich sei und wir müssen daher Wachstum an sich infrage stellen, um ebenda den Verbrauch zu senken. Nur durch Verzicht auf Wachstum lasse sich eine Reduzierung des Ressourcenverbrauchs bewerkstelligen, den es brauche, um die Welt zu retten. Die Logik, dass grünes Wachstum bei allen technologischen Verbesserungen und effizienterer Nutzung von Ressourcen (und hierbei einem Rückgang) bei einem Mehr an Wachstum nicht zum Ziel führe, weil jegliche Effizienzgewinne aufgefressen werden (Schick 2014, S. 26), verstehe ich. Aber: Was ist die Alternative? Ein weniger an Wachstum wird global nicht funktionieren, so traurig dies ist! Es sei nochmals betont, dass wir das Klima nicht allein retten können – auch wenn wir dafür mitverantwortlich sind. Nur global lässt sich dies lösen. Letzteres halte ich aktuell und in der erforderlichen Zeit für unrealistisch. Wir sehen – ökonomisch – gesprochen das bereits genannte Gefangenendilemma. Sobald und solange jemand einen Vorteil für sich darin sieht, von Vereinbarungen zur Reduzierung von CO_2-Emissionen abzuweichen und dies nicht verbindlich unterbunden werden kann, wird er dies tun, solange es ihm nutzt. Auch wenn dies gesamtgesellschaftlich schädlich ist. Sie denken zu Recht, dass dies doch letztlich eine Form von Gier im Sinne des egoistischen Strebens ist. Und ja, diese Gier existiert. Aber eben hier setzt der ordnungspolitische Rahmen an, um derartige gesamtgesellschaftlich negativen Folgen zu kompensieren.

Nun lautet die Zwischenüberschrift dieses Abschnitts „Freiräume für Innovationen" schaffen. Worin liegt meiner Ansicht nach der Schlüssel hierzu? Ich möchte hier keinen Baukasten in Sachen Innovationspolitik liefern. Sicherlich ist es die Mischung aus Ordnungspolitik und Markt. Sicherlich gehört dazu ein Innovationsökosystem. Sicher braucht es Kapital und die enge Vernetzung von Wirtschaft und Wissenschaft. Ohne Zweifel braucht es die richtigen Köpfe – der Ökonom spricht von Humankapital. Und ja, es braucht eine Änderung im Mindset. Wie der Investor Frank Thelen zu Recht schreibt, braucht es Mut, Paranoia und Handlung (Thelen 2020, S. 224 ff.): Mut zum Festhalten an Visionen, Angst davor, Chancen zu verpassen und Umsetzung von Ideen. Hierzu braucht es den Wandel in den Köpfen. Nach Einschätzung von Justus Haucap, Direktor des Düsseldorfer Instituts für Wettbewerbsökonomie (DICE), sind es nicht zuletzt gesellschaftliche Widerstände, die die Innovationsbereitschaft negativ beeinflussen (Haucap 2020, S. 81). Und ja, es braucht Visionäre und (positiv formuliert) Spinner! All dies sind richtige Ansätze. Ich möchte Ihnen daher folgende Impulse mitgeben, die uns begleiten sollten bei den weiteren Überlegungen in der Sache:

- Lassen Sie uns Innovation und Nachhaltigkeit immer gemeinsam denken!
- Suchen wir nicht nach konkreten Lösungen, sondern lassen wir Innovationen (technologieoffen) entstehen!
- Denken wir von den zu lösenden Problemen ausgehend!

8.3 Wie geht es weiter?

Wie geht es weiter? Ich weiß es nicht. Was ich weiß, und was ich Ihnen hoffentlich klar machen konnte im Laufe des Buches: Wir (als Gesellschaft) brauchen jedwede Unterstützung dabei, die Herausforderungen unserer Zeit lösen zu können. Dies sind wir uns und den nachfolgenden Generationen schuldig. Ich bin der festen Überzeugung, dass es hierzu wettbewerbsfähige Unternehmen braucht, die durch ihren Innovationsgeist und die Lust nach Neuem dazu beitragen, die Welt zu verbessern. Wenn es uns gelingt, in den Köpfen zu verankern, dass nachhaltiges Handeln der Unternehmen im Sinne der Wahrnehmung ihrer Verantwortung und betriebswirtschaftlicher Erfolg kein Widerspruch sind, sondern beide sich gegenseitig ergänzen, ist ein Schritt getan. Wenn wir es schaffen zu verdeutlichen, dass eben durch den Anreiz nach unternehmerischem (betriebswirtschaftlichem) Erfolg und die diesem Handeln zugrunde liegender Gier die Chance besteht, etwas Gutes für uns alle zu schaffen, dann ist dies der zweite Schritt und es kann uns gelingen, die Potenziale der Wirtschaft zu nutzen für die Gesellschaft.

Hierfür braucht es zwei wesentliche Dinge: Bildung und Begeisterung für Unternehmertum. Wie beides gelingen kann, habe ich angerissen. Meiner Ansicht ist ein Systemwechsel der Wirtschaftsordnung oder ein Verzicht auf Wachstum utopisch, weil zu komplex, unsicher, nicht mehrheitsfähig. Es bleibt ebenda in der erforderlichen kurzen Frist ohnehin nur der Weg, auf bewährte Strukturen zu setzen, aber zwingend indem anders gedacht und gehandelt wird. Dies sind die Hebel, die wir umlegen müssen! Entscheidend wird es sein, hierzu die richtige Mixtur aus ordnungspolitischen Maßnahmen und Markt zu finden, ohne das eine zu stark zu gewichten und das andere zu vernachlässigen. Ich bin der festen Überzeugung, dass nur durch Innovation überhaupt eine Chance besteht, den ersten Schritt in die richtige Richtung zu tun. Hierfür braucht es Fantasie, Intuition und Intelligenz! Und wir dürfen vor allem keine Angst haben. Angst vor Neuem bremst und behindert uns. Einerseits ist Angst eine Überlebensbedingung, anderseits wird durch den Schritt zur Panik die Risikobereitschaft beeinträchtigt. Eine risikoaverse Gesellschaft ist wiederum nicht mehr in der Lage, auf reale Katastrophen zu reagieren (Bolz 2020).

Tab. 8.1 fasst die fünf wesentlichen Handlungsnotwendigkeiten zusammen.

Es ist klar, dass technische Errungenschaften nicht vorhersehbar und sie nicht sicher sind. Sie könnten sagen, das sei zu unsicher. Wir wissen eben nicht, welche Innovationen folgen und ob diese uns dann letztlich helfen, die bestehenden Herausforderungen zu lösen. Aber die Frage, ob wir auf

Tab. 8.1 Empfehlungen zur Weckung der Gier

1	Trade-off zwischen Nachhaltigkeit und Wirtschaft beseitigen
2	Potenziale für nachhaltiges Denken schaffen
3	Begeisterung für Eigenverantwortung und nachhaltiges Unternehmertum wecken
4	Ausgewogenes Verhältnis von Ordnungspolitik und Markt sicherstellen
5	Freiräume für Innovationen ermöglichen

solche „Wunder" vertrauen sollten, die weit über dem liegen müssen in Sachen Strahlkraft, als das was in den letzten Jahren passiert ist, möchte ich mit einem ja beantworten, aber zugleich Folgendes anmerken: Wunder kann man nicht erschaffen, aber ihnen den Weg bahnen. Haben wir doch Zutrauen! Letztlich haben wir aber auch keine andere Wahl? Ich glaube, es kann gelingen!

Literatur

Bolz N (2020) Die Ökonomie des Unheilsstolzes. In: WirtschaftsWoche 47, 13.11.2020, S. 42–43

Bundesministerium für Wirtschaft und Energie (2020) Innovationspolitik. https://www.bmwi.de/Redaktion/DE/Dossier/innovationspolitik.html. Zugegriffen: 20. Dez. 2020

Christensen C (2016) The innovator's dilemma – when new technologies cause great firms to fail. Harvard Business Review Press, Brighton

Deutscher Industrie- und Handelskammertag (DIHK) e. V. (2019) Unternehmensnachfolge wird zur immer größeren Herausforderung – besonders im Osten – DIHK-Report zur Unternehmensnachfolge. https://www.dihk.de/resource/blob/16688/49cd71e7f6ede99565ceda0eb92b1632/dihk-nachfolgereport-2019-data.pdf. Zugegriffen: 17. Dez. 2020

Deutscher Industrie- und Handelskammertag (DIHK) e. V. (2020) Corona trifft Gründungsgeschehen ins Mark – Hilfen anpassen, Bürokratie abbauen und Zugang zu Beteiligungskapital verbessern – DIHK-Gründerreport. https://www.dihk.de/resource/blob/31070/9b3e004c45cb5bd23a6096041bd05eda/dihk-gruenderreport-2020-data.pdf. Zugegriffen: 17. Dez. 2020

Felber C (2018) Gemeinwohlökonomie. Piper Verlag, München

Fuest C (2020) Wie wir unsere Wirtschaft retten – der Weg aus der Coronakrise. Aufbau Verlag, Berlin

Genders S (2020) Gründerszene Mainfranken – Was ist? Was braucht's? In: IHK Würzburg-Schweinfurt (Hrsg) Wirtschaft in Mainfranken. Das Regionale Wirtschaftsmagazin der IHK Würzburg-Schweinfurt. S. 12–16

Haucap J (2020) Aufstieg und Wettbewerb in der digitalen Wirtschaft: Was sich in Deutschland ändern muss. In: Schäffler F, Reuther B (Hrsg) Aufstieg – 16 Vorschläge für die Zukunft Deutschlands. FinanzBuch Verlag, München, S. 73–88

Institut für Mittelstandsforschung (2020) Gewerbliche Existenzgründungen und Liquidationen (Aufgaben) – Gewerbeanzeigenstatistik des Statistischen Bundesamtes. https://www.ifm-bonn.org/fileadmin/data/redaktion/statistik/gruendungen-und-unternehmensschliessungen/dokumente/GewExGr_Li_D_2009-2019.pdf. Zugegriffen: 17. Dez. 2020

KfW (2018) KfW-Start-up-Report 2018 – Zahl der Start-up-Gründer steigt auf 108.000 im Jahr 2017. KfW Research. https://www.kfw.de/PDF/Download-Center/Konzernthemen/Research/PDF-Dokumente-Studien-und-Materialien/KfW-Start-up-Report-2018.pdf. Zugegriffen: 17. Dez. 2020

KfW (2020) KfW-Gründungsmonitor 2020 – Gründungstätigkeit in Deutschland 2019: erster Anstieg seit 5 Jahren – 2020 im Schatten der Corona-Pandemie. KfW Research. https://www.kfw.de/PDF/Download-Center/Konzernthemen/Research/PDF-Dokumente-Gr%C3%BCndungsmonitor/KfW-Gruendungsmonitor-2020.pdf. Zugegriffen: 17. Dez. 2020

Küng H (2010) Anständig wirtschaften – Warum Ökonomie Moral braucht. Piper Verlag, München

Romer P (1990) Endogenous Technological Change. In: Journal of Political Economy, Vol. 98, No. 5, Part 2: The Problem of Development: A Conference of the Institute for the Study of Free Enterprise Systems (Oct., 1990). Published By: The University of Chicago Press. S. 71–102

Röser S (2020) Mein Deutschland im Jahr 2030 – Aufstiegschancen ermöglichen. In: Schäffler F, Reuther B (Hrsg) Aufstieg – 16 Vorschläge für die Zukunft Deutschlands. FinanzBuch Verlag, München, S. 31–55

Schick G (2014) Machtwirtschaft Nein Danke! Für eine Wirtschaft, die uns allen dient. Campus, Frankfurt

Schmidpeter R (2016) CSR als strategischer Ansatz der Organisationsentwicklung. In: Schram B, Schmidpeter R (Hrsg) CSR und Organisationsentwicklung – Die Rolle des Qualitäts- und Changemanagers. Springer Gabler, Berlin, S. 89–100

Statistisches Bundesamt (2020) Anzahl der Gewerbeanzeigen. https://www-genesis.destatis.de/genesis/online. Zugegriffen: 17. Dez: 2020

Thelen F (2020) 10xDNA Das Mindset der Zukunft. Frank Thelen Media, Bonn

Wobser G (2020) Neu erfinden. Was der Mittelstand vom Silicon Valley lernen kann. Beshue Books, Berlin

GPSR Compliance

The European Union's (EU) General Product Safety Regulation (GPSR) is a set of rules that requires consumer products to be safe and our obligations to ensure this.

If you have any concerns about our products, you can contact us on

ProductSafety@springernature.com

In case Publisher is established outside the EU, the EU authorized representative is:

Springer Nature Customer Service Center GmbH
Europaplatz 3
69115 Heidelberg, Germany